名师名校名校长

凝聚名师共识
回应名师关怀
打造名师品牌
培育名师群体

换个方式学语文

基于单元主题活动的微专题项目化学习

姜勇军 / 著

西南大学出版社
国家一级出版社 全国百佳图书出版单位

图书在版编目（CIP）数据

换个方式学语文：基于单元主题活动的微专题项目化学习 / 姜勇军著. -- 重庆：西南大学出版社，2023.12
ISBN 978-7-5697-2190-4

Ⅰ.①换… Ⅱ.①姜… Ⅲ.①中学语文课－教学研究－高中 Ⅳ.①G633.302

中国国家版本馆CIP数据核字(2023)第257517号

换个方式学语文：基于单元主题活动的微专题项目化学习
HUAN GE FANGSHI XUE YUWEN：JIYU DANYUAN ZHUTI HUODONG DE WEIZHUANTI XIANGMUHUA XUEXI

姜勇军 著

责任编辑：	尤国琴
责任校对：	时曼卿
装帧设计：	言之凿
出版发行：	西南大学出版社（原西南师范大学出版社）
印　　刷：	北京政采印刷服务有限公司
成品尺寸：	170 mm×240 mm
印　　张：	15.75
字　　数：	261千字
版　　次：	2023年12月　第1版
印　　次：	2023年12月　第1次印刷
书　　号：	ISBN 978-7-5697-2190-4
定　　价：	58.00元

前 言

部编版教材已经在广东使用多年,广大一线教师仍然对如何开展单元主题活动教学感到茫然,不少教师依然是新瓶装旧酒,缺乏整体观,有效关联能力不够,还习惯性地用原来缺乏单元统领的单篇教学方法教学,更不知道如何有效开发单元主题活动,不利于培养学生的整合能力和关联能力。而人教社配套的教学参考书和市面上的各种资料也缺乏与单元主题活动相对应的设计资料。自部编版高中语文教材在全国推广使用以来,"群文阅读""大单元教学""大概念"等理念方兴未艾,"过尽千帆皆不是""乱花渐欲迷人眼""入单与入群""传授法与项目化"的论争不休。大家的困惑集中在如何在有限的教学时间内引导学生主动积极地开展各种语文实践活动,落地任务群教学。"大单元专题学习"具有设计难度大、跨度大、时间长、整合度高的特征,这在某种程度上成为众多师生的障碍,不利于教师的教与学生的学日常化落地,并且在高中语文学界引起了极大的争议。大单元、大概念还要不要?坚持传统的单篇授课和以前有什么区别?这类论争,最近尤为激烈。基于语文一线教学的需要,从宏观到微观来观照体认,需要找到一条既能契合"新教材、新课标、新高考"要求,又能被广大一线教师认可,有较强可操作性的教学设计的路径。

一、政策分析

2003年教育部印发的普通高中课程方案和课程标准实验稿的实施,《普通高中语文课程标准(2017年版2020年修订)》(以下简称《课标》)进一步优化,需要广大教育工作者进一步提高课程实施水平,推动普通高中课程改革不断深化。目前的高中语文教学中,基于核心素养的单元整体设计被视为撬动课堂转型的一个支点。课标倡导六要素整合、指向核心素养的语文学习活动观。课标明确指出,应把对主题意义的探究视为教与学的核心任务,对语言学习的内容提出了"整合"的要求。基于这一理念，如何变革教与学的方式、如何在单元整合过程中提升教与学效果，成了一线教师面临的极大挑战。课标指出，以学科大概念为核心，使课程内容结构化，以主题为引领，使课程内容情境化。可以通过多样的语文实践活动，连接语文学科和其他学科、语文学习和学生的生活世界；加强课程实施的整合，通过主题阅读、比较阅读、专题学习、项目学习等方式，整体提升学生的语文素养。

二、教情分析

传统灌输式的教学方式是碎片化教学，而重知识、轻思维、缺活动的高中语文课堂模式会带来课堂学习低效率高负担、语言学习枯燥等问题，且缺乏对学生整体文化意识和思维品质的培养，无法有效提升学生的素质和能力，无法落实立德树人的根本任务。这反映出由于高考应试压力和教师长久以来形成的固有教学理念，教师缺乏单元主题活动教学设计的组织创新能力，对单元主题活动教学缺乏整体全面的认知。

传统课堂教学的困境：过去几十年教学改革的核心问题一直是教学方式、方法的改革，教法改革的背后有一只看不见的手，这只手就是教学时间。班级授课制和讲授法之所以难以更改，是因为它们的最大优势是节省时间，而讨论法、发现法等教学方法之所以推广不开，是因为时间不允许。大家的困惑是如何在有限的教学时间内引导学生主动积极地开展各种语文实践活动，实施任务群教学。

大单元教学的困境：大单元专题学习具有设计难度大、跨度大、时间长、整合度高等特征。这在某种程度上成为众多师生的障碍，如果一味强求甚至会变为负担，不利于教师的教与学生的学。因此，需要通过分解专题来创设基于单元主题的微专题，化解上述弊端，实现一课一得。

三、学情分析

在"内卷"背景下，学生是注入式的被动学习，以功利性知识学习为主，偏重刷题训练，一味追求"知识点"的技能训练。加之学科独立，缺少关联性，是零碎知识点的学习，没有充分的跨学科、情境化语文学习。缺乏情境的静态学习，导致知识动态生成性丧失，以及学科核心素养缺失。学生主体研读地位缺失，研读热情缺乏，研读能力薄弱，导致语文学习兴趣丧失。而近几年全国卷高考试题，也是无思维、无情境不入题，以情境任务作为试题的主要载体，让学生在个人体验、社会生活和学科认知等特定情境中完成不同学习任务，以呈现学生语文素养的多样化。

在此研究背景下，基于单元主题的教学设计与实践的策略与路径，可以很好地推动单元主题落地实施。笔者于2021年成功申报立项广东省教育规划课题"部编版高中语文单元主题活动教学设计和实践研究"。在这两年的研究里，我们在组织省课题组成员使用新教材过程中，基于一线教师们的微专题情境设计的困境，如缺乏课内核心知识有效关联，教考结合不够；情境套板效应，情境大而空，缺乏有效驱动性，缺乏评价，学生不爱做；情境的真实性、生活性、社会性、深度不够，展开了深入广泛的实践研究。"吹尽狂沙始到金"，以部编版教材必修上、下册选择性必修上册20个单元为设计内容，提出单元主题活动教学设计"一核、二元、三面、四式、五维"的设计策略。以素养"一核"为基，"二元"处理单篇、单元，着眼微观"三面"，观照中观情境"四式"，关联宏观"五维"。采用大单元主题统筹下单篇式、大单元统筹下微专题式、大单元系列阶进式三种设计体式，其中以大单元统筹下微专题式为设计核心，最终设计出具有范式意义、可操作性强的"三式六环"单元主题活动教学设计，在示范引领实践中带动区域高中语文单元主题活动教学。

微专题基于学生喜闻乐见的语文实践活动，力求教学设计项目情境活动有得、有趣、有序。收入本书时，我们选取了八个维度深度建构设计与实践，深度多元探讨单元主题微专题项目化学习的系列重大问题。"前置预习任务—微专题学习情境开发—主题活动实践有效途径探究—单篇群文复合式阅读—整本书阅读教学策略—微专题跨学科教学策略—学科德育问题研究—教学评一体化研究"，贯穿始终，全面严谨，以期给广大一线教师提供教学、研讨参考。

从落实"新教材、新课标、新高考"、培育人才角度来看，专题教学是必须做的，这一点毋庸置疑。广大一线老师要关注的是怎样因地制宜、因生而做、因师而为，有效落地单元主题教学。而基于单元主题的微专题教学，正是基于一个个具有思维含量的学科核心知识点，设计有效思维活动，引导学生形成整合思维、关联思维，进而进行深度学习。这正是合乎时宜，顺时而动，顺势而为，能实现国家培育人才目标的教学策略。学以致用，以用定学这些都是新课标和部编版教材的价值追求。因此，基于单元主题的微专题阅读和写作，应该继续成为教学的新常态，且教且研究。

作者2023年10月3日于广东顺德

目 录

第一章　吹尽狂沙始到金
——单元主题微专题项目化学习文献研究与核心概念界定

第一节　研究背景 ………………………………………………… 2
第二节　理论依据 ………………………………………………… 6
第三节　文献研究 ………………………………………………… 9
第四节　概念界定 ………………………………………………… 15

第二章　欲把金针度与人
——单元主题微专题项目化学习设计与实践的策略与路径

第一节　研究的内容与方法 …………………………………… 18
第二节　研究三阶段：体验·体悟·体认 …………………… 22
第三节　"一二三四五"与"三式六环"设计策略 ………… 57
第四节　研究的价值和意义 …………………………………… 67

第三章　四方雨露润千松
——多维度深度建构单元主题微专题项目化学习

第一节　困境与突围：微专题项目化学习困境与突破 ……… 74
第二节　跨界与守界：跨学科"二元"共构项目化学习 …… 82

第三节　微专题项目化学习培育学科素养 …………………… 87
第四节　跨学科项目化学习育人功能初探
　　　　——在"语言艺术晚会"项目化活动中全面育人 …………… 92

第四章　浮云擘破月华明
——基于单元主题微专题项目化学习设计与实践

第一节　为青春喝彩，为你来写诗
　　　　——跨学科项目化系列学习实践活动 ……………………… 100
第二节　涵咏诗意人生，演绎诗歌意趣
　　　　——必修上册第三单元微专题项目化学习设计 …………… 112
第三节　家乡文化生活，历"旧"弥新
　　　　——必修上册第四单元微专题项目化学习设计 …………… 120
第四节　整本书阅读：《乡土中国》的乡土性
　　　　——必修上册第五单元"梳理探究，文化传承"微专题设计 … 134
第五节　探寻语言秘密，体悟文化魅力
　　　　——必修上册第八单元微专题项目化学习设计 …………… 139
第六节　脚本设计彰显文学创意，项目演绎内化审美素养
　　　　——必修下册第一单元微专题项目化学习设计 …………… 151
第七节　戏剧微专题学习：品读戏剧语言，体悟悲剧之美
　　　　——必修下册第二单元微专题项目化学习设计 …………… 159
第八节　媒介素养："信息时代的语文生活"微专题活动
　　　　——必修下册第四单元微专题项目化学习设计 …………… 176
第九节　比较阅读：异化后的"变"与"不变"专题探究
　　　　——必修下册第六单元微专题项目化学习设计 …………… 181
第十节　整本书微专题项目化学习：《红楼梦》阅读指导
　　　　——必修下册第七单元微专题项目化学习设计 …………… 187

第五章　绝知此事要躬行
——单元主题微专题项目化学习教学实录点评

第一节　有效关联，关注生命
　　　　——《赤壁赋》教学实录暨课例分析 ………………… 200

第二节　如何让细节生动起来
　　　　——必修上册写作微专题教学记录 …………………… 209

附　　录 …………………………………………………………… 219
参考文献 …………………………………………………………… 233
后　　记 …………………………………………………………… 238

第一章
吹尽狂沙始到金

——单元主题微专题项目化学习文献研究与核心概念界定

第一节 研究背景

教育部办公厅于2023年5月9日印发《基础教育课程教学改革深化行动方案》，实施教学改革重难点攻坚，聚焦核心素养导向的教学设计、学科实践（实验教学）、跨学科主题学习、作业设计、考试命题、综合素质评价等教学改革重点难点问题，探索不同发展水平地区和学校有效推进教学改革的实践模式。

笔者在开展研究的过程中，曾对本人所在学校和名师工作室的教师进行调查访谈。围绕主题单元活动教学实施的主体、主题单元活动教学的认识、主题单元活动教学的内容与方法、主题单元活动教学的频率与反馈四个维度进行问卷调查和个别访谈，发现一线教师对主题单元教学仍有较大困惑。

接受调查的教师中，88.42%为女教师，11.58%为男教师。接受调查的教师教龄20年以下的有44.91%，有30年以上教龄的教师占了50%，而有21~30年教龄的教师仅5.09%。只有25.46%的教师非常了解主题单元活动教学，有14.35%的教师完全没有听过主题单元活动教学。由此可知，主题单元活动教学还没有被一线教师完全认识并运用。只有37.04%的教师认为主题单元阅读教学方式重要，有40.74%的教师认为是否实施主题单元阅读教学无所谓。由此可见，教师还没有意识到主题单元活动教学的科学性和高效性。有41.67%的教师在开展主题单元活动教学中只是偶尔会补充课外的学习资源，有14.81%的教师是不会补充课外学习资源的。由此可见，教师开展主题单元活动教学时仍缺乏补充课外资源的意识和行为。只有42.13%的教师在开展主题单元活动教学中会设计综合实践活动。由此可见，教师在开展主题单元阅读教学时，教学内容以及教学方式还是比较单一的。只有19.90%的教师经常开展单元主题活动教学，有39.81%的教师从没有开展过单元主题活动教学。在主题单元阅读中，有49.07%的教师主要还是采用讲授法开展单元主题教学，只有27.31%的教师主要采用讨论探究法开展单元主题教学。有28.24%的教师认为主题单元活动的开展使得教学效果有所提升，而有33.8%的教师认为主题单元活动教学降低了教学效果；有52.31%的教师认为单元主题活动教学的开展存在的主要问题是没有时间，有31.94%的教师则认为是缺少开展单元主题活动教学的经验与资源。

一线教学到底该何去何从？教师其实存在"道与术"的教学困惑。

比如，"大概念""大单元"教学到底有没有存在的意义？不开展单元主题活动教学，对于高考成绩就有致命的影响？一篇文章在单元统筹下到底要教会学生什么？单元主题活动教学的策略与路径到底是什么？如何体现单元主题活动教学的序列化？语文核心知识体系是什么？课程资源如何组建？学生需要怎样的学习方式？……

在一线语文单元主题活动教学中，也存在若干语文单元教学之怪象。

一、一味地以学生活动为主

看了很多发表的教学设计，听了一些课，课堂组织都是以项目活动贯串，一节课下来，要完成5~6个活动，学生活动都是脑洞大开，课堂极其热闹。一线教师都清楚，学生活动极其耗费时间，就学习任务的落实来讲，教师讲解、师生问答、学生活动，效率是递减的。假如教师讲授一节课可以落实5个点，学生活动可能只能落实1个点。学生课业负担重，时间有限，分给语文的时间更有限，因此一味地以学生活动为主，势必难以为继，因为活动需要大量课前准备，按照某些教学设计实践，所有时间给语文都不够。

二、过分依赖项目化

一个单元是一个项目。教师是在带着学生做研究。整个项目需要设计，需要开展，需要评估，需要有成果展示。这自然有道理。但是学生最基本的东西都没有学好，拿什么来做项目？比如文言文，字词句段，不需要一一讲解吗？学生在活动过程中自然就做了，基础自然就夯实了？据我所知，大部分学生根本不会这么做。因此，没有落实单篇精讲，核心知识体系没有建构，一味地开展项目化活动，也是舍本逐末的行为。

三、离开单篇盲目开展群文阅读

有些一线教师，以"单篇教学为耻"，不开展单篇教学，而是一味地以整个单元作为一组文章进行群文阅读，单篇文章都变成单元项目的资料了。其实单篇文章和作文教学紧密相连，是阅读的起点和基础。我们把单篇文章拆了重组，变成整个单元教学的材料，作文却要学生写单篇的文章。单篇文章的细读，扎扎实实地分析，难道就这样过时了？

王荣生教授在《语文课程的层级单位、疆界、维度及古今问题》一文中对以上问题做了阐释。例如，传统的单篇教学确实有其优势，能通过文本片段，教授学生相应文本体裁的阅读方法。但从语文阅读教学的长远目标来看，单篇教学的资源配置有限，而最大的问题在于这样的课堂无论以怎样的方式组织教学，始终以教师的"教"为主，在这样的教学活动中，学生的学习进程根据教师事先设计好的流程进行，在课堂的最后，在教师的指导下进行自主探究，我们称之为结构化学习。与结构化学习不同，探究性学习指的是学生在自主学习过程中对知识进行概括，这与教师直接传授知识不同，学生的学习更具自主性，自主提炼、总结所学知识。统编教材的推行让语文教学模式逐渐从单篇教学走向单元教学。短文本阅读的优点是教得精、学得细，但局限性也很明显——长期的短文本阅读会使学生接触的文本类型有所缺失。

四、目前学界存在激烈的单元教学争议

《普通高中语文课程标准（2017年版）》颁布以来，语文教学研究者开始探讨活动观指导下的主题单元整体设计活动。2018年，语文教育教学专家王宁对基于主题的教学理念和语文学习活动观教学理念、实施模式和教学策略进行了详细解读；黎静、戴丽君等广大一线教研人员和教师在此指导下进行了学习活动，在阅读教学实践探究中展开了关于主题意义下的高中语文阅读教学或读后续写等单个课型的课堂实践探究；纪恬、吴怡、张玲等的课堂实践探究给教师在单个课型特别是在阅读教学中落实核心素养提供了有效的参考。这些教学实践探索虽然做了一些案例尝试与设计原则思考，却仍然无法解决当前高中语文单元教学中普遍存在的单元整体活动设计不具体、缺体系、逻辑关联不够、

可操作性不强的问题。这些研究和理论探讨都对语文综合实践活动课程的发展起到了推动作用，但普遍未能形成与统编版教材配套的单元主题教学设计系统。这在某种程度上成为众多师生的障碍，不利于教师的教与学生的学日常化落地，并且在高中语文学界引起了极大的争议，近几年尤为激烈。

第二节 理论依据

单元主题活动教学设计与实践离不开相关理论的支撑，以下从四个方面进行分析。

一、《课标》对教学设计实施的建议

（1）创设综合性学习情境，开展自主、合作、探究学习。应关注学生学习方式的转变，做好学生语文学习活动的设计、引导和组织，注重学习的效果。根据学生的发展需求，围绕学习任务群创设能够引导学生广泛、深度参与的学习情境。可通过多样的语文实践活动，融合听说读写，跨越古今中外，打通语文学科和其他学科、语文学习和学生的生活世界，运用优质的素材和范例，激发学生的学习兴趣和动力，提高语言文字运用能力。加强课程实施的整合，通过主题阅读、比较阅读、专题学习、项目学习等方式，实现知识与能力，过程与方法，情感、态度与价值观的整合，整体提升学生的语文素养。

（2）要根据学生身心发展和语文学习的特点，保护学生的好奇心、求知欲，鼓励自主阅读、自由表达，激发问题意识，引导他们体验发现问题、解决问题的过程。积极倡导基于学习任务群的专题学习，围绕语言和文化、经典作家作品、科学论著等，组织学生开展合作探究、研讨交流活动，鼓励学生以各种形式相互协作，展示与交流学习成果。合理利用信息技术，优化整合课堂教学，促进知识的迁移与运用。教师要注意引导学生在自主学习的基础上，学会倾听和分享、沟通和协作，掌握探究学习的方法，提高实践和创新能力。

（3）注重时代性，构建开放、多样、有序的语文课程。普通高中语文课程应适应社会对人才的多样化需求和学生对语文教育的期待，精选学习内容，变革学习方式，确保全体学生都获得必备的语文素养；帮助学生认识自己语文学习的基础、发展需求和方向，激发学习兴趣和潜能，在跨文化、跨媒介的语文实践中开阔视野，在更宽广的空间发展各自的语文特长和个性。

（4）应引导和鼓励教师遵循语文教育规律，变革教学方式，在语文实践活动中培养学生的语文素养，注重教师对学生学习活动的指导，抓好阅读与鉴赏、表达与交流、梳理与探究等语文实践活动；应防止过于偏重技能的倾向，更不能要求教师把大量时间用于做题训练。

二、格式塔心理学理论

单元主题教学的心理学基础源自格式塔心理学理论中的"整体观念"。格式塔心理学强调经验和行为的整体性，认为整体不是部分的简单叠加，整体功能大于部分并决定部分。强调整体要先于元素，从整体角度看待事物，反对元素分析。格式塔心理学理论为高中语文单元主题教学提供了重要的启发，本研究建构的单元教学设计模式充分反映了格式塔心理学理论的这一理念，教材内容以单元的形式展开，每个单元围绕一个大主题（大概念）——单元整体目标开展，单元的小主题（微专题）——课时目标通过微专题研究开展，并服务于整体目标，单元整体教学把分离的各个内容通过微专题主题联结成为一个整体，从整体的角度帮助学生感知知识内容。在格式塔心理学理论"整体观念"的启发下，教学须紧紧围绕单元主题，处理好整体与部分、单独篇章与单独结构之间的关系，做好整体与部分的知识联结和结构联结，充分发挥整体的功能。

三、建构主义理论

建构主义理论注重学生已有经验，通过联结新旧知识，激活充实学生原有的认知图式。单元主题教学让学生通过单元主题的引领，以整体的视角建立单元及整本教材之间的联系，由于大脑会自动寻找、联结相关图式，当学习主题与我们当前的知识结合在一起时，学生学习的效率更高。在此过程中，能够激发学生的已有知识和生活经验，从而促进学生自身知识的"重组"与"构建"，搭建新旧知识的桥梁，促进新知识和已有知识的连接、互动、交融与整合。建构主义理论的理念之一是教学应该激发出原有的相关知识经验，促成知识的重组和新生，这一理论为单元主题教学设计基于主题建立知识的联结提供了有力的理论支撑。单元主题教学注重以主题为引领的知识联系，通过单元主题和各个教材中主题的延伸激发学生原有的知识经验，将学生知识经验串成完整的链条，促进新旧知识的融会贯通。单元整体教学活动设计按照理解、应用实践和迁移创新层次步步深入，在学生理解领会知识的基础上，联系生活真实情境应用知识，促使知识由静态向动态转变，由单一知识向综合知识转变，进一步建立新旧知识之间的联系。

四、整体语言教学理论

"整体论"（holism）这个概念最早由哲学家斯马茨（J.C.Smuys）在《整体主义与进化》一书中提出。到了二十世纪二三十年代，"整体"（holistic）这一术语得到普遍使用。20世纪70年代，凯·古德曼在此基础上提出了"整体语言教学法"（Whole Language Approach），并在随后发表的文章《全语言的全，全在哪里》（What's Whole in Whole Language）中详细阐述了整体语言中"整体"的内涵。在语言学习中，语言不应该按照被分割的词、音、句等碎片化的步骤来学习，而应从整体到部分逐步深入学习。

整体语言教学强调语言是一个整体，整体大于部分之和。语言学习被认为是世界创造意义的一部分，首先语言不能孤立地学习，语言学习需要在整体的背景中，而不是在孤立的背景中零敲碎打地学习。语言这一特质决定了语言学习需要树立整体意识，只有在整体的语言语境交流中，语言真实的意义交流才能实现。

单元主题教学建立在整体教学理论的基础上，其继承了整体教学理论"整体性"的教育教学核心，有利于学生形成整体认知，从整体的角度把握语言的整体性和意义性。在教学设计中，整体教学理论指导教师站在单元的角度理解掌握教学内容，促使教师形成整体到部分的教学观。整体性教学理论否定了把语言分为字、词、句、语篇和语法等碎片化知识的错误思想。单元整体教学注重知识的完整性，根据主题主线串联课与课的教学，反对课型限制，割裂内容的整体性。

第三节　文献研究

为将研究细化，笔者将"高中语文"作为第一关键词，以"单元教学""微专题学习""项目学习"作为第二关键词，在知网、维普、万方等文献数据库中进行搜索，各得到471条、21条和97条结果。现对所得文献进行筛选，进行如下梳理。

一、关于"单元教学"

关于"单元教学"的研究数量较多，现将其梳理为"单元教学"和"单元主题教学"两部分。

（一）单元教学研究综述

单元教学理论起源于19世纪末20世纪初欧洲新教育运动，以"兴趣中心"和"整体化"为原则。西方教育理念借五四运动之风传入中国，梁启超于1923年在东南大学暑期学校演讲时提出的"分组比较教学法"被视为我国单元教学的开始。1935年，由叶圣陶、夏丏尊编写的《国文百八课》首次采取"单元组文"的理念，这为我国后期语文单元教材的编写提供了范例。20世纪八九十年代，建构主义学习理论传入中国，它强调新旧知识之间的联系，教师应当注重情境创设，培养学生的学习动机，发挥学生构建新知识体系的主动性。建构主义学习理论的推广，为广大一线语文教师投身于单元教学改革奠定了基础。1986年，钟德赣设计并主持"五步三课型反刍式单元教学法"，积极探索出自练课、自改课和自结课三种单元教学课型。而后，李吉林在《优化教材结构，进行"四结合"大单元教学》中提出"读与写""文与道""课内与课外""语言训练与思维发展"等构成一个相互联系、紧密结合的整体，实行"四结合"大单元教学：根据单元总要求上起始课，再到部分，单元主导篇精读，组合篇略读，再回到整体进行总结揭示规律。

（二）单元主题教学研究综述

如今，在单元教学中进行主题探究成为流行趋势。纪恬在其研究中提出，单元主题教学强调系统思维，整体设计教学目标和教学任务，优化整合教学内容，丰富课内外学习资源，统筹语文要素，使主题单元教学有序化、系统化。孙梦强认为，单元应选择科学的主题，科学安排单元内的课文，把知能系统融入单元。吴静提出了古诗词单元教学的策略及具体案例《李清照的愁情》，以"李清照的愁情"为主题，特别阐明了教学内容的重组方式：以作者为单元符重组单元、以题材为单元符重组单元、以鉴赏方法为单元符重组单元、以意象为单元符重组单元、以情感为单元符重组单元。

统编版高中语文教材于2019年9月正式投入使用。温儒敏教授在《统编高中语文教材的特色与使用建议》中指出教材以"人文主题"和"学习任务群"两条线索组织单元。实行"学习任务群"单元教学，提倡"情境教学"，设计"任务驱动"。尧卫国、赵宁宁两位老师提供了诗词主题单元教学的具体案例：基于"文学阅读与写作"任务群，围绕"致敬，青春！"这一单元主题，落实"梳理诗歌意象中的文化内涵""学习写作新诗""开展诗歌诵读会，编辑班级诗集"等核心任务，设计了"梳理""绘图""制表""批注""补写""朗诵""编辑图书"等多种形式的语文活动。

二、关于"微专题"

"微专题"这一概念发轫于"专题学习"，专题学习在学界早有相关研究。关于何为"专题"，目前学界的研究者和实践者存在不同的看法。郑国民等对其做了总括：任何一种专题都存在着多向度的聚合功能——聚合三维目标、语言材料、学习时间，聚合一切有利于达成教学目标的教与学的方式。在教学实践方面，特级教师吴泓和褚树荣较早将专题学习引入学习任务群的设计研究中，前者在其研究中提出专题的"双线原则"：主线以专题学习材料的形式呈现，起到"生成思想"的作用；副线适时附着在主线当中，与之相互融合、彼此渗透，主要训练学生的思维、语言能力和培养学生的阅读、表达（口头表达和书面表达）能力，起到"培养能力"的作用。后者提供了构建专题的思路：立足于核心素养，依据任务群的"学习目标与内容"建构学习的专题，再根据专题的主题设置学习任务，如"外国作家作品研习"之下的"荒诞与魔幻：外国现代主义作品研习""历险与抗争：美国文学作品研习"等专题。

而"微专题"这一概念由特级教师时剑波于2018年提出。他指出，"专题学习"难度大、学习时间跨度长，这在某种程度上成为众多师生教与学的障碍，一味强求会转化为负担，不利于教师的教与学生的学。因此，需要通过分解"专题"来创设"微专题"，化解上述弊端。它是"专题"的"小微化"，不是长时间、大跨度的"大单元教学"，也不是综合性程度很高的"项目化学习"，而是教师基于课标、针对教材开发出的"短""平""快"的学习小专题，符合多数学生的认知水平，虽有研究性学习的成分，但不是把大学学术研究课程前移，多数学生能够在课堂上完成。

由于"微专题"源于"专题"，二者既有共性，又有差异。在共性上，"微专题"具有"专题学习"的显著特点，即以唯一的、确定的主题来勾连课程资源。关于二者差异，构建"微专题"意在体现三个不同于"专题"的特征：第一，在资源开发上，深度开发资源，勾连课堂内外，如某教师创设的主题为"数风流人物"的毛泽东诗词阅读微专题，在课内篇目《沁园春·长沙》的基础上添加小学篇目《七律·长征》和课外篇目《采桑子·重阳》以构成文本组。第二，在课程构建上，形成学习系列，实现能力的序列发展，促进从课文到课程的变化。如前所述，"微专题"形成于"专题"的分解，在构建"微专题"时可对"大专题"进行细化和切分，如王荣生教授将统编版高中语文必修上册的第七单元分解为"分析写景特色，感受自然之美""品味言辞之美，欣赏抒情手法"以及"感悟人生思考，发掘民族文化特质"三个微专题，学生的能力层级也分为"读""品""悟"三个渐进式的阶段。第三，在课程容量上，呼吁"量少而内容精"的课程，如某教师以《论语》当中的"孝"构建的《论语》主题式阅读，摒弃了整部作品的阅读而选择《论语》当中出现"孝"的第十八章作为教学资源。

综上，现阶段有关"微专题"教学的研究，无论是在理论开发上还是在教学实践上，都屈指可数。而仅有的相关课例，又多聚焦于阅读教学，在写作教学的领域仍为空白。

三、关于"项目化学习"

"项目化学习"（"项目式学习"）起源于20世纪的美国。美国教育家克伯屈于1918年在《项目教学：在教育过程中有目的的活动的应用》一文中提出"项目教学"。50年后，加拿大的麦克马斯特大学教授Barrows首创"项目学习"概念。至今，中外众多学者对其有深入的研究，现从概念界定、操作模式和语文教学应用三个方面对其进行梳理。

在概念界定方面，美国巴克教育研究所将其定义为：学生通过完成与真实生活密切相关的项目进行学习，是一种充分选择和利用最优化的学习资源，在实践体验、内心吸收、探索创新中获得较为完整而具体的知识，形成专门的技能并获得发展的实践活动。就国内而言，我国学者刘景福等将其概括为"基于学习或研究学科的原理和概念，在真实世界中借助多种资源开展探究活动，并在一定时间内解决一系列相互关联着的问题的一种新型的探究性学习模式"；还有学者从过程方面入手，认为"项目化学习"是围绕某个具体的学习项目，充分选择和利用最优化的学习资源，在实践体验、内化吸收、探索创新中获得较为完整和具体的知识，形成专门的技能和得到充分发展的学习。

在操作模式方面，"项目化学习"最初的大规模推广是在医学、经济学、艺术设计等领域，在20世纪80年代逐渐扩展到语言、历史等基础学科，90年代后传入我国，在学科教学中得到应用。我国众多学者多年来在教学理论方面有着不同程度的探索。刘景福等认为"项目化学习"包括"项目选定、计划制订、活动探究、作品制作、成果交流、活动评价"六个基本操作步骤；高志军等认为它应当包含"项目设计、成员分工、计划制订、协作探究、产品制作、成果展示及总结评价"七个步骤；林奇贤认为"项目式学习"由"对问题进行探究与调查""根据问题情境提出解决方案并进行实操以完成作品""公开展示与测试作品"三大区块构成；胡佳怡认为其包括"提出问题、设计项目、创设环境、探究学习、展示评价"五个步骤，等等。总之，上述涉及的相关操作流程都囊括"项目准备、项目实施、项目评价"三个阶段。现将众多研究者的观点整合为表1-3-1。

表1-3-1　国内研究者对"项目化学习"概念理解的关键词

研究者及年代	概念涉及的关键词
刘景福，钟志贤（2002年）	制作作品；真实世界；解决问题。
高志军，陶玉凤（2009年）	学习项目；实践体验；探索创新；技能获得。
余瑶（2017年）	真实情境；自主思考；合作；解决问题。
董艳（2017年）	做中学；跨学科；综合能力；探究；合作。
张文兰，苏瑞（2018年）	真实问题情境；探究学习；多元能力。
林奇贤（2018年）	合作学习；动手做；成果展示；培养能力。
王宁（2018年）	真实情境；任务设计；开放性探究；能力提高。
郭华（2018年）	多学科；活动性；自主学习。
胡佳怡（2019年）	任务分解；群体合作；产品创造。
管文川（2019年）	作品制作；能力培养；学生主体；问题解决。
周振宇（2019年）	问题解决；跨学科；分工合作；展示交流。

近年来，众多一线语文教师将"项目化学习"理论研究成果运用到教学实践当中，取得了丰硕成果。以统编版教材为着眼点，张学明老师对高中语文教材必修上册第一单元进行学习项目设计，主题为"炫彩青春，梦想发声"；以课外资源为主，杨志宏老师基于"文学阅读与写作"和"跨媒介阅读与交流"学习任务群开展"走近杜甫"项目学习专题；陆志平、张克中老师依托学习任务群"思辨性阅读与表达"构建主题为"清晰表达、理性驳斥、多角度研讨"的模拟辩论项目（综合实践活动）；吴欣歆老师在"文学阅读与写作"任务群中创设的"记录—精读—欣赏与创作"读写一体模型，等等。综观这些课例，不难发现"学习项目"包含四个核心要素：第一，有明确的主题，在这一点上，"项目化学习"与"专题学习"是互补共生的。第二，有一系列联系真实生活情境的任务作为导向，此时的任务不再是单纯孤立的课堂活动，而是与学生的经验紧密相关的情境化活动，如上文"走近杜甫"项目学习专题中的观看电视纪录片《千秋诗圣》、组织开展杜甫诗歌分享会等。第三，在教学内容上体现了综合性（整合性）的特点，它依托教材，但必须围绕项目的主题进行拓展和开发，将各种文本、图片、视频、声音等形式的教学资源整合为教学内

容。第四，产生实践成果，这与教学评价"挂钩"。"项目化学习"以"产品"呈现学生学习的成果，学生撰写的作文、学习调研报告、策划的活动方案、成果展示汇报等都成为项目化学习的实践成果。第五，打破传统"阅读—写作"二元教学范式，一个学习项目往往包含阅读与写作任务。在这一层面上，"项目化学习"的相关研究或可填补前文"微专题"中所涉及的关于写作教学的空白。

第四节　概念界定

一、单元主题

统编版教材以双线单元主题体例编写，18个任务群主题与人文主题并进融合。由于研究时间有限，三年时间，只能依据统编版教材编写双线体例，从必修上、下册与选择性必修上册中选取20个单元主题——青春激扬、诗意人生、自然情怀、良知与悲悯、我们的家园、观察与批判、乡土的中国、不朽的红楼、伟大的复兴、百家争鸣、多样的文化、文明之光、学习之道、探索与发现、媒介素养、使命与抱负、责任与担当、劳动光荣、语言家园、逻辑思维。

这20个单元主题又可以归类为9个任务群主题：文学阅读与写作、当代文化参与、整本书阅读、中国传统文化经典研习、外国作家作品研习、思辨性阅读与表达、实用性阅读与交流、跨媒介阅读与交流、语言积累梳理与探究。

单元主题主导下的教学行为，需要根据单元主题，统率整个单元，呼应任务群主题，由总到分，再由分到总。

二、活动教学

活动教学是单元设计实施的主渠道，活动主力军是教师引导下的学生。活动包含文本语境活动、生活活动、社会活动。单元主题教学设计以活动任务方式为实践路径，每个单元依据具体学情、教材单元特点设计出有针对性、可行性的教学活动，活动要做到有趣、有序、有得，最重要的是学生的语言和思维要得到训练。每个教学设计包含3~5个活动任务，教学设计实践过程中以项目化活动来推进，师生共同开发活动任务、学生小组合作研究完成活动任务、课堂进行相应活动成果展示、师生多维度评价活动成果。

三、微专题

　　微专题是"专题"的"小微化",是教师基于《课标》、针对教材开发出的"短""平""快"的学习小专题。微专题的"短",就是教学时间短,短可十几分钟,长可一两节课。"平"是指学习内容平易浅近,活动由浅入深,符合大多数学生的认知水平。"快"是指目标单纯不庞杂,内容集中不枝蔓,能够在较短的教学时间内完成。大任务大单元大概念的"大"恰恰是基于对文本"小"的深入把握的结果,"以小见大"的是微专题设计的逻辑起点。

四、三式六环

　　统编版教材单元主题活动教学设计依据具体单元特点,以"三式六环"为理念设计并实践。三式:大单元系列进阶式、大单元统筹下微专题式、大单元主题统筹下单篇式,以大单元统筹下微专题式为主要设计样式。单元主题活动教学设计三个主要策略:①《课标》着眼,文本着手;②基于素养,活动赋能;③守语文正道,创教学新法。

　　六环:由单元而定的每种教学设计形式包含六个环节,单元解说、单元目标、课时分解、预习任务、学习活动、学习测评。

第二章
欲把金针度与人

——单元主题微专题项目化学习设计与实践的策略与路径

第一节　研究的内容与方法

一、研究内容

（一）研究活动开展的主体与客体对象

研究实施的学段与参与的老师和学生：高一、高二学段，课题组全体成员、佛山市顺德区教研员组织佛山市顺德区高一高二教师以"单元主题教学设计大赛"形式协助参与。学生包括顺德区第一中学、郑裕彤中学、李兆基中学及顺德区第一中学西南校区高一高二年级学生。

教学设计研究涉及的内容：由于课题申报时统编版新教材正在使用前三册，所以先挑选20个单元开展教学设计研究，见表2-1-1，重点问题如图2-1-1所示。

表2-1-1　20个单元教学设计对应的主题活动内容

单元主题群	主题任务群要求	主题单元内容	主题人文内容
阅读与鉴赏	文学阅读与写作	必修上册第一单元	青春激扬
	文学阅读与写作	必修上册第三单元	诗意人生
	文学阅读与写作	必修上册第七单元	自然情怀
	文学阅读与写作	必修下册第二单元	良知与悲悯
	当代文化参与	必修上册第四单元	我们的家园
	文学阅读与写作	必修下册第六单元	观察与批判
	整本书阅读	必修上册第五单元	乡土的中国
	整本书阅读	必修下册第七单元	不朽的红楼
	中国传统文化经典研习（一）	选择性必修上册第一单元	伟大的复兴
	中国传统文化经典研习（一）	选择性必修上册第二单元	百家争鸣
	外国作家作品研习	选择性必修上册第三单元	多样的文化

续 表

单元主题群	主题任务群要求	主题单元内容	主题人文内容
表达与交流	思辨性阅读与表达	必修下册第一单元	文明之光
	思辨性阅读与表达	必修上册第六单元	学习之道
	实用性阅读与交流	必修下册第三单元	探索与发现
	跨媒介阅读与交流	必修下册第四单元	媒介素养
	实用性阅读与交流	必修下册第五单元	使命与抱负
	思辨性阅读与表达	必修下册第八单元	责任与担当
	实用性阅读与交流	必修上册第二单元	劳动光荣
梳理与探究	语言积累梳理与探究	必修上册第八单元	语言家园
	语言积累梳理与探究	选择性必修上册第四单元	逻辑思维

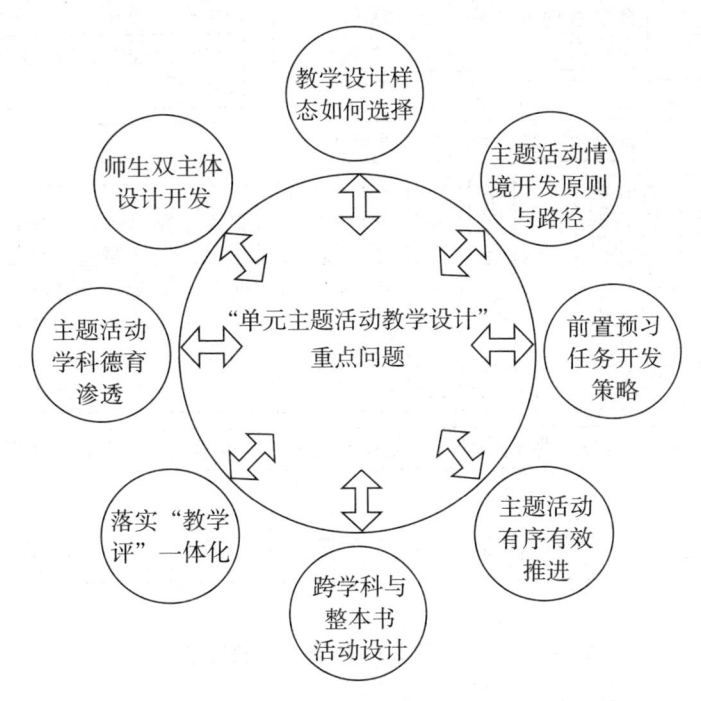

图2-1-1　"单元主题活动教学设计"重点问题

（二）形成单元主题活动下的教学设计的策略技术路径

以统编版教材必修上册与下册和选择性必修上册共20个单元为设计内容，采用大单元系列进阶式、大单元统筹下微专题式、大单元主题统筹下单篇式三种设计体式，整合学校、全区教师资源，探讨如何设计、优化设计的问题，最终设计出具有范式意义、可操作性强的单元主题活动教学设计，并在示范引领实践中推动区域高中语文单元主题活动教学。

二、研究思路和方法

（一）研究思路

根据研究目标，本课题拟设定研究思路如图2-1-2所示。

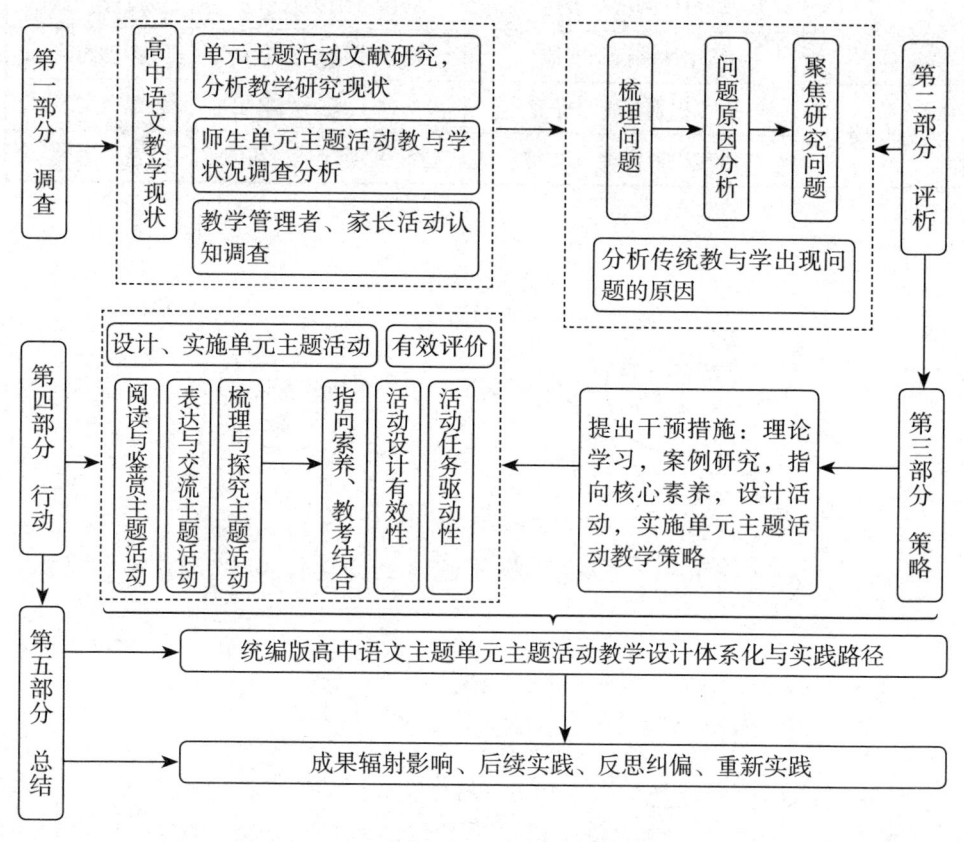

图2-1-2　研究思路框架图

（二）研究方法

1. 文献分析法

为了了解高中语文活动课理论研究和发展现状，需研究相关语文教学改革政策、明确发展方向，查阅教育教学专著、权威核心论文等，为课题研究提供理论支撑。

2. 实践反思法

本课题将结合各活动课课前准备阶段、课中实施阶段、课后反馈阶段、总结评析阶段遇到的实际问题，在行动研究中探索，改进活动课教学中学生实践的实际效果，通过不断的实践、验证和修正，逐步实现语文学科核心素养导向下的高中语文活动课教学模式。

3. 案例分析法

课题研究的案例来源包括文献案例、真实课堂观察案例、学生反馈实录案例。我们力求有效整合这些教学案例，以期为本课题的研究提供有用素材。

第二节　研究三阶段：体验·体悟·体认

笔者基于对单元主题的微专题项目化学习的研究，认为自己的研究可以分为三个阶段。第一个阶段，1996—2016年，在这"二十年磨一剑"期间，出于对语文教学改革本能的热爱，笔者经常自发设计语文微专题研究性学习活动，践行生本课堂理念，引导学生在研究性活动中体验语文的美好，获得语文能力与素养。第二个阶段，2017—2020年，这个阶段属于"体悟"阶段，"三年蓄势期"，体悟了互联智慧课堂与项目化学习的有机融合，开始理性研究思考"项目化学习"。第三个阶段，2021年至今，这个阶段属于深度理性自觉"体认"阶段，"三年实践期"，深度体认基于单元主题的微专题深度学习，建构教学设计范式与体系，并且依托名师工作室、省级规划课题进行教改实验、反思、推广。

一、体验："二十年磨一剑"体验研究性活动，践行生本课堂

1996年，笔者以全省文科第387名的优异成绩考入了湖南师范大学中文系国家文科基地班。受各位师长的影响，笔者立志做一名优秀的人民教师。大学期间，笔者阅读了魏书生老师的很多作品，非常崇拜魏书生老师。阅读了他的专著《语文教学探索》，对于他的"六步教学法"非常感兴趣。笔者也希望成为他那样的老师，让学生在课堂上做自己的主人，自行组队，课前、课后对课本内容进行讨论，鼓励学生大胆发言，让枯燥的课堂变得生动有趣，激发学生学习的自主性，让学生在这种教学氛围里快速找到适合自己的学习方法。强调培养学生的自我管理能力。

2000年，笔者从湖南师范大学中文系毕业到广东省汕头市澄海中学工作，工作之初，对于语文教学"少慢差费"的现象，进行了初浅的思考与研究，并

开始了语文活动课设计。2003年，笔者结合自己3年的教学尝试与经历，撰写了教学论文《细草微风岸，月涌大江流——例谈大语文教学观实践策略》。在论文中我提到了以下两个观点。

（一）观点一：以课堂教学为主阵地，全面实施"大语文教育"

1. 突出自学能力的培养

语文课堂教学应该是教师指导学生学会学习的过程，是引导学生在听说读写的实践中培养能力的过程。因此，教师的教要着眼于学生的学，在教法中渗透学法，用教法指导学法。教师应该认识到，学习是一种智力活动，它固然要遵循一般规律，但每个人的学习又必然有自己的特点，因此，在教给学生一些科学的基本的学习方法的同时，还应鼓励学生探索适合自己的方法，主动学习，并养成良好的学习习惯。

2. 突出阅读能力和习惯的培养

苏霍姆林斯基认为：学生阅读的东西越多，掌握课内基础知识就越容易。在阅读方面，学生存在的问题较多，譬如，有的学生不懂得怎样抽时间阅读，有的学生不知道怎样选择适合自己阅读的书籍，许多学生根本没有养成良好的阅读习惯。为此，笔者举办过"名著指南""外国名著介绍"等讲座，开展过"我向同学介绍一本好书""读书报告交流会"等活动，依靠学生捐赠和班费购买图书设立了"读书角"等；每周开设一节阅读课，每学期列一个"'好书大家读'参考书目"发给学生……这些活动和举措，极大地激发了学生主动阅读的兴趣，学生在广泛涉猎各方面书籍的过程中，极大地开阔了视野，充实了知识，提高了阅读能力，提升了素养，收到了很好的效果。

3. 突出写作表达能力的训练和培养

苏霍姆林斯基说："每一个孩子就其天性来说都是诗人。"但是，孩子的天性是需要爱护和激发的。试想，一个对生活缺乏感觉的小孩，你很难想象会从他的心里流淌出对生活的热爱之情，也很难想象他能感受到语文的美丽所在，更别说自如地运用语言去表情达意。因此，作为语文老师，应该想尽办法，极其小心地保护学生的"诗情"，培养学生感受生活的能力，从而让学生心中的诗流淌出来。

如何提高学生的写作能力呢？笔者采用了写日记这种最普通而最有效的方法。两年多来，笔者要求学生坚持写日记（为了不给学生过重的学习负担，只要求每周写三篇；因此，从严格意义上，这种"日记"的称呼是不准确的，因为它毕竟不是通常所说的"一天一篇"的"日记"，在此姑且以"日记"相称)，题材、写法不限，让学生凭各自的兴趣尽情发挥。为了给予学生正确的引导，笔者耐心地批改全部日记，每周抽出一节课作为日记讲评课，细心发现学生日记中的"闪光点"，捕捉学生进步的"蛛丝马迹"，用心组织富于文采的文字，点评得失，扬长避短，小心翼翼地保护学生的诗情和创造力，真诚地鼓励学生。由于给予了最大限度的自由和适时的引导和鼓励，学生潜在的写作热情被充分地激发出来，他们自由地用心倾诉着自己点滴情怀：温馨的亲情，纯洁的友情，甚至朦胧青涩的"爱情"，战胜自我之自豪，畅游书海之惬意，心愿不遂之遗憾；既有喜怒哀乐情感的荡漾，又有冷静思想火花的跳跃……罗丹说过："生活中并不缺少美，而是缺少发现美的眼睛。"在笔者的引导下，本不善于发现美的学生逐渐学会了用自己的眼睛去发现，用自己的心灵去感受，用自己的头脑去思考，在"咀嚼身边小小的悲欢"（鲁迅语）的过程中，学生创作的热情被激发，他们逐渐找到了写作的灵感，创作了一篇篇情真意切的佳作，写作能力得到了提高。

4. 突出口头表达能力的训练和培养

笔者特别重视培养学生"说"的能力。从学生入校的第一节语文课开始，笔者便坚持进行"课前三分钟口才训练"。训练的形式不拘一格，可以讲故事，说笑话；也可以播新闻，发议论；说的内容也丰富多彩，大至中东危机、撞机风波，小至校园写真、假期见闻，及至家庭趣事、风俗人情，天南海北，五花八门，只要内容正确、思想健康均可畅所欲言。两年多来，这项活动的开展，既锻炼了学生的胆量，提高了说的能力，又开阔了学生的视野，活跃了思维，收到了良好的效果。

5. 突出思维能力的训练和培养

如何在语文课中进行创造性思维训练呢？笔者着重从培养学生的求异思维和发散思维入手。例如，在作文教学过程中，我引导学生利用"反弹琵琶"（求异思维的一种）进行作文立意训练。所谓"反弹琵琶"，就是运用逆向思维提出新观点、新见解。笔者给学生提供一些习以为常的见解、观点，让学生从对立的陌生角度去重新审视并挖掘出新意。譬如"班门弄斧""对牛弹琴""东施效颦""近朱者赤，近墨者黑"等，学生在我的启发下，提出了

"弄斧就要到班门""对牛弹琴好处多""东施效颦又何妨""近朱者未必赤,近墨者未必黑"等许多富有新意的立意。这种作文立意训练对于提高学生的作文水平、认识能力,以及培养学生的创造性思维能力无疑是大有裨益的。又如,笔者在上《谁是最可爱的人》一课时,发现文中三个事例的选取极具典型性,且材料安排的顺序上也颇有讲究,其中可以发掘的东西很多。笔者适时地引导学生去讨论、去发现,结果在学生的积极参与下,竟发现了不下十处如此安排的妙处,很好地训练了学生的发散思维。

6. 突出情感的熏陶与感染

中学语文教材中选编的课文不少是蕴含着深情厚谊的,如何让学生体会作品文字中蕴含的情感,仅仅靠对课文字字句句的分析是难以奏效的。这就需要树立大语文教育的观念,跳出课堂,将语文与生活联系起来。比如在教授《台阶》这一课时,笔者发现现在的孩子一般与母亲的关系很好,但对父亲颇有怨言,难以理解课文中的"父亲"对孩子的一片深情。于是,笔者先让学生自由诉说自己对父亲的不满,然后向学生讲述了自己父亲如何疼爱自己的一个小故事。通过笔者饱含深情的讲述,学生很快就体会到了父爱的深沉。在笔者的引导下,学生慢慢进入了角色,有几个学生当场动情地诉说了自己感受到的平凡而深沉的父爱。这样做,一方面激发了学生的情感,另一方面让学生受到"做人"教育,在跳出课文的同时又回归了课文,很好地实现了语文教学与生活的结合。

(二)观点二:构建以语文活动和环境为双翼的新教学体系,实施"大语文教育"

在语文教学中实施素质教育,应该强化语文课外阅读,拓展其他课外活动,加强语文教学同其他各科教学、语文教育和学校其他教育活动的联系,创设良好的语文学习环境,构建一个开放的语文教学新体系。2000—2003年,笔者坚持运用学生喜闻乐见的活动形式,开展了丰富多彩的语文活动,以创设寓教于乐的良好的语文学习环境,让学生从中接收大量的语文信息,从而有效地提升学生的语文素养,提高学生的能力。

当代学生的生活仍是以"学校—家庭"为主,每天被繁重的学习任务压得喘不过气来,而语文活动却能活跃和点缀学生们单调的学习生活,以他们喜闻乐见的形式,生动活泼地进行"大语文教育"。为此,笔者积极组织学生开展一系列丰富多彩的语文活动。如"成语接龙""谜语竞猜""书法比赛""智力竞赛""诗词朗诵""小型辩论赛""新闻发布会"……另外，笔者指导学生创办了四期以发表学生优秀习作为主的班刊《太阳部落》；组织学生到澄海冠山书院感受厚重多彩的文化。这些活动成功地向学生展现了"大语文教育"的魅力，极大地丰富了学生的课内外生活，并大大激发了学生学习语文的兴趣，陶冶了学生的情操。

2007年因工作调动，笔者从汕头澄海中学来到顺德区第一中学工作，顺德区第一中学学校领导考虑笔者是工作了7年的教师，在汕头澄海中学已经带了3届毕业班，每届都带出澄海语文科目最高分，小有名气，于是顺德区第一中学学校领导将我安排在高二语文备课组，与杨增尧、庞沛、彭梅华、黄滨等老师在同一个备课组。笔者记得很清楚，报到第一天，黄滨老师就把他的第一本著作《演讲式教学——点燃希望的火种》一书初稿给我学习，拜读之余，佩服不已，笔者决定尝试从"抓分数"教学到"生本合作"教学转变。后来顺德区第一中学很快在刘伯权校长、彭云松校长、罗日明主任主持下开展了"生本课堂"改革，笔者也有幸参与了崔雄志主任主持的全国教育科学"十一五"规划教育部重点课题"语文学科自主学习方式的研究"这一课题，从2007年到2016年，这10年时间，可以算是笔者"十年磨一剑"，积极向备课组践行课改理念的老师们学习，自觉对标对单元主题下微专题活动教学，以研究性学习的方式，开发活动素材，沉淀思想，积累研究素材。在这期间，撰写论文《学生自主学习语文之我见》，发表于2016年《语文教学与研究》。

（三）以生为本，学生讲课

语文科组骨干教师黄滨老师、庞沛老师、张志林老师、彭梅华老师积极推出"生本教育"课例，每学期他们会在充分满足学生自主学习需要，征求学生意见的前提下，定下每学期精讲课文篇目。于是学生的学习就由"要我学"转向"我要学"，学生学习的心态发生变化，自然学习的兴趣就增强了。定下讲授篇目后，再进行小组合作，生本学习，学生组成小组选择篇目上课，教师制订评课标准，每组推出一个评委评分，最后评出最佳小组。这种自主讲课的方法，吸引我们经常去听课，课堂的高效、自主、民主深深地震撼了我们。看到课改老师在"生本课堂"上挥洒自如，看到学生在以自己为主体的学习活动中积极、主动、活跃、健康地学习时，看到授课老师可以在这种生本教育的实践中充分领悟到教育的真谛，享受到教育的乐趣和赞叹学生创造力量的神奇时，作为语文科组的一员，在"生本教育"的校本培训活动中，笔者深切地感受到了教学就应该"穷则思变，变则通，通则久"，正是在全校"生本教育"的启发下笔者才觉得自己以前"满堂灌"的教学方式到了非改不可的时候，只有改革，才能让从教12年，已经有一些职业倦怠的笔者重新激发对教学的热情，重拾对学生的信心。

在充分的理论学习和多次听课、观摩、反思之后，结合本班学生实际情况，笔者也学习了科组老师的一系列成熟的做法，尝试了由学生来主讲粤教版必修4小说单元的内容。完成单元教学后，通过调查反馈，学生评价很高。学生这样写道："读书九年，我一直都是安静地坐在椅子上听老师讲课，从未试过站在讲台上当一回老师。上周，姜老师创新了教学方法，颠覆了这个'学生规规矩矩听课'的传统模式，组织我们班的学生先选择自己感兴趣的篇目，然后小组分工合作，选出两位讲课人，准备讲课内容，最后让同学们当一回老师，自主讲课……经过这次讲课，我真是受益匪浅。不仅对《阿Q正传》这篇课文有了深刻的理解，而且我体会到了老师的感受。"由此可见，本单元的教学效果良好，真正引领了学生自主阅读小说原著，学生小组能全面透彻地对文本进行研读交流。在传统讲课模式下，小说单元可能由教师讲解会费时费力又不讨好，改变了教学理念，创新了教学方式，教学效果得到有效提升。这一单元的生本教育活动让笔者且行且反思，不断思考，不断调整，不断改进。提倡小组合作学习，学生小组选课，现场上课。教师则制订评课标准，学生上课前将教案交予老师并同老师讨论修改不当之处，教案修改好后进行试讲，最后才正式在课堂上讲授。每组推出一个评委评分，最后评出最佳小组。并设置"最具创意奖""课堂生动奖""最具深度奖"等进行鼓励。小组成员为了解决问题各抒己见，进行头脑风暴，在冲突和合作中对文本深度挖掘。语言自主课堂评价表见表2-2-1。

表2-2-1　语文自主课堂评价表

参评小组（或个人）　　　　课题　　　　时间

评分标准：很好90%~100%　　好80%~89%　　较好70%~79%　　一般60%~69%

评分项目	分数
课件制作（精美，完善）10分	
课堂气氛（热烈，积极）20分	
把握课文（准确，深入）20分	
表达（准确简明，条理清晰）20分	
内容设计（自然，巧妙）20分	
思想（健康，积极）10分	
加分：创新10分	
总分	

活动结束后，笔者将活动的反思写成了论文《学生自主学习语文之我见》，发表于《语文教学与研究》，也为笔者参与全国教育科学"十一五"规划教育部重点课题"语文学科自主学习方式的研究"积累了研究素材。

（四）开展"漫游语文世界"语文综合性学习活动

在自觉体验"生本课堂"，主动开发研究性学习活动的过程中，2011年10月，笔者成功申报了顺德区资助重点规划课题"广府方言区高中生规范使用汉语言文字问题与策略研究"，并在课题研究的驱动下，带领课题组老师们一起开发了"综合性学习：漫游语文世界——汉语言文字的规范使用"活动。在研究活动前期做好充分动员准备，布置假期研究性学习任务。2012学年全校布置寒假"漫游语文世界"语文综合性学习活动，要求同学们小组合作完成（同一个镇的同学组成一个小组，便于交流研究资料，可以同班，也可以不同班级组合，不同学校组合）。以调查报告、研究论文、幻灯片、相声小品、手抄报、倡议书（如消灭错别字）等形式进行课堂交流。

1. 前期给出参考微专题研究角度

（1）规范或有创意地使用语言文字（参考角度）。

经典广告举隅——收集电视、报纸、杂志等媒介中的广告语，整理分类，予以适当赏析，并评价其在社会生活中的作用。

参考分类示例如下：

绝妙对联集赏析

赏析网络语言"小词典"

店名"坊"

新词"汇"

新外来语集

手机短信欣赏

校园流行语录

（2）不规范使用语言文字（参考角度）。

① 错别字门诊——收集街头匾额、标语、广告、报刊等用语中存在的错别字，并加以改正，正视大众生活用语中不规范的现象。

② 校园流行语指摘——精选校园流行语（如哇噻、爽呆了、酷毙了等），分析它们的实际含义并予以评析。

③ 网络语言思辨——收集网络语言（如7456、BS、青蛙、大虾等），并阐述网络语言的迅猛发展对汉语的冲击，初步思考其优缺点。

④ 主持人口误拾零（脱口秀、新闻播报）。

⑤ 荧屏语言差错举例。

2. 课堂展示

由各组小组长做活动展示主持人，各组代表进行主要发言，其他同学可做简要补充；教师作为活动的组织者和协调者，可以适当地点拨、评价。课堂展示的形式多样，可以采用汇报式、演示式、表演式或综合式。

（1）规范或有创意地使用语言文字。

经典广告举隅展示过程：

① 与同学们一起欣赏本组同学从电视、报刊等媒介中收集到的精彩广告语，如"德芙巧克力：牛奶香浓，丝般感受"。赏析：这个"丝般感受"的心理体验堪称经典。用丝绸的柔滑形容巧克力的细腻润滑，充分利用联觉感受，妙用通感，想象丰富，意境高远，把语言的力量发挥到极致。

② 好的广告其语言都有精彩独到之处，本组同学品味自己喜欢的广告语的语言特色，与其他同学交流互动。

③ 由主持人引导本组同学归纳广告语言的特点，如简洁凝练、晓畅易懂、

朗朗上口、主题突出、新颖独特而富有情趣等。

④ 在初步领略了广告语言的魅力及特点后，同学们学以致用，仿写广告语，如以"爱护校园花草"为主题仿写几条公益广告。

⑤ 主持人做活动总结。

（2）不规范使用语言文字。

第一，错别字门诊展示过程。

① 通过观看同学表演的小品来认识错别字的害处。

② 组内同学分别展示收集到的街头匾额、标语、广告、报刊等用语中存在的错别字，将纠正后的字与原错别字进行比较，分析造成错别字的原因。

③ 根据出现错别字的原因进行分类，总结出易出现错别字的几大类型，以警示其他同学。

④ 联系生活，开展"消灭错别字"倡议活动。主持人宣读倡议书内容，呼吁其他同学行动起来，从自身做起，消灭错别字。课后同学们在倡议书上签名。

⑤ 展示的方式可以是调查报告、幻灯片展示，也可以是相声或小品等。

第二，错别字门诊组学生展示活动示例。

主持人（小组长）：欢迎同学们来到我们的错别字门诊。我们组活动的主题是："莫把错别字当小事"。我们组利用课余时间，在街头的匾额、标语、广告……中发现了许多错别字，此外，我们还找到了一些有关错别字的典故。我们发现大量错别字的存在给我们的生活带来很大的危害。

① 通过相声、小品认识错别字的危害。

主持人（小组长）：首先请让我们欣赏相声表演艺术家马三立先生的单口相声《四个错别字的害处》。

A.播放马三立先生的单口相声《四个错别字的害处》（视频或音频）。

主持人（小组长）：下面请欣赏我们组的同学根据古代错别字小故事改编的情景短剧——《县官审"亲爹"》。

B.演短剧：

画外音：从前有一个县官，斗大的字不识一箩筐，官位是花钱买的，在断案时，经常读错字，闹笑话，这天县官又开始审案了。

（升堂……威武……）

县官（喊）：（"都上来。"）

（原告、被告、证人一齐上堂）

县官（怒气冲冲）：（"本官只叫原告一人上堂，你们为何都跟着一起上来？"）

证人：（"老爷不是叫我们都上来吗？"）

原告、被告（齐应和）：（"是啊，是啊。"）

师爷（打圆场）：（"禀告老爷，原告的名字还有另外的念法，叫'郁工来'，不叫'都上来'。"）

县官（又转向被告喊道）：（"齐下去。"）

（原告、被告、证人一齐下堂）

县官（站起，厉声问道）：（"本官叫被告听审，你们为何一起退堂？"）

师爷（连忙禀告）：（"老爷，被告的名字也另有念法，叫'齐下丢'，不叫'齐下去'。"）

县官（心中不快）：（"既然这样，那么证人的名字又该念什么呢？"）

师爷（恭恭敬敬）：（"禀告老爷，证人的名字叫'新釜'。"）

县官（一听，突然笑起来，转身对师爷说）：（"我就估摸着另有念法，你不说我就要叫他'亲爹'了。"）

县官：["退堂！"（自言自语）"多危险啊！还是等本官先弄清楚他们的名字再来审案吧……"]

主持人（小组长）：同学们，短剧中县官读错字的事情在我们现实生活中也时有发生，如果不注意就会闹出笑话。我们一定要引以为戒，在今后的学习和生活中细心鉴别错别字并加以改正，净化我们的语言环境。下面让我们一起来分享其他同学收集到的错别字。

②错别字案例展示。

展示事先收集好的错别字，介绍错别字是在什么地方找到的，错在哪里。例如："欢渡（度）国庆"（街头标语错别字），"十（加）工粮食"（小作坊广告语），"所有商品一律打八拆（折）"（商店广告语），"叮（停）车吃饭"（饭店广告语）；1999年10月17日晚，上海电视台"智力大冲浪"节目正在谈论与"风"有关的话题。主持人让参与者说出5个带有"风"的疾病名称。当答题者说到"麻风病"时，主持人程雷和陈蓉异口同声地说："'麻疯病'的'疯'不是刮'风'的'风'，是'疯子'的'疯'。"其实，答题者

31

的回答是对的，两位主持人的否定不但"枪毙"了一个正确答案，而且误导了电视机前的观众。

主持人（小组长）：汉字源远流长，瑰丽多姿，是我们中华民族五千多年文化的精髓。但错别字的出现不仅有损汉字形象，而且影响到汉语的规范与健康发展，如果不加以遏制、任其泛滥，最终将会损害人民的素养，影响中华文化的发展，这绝不是一件小事。让我们立即行动起来，从我做起，从现在做起，保证自己不写错别字，积极主动帮助他人不使用错别字，让错别字无处藏身，让汉语健康发展。为此，我们小组特拟定了一份关于消灭错别字的倡议书。

③联系生活，开展"消灭错别字"倡议活动。

两个组员将事先写好的倡议书展示给同学们看；主持人宣读倡议书内容，呼吁其他同学行动起来，从自身做起，消灭错别字。课后同学们在倡议书上签字。

总结：刚才同学们的表现非常精彩！通过这次活动，大家收集并整理了生活中规范使用汉字的情况，欣赏了有创意地使用汉字的精彩范例；也注意到了生活中汉字使用不规范的现象。同学们，规范地使用汉字，既是个人文化素养的体现，也是汉语健康发展的需要！为了让汉语规范健康发展，让我们行动起来，在生活中学习，在学习中成长！

（五）基于教材经典文本，开展文本细读研究性学习活动

1. 合作探究难以理解的字句

以《诗经·氓》为例。有小组提出"三岁为妇，靡室劳矣。夙兴夜寐，靡有朝矣"一句，"靡室劳矣""靡有朝矣"是什么意思？教材把两句注为双重否定句。"靡室劳矣"译为家务劳动没有不做的，"靡有朝矣"译为没有一天不是这样。但是如果直译，很明显应该是"没有家务去做的""早起晚睡，没有一天是这样的"为什么会这样？这个问题被全班评为最有价值的问题。在课堂引发激烈的讨论，各小组各抒己见，气氛空前活跃。

同学们通过大胆质疑，互相讨论，提出了以下几种看法：

（1）有同学认为前句是不参加家务劳动的意思，后句亦如是。即结婚时女子的丈夫还爱她，不让她做家务劳动。据笔者查证，这一点竟然和王力《古代汉语》的解释是一样的！

（2）有同学认为"劳"是动词的意动用法，以……为劳，即女主人公不以家务事为劳的意思。"夙兴夜寐，靡有朝矣"，早起夜卧、没有一天（休息）。后来我查阅朱熹的解释就是这样的！

以下是老师的意见：

"三岁为妇，靡室劳矣"为当初"为夫所爱""夫不以室家妇事以劳於己"，与上文"氓之蚩蚩，抱布贸丝。匪来贸丝，来即我谋""桑之未落，其叶沃若"所写当初氓的相爱情形相合，且与下文"夙兴夜寐，靡有朝矣"所写女主人公的勤劳形成对比，并与"言既遂矣，至于暴矣"所写后来氓的粗暴情形形成对比。我借此机会告诉同学们，文言文词句解释的一般原则：作品上下文优于教材所给注释！

2. 章法结构探究

以荀子《劝学》为例。荀子的《劝学》，可谓中学教材中的名篇，不论是哪个版本的教材都必选这一篇目。笔者在高中学过这一篇目，大学毕业16年，这一篇目也教过好多遍，可是有些问题还是没有弄清楚。这一次正好又教高一，有机会再学习这一名篇。于是笔者就和学生一起就这篇文章进行讨论研究，还真有许多新发现，解决了很多以前一直疑惑的问题。

同学提问：

（1）文中的比喻如何理解？

其实荀子写这篇文章是老少皆宜的，考虑到读者的接受水平，荀子充分从受众出发，认识事物的方式也有点像小孩子，旁征博引，由生活、自然现象引出寓意，以实物关联象征，由浅入深，想象生动。文中所有的比喻必须找出本体：学习者的学习过程。"青，取之于蓝，而青于蓝；冰，水为之，而寒于水。木直中绳，𫐓以为轮，其曲中规，虽有槁暴，不复挺者，𫐓使之然也。故木受绳则直，金就砺则利"，讲的都是学习者需要学习，有学习的必要性和可行性。

（2）文中的"善假于物也"中"物"的内涵如何界定？是所有的"物"吗？

这个问题提得太好啦！在同学们讨论时我展示了荀子《劝学》中教材未选入的部分（"蓬生麻中，不扶而直；白沙在涅，与之俱黑。兰槐之根是为芷，其渐之滫，君子不近，庶人不服。其质非不美也，所渐者然也。故君子居必择邻，游必就士，所以防邪辟而近中正也。"）课文第三段结尾"君子生非异也，善假于物也。"后面紧接着就是上面的论述，这告诉我们，不是所有的"物"都能"假"，必须是有用有益的！正如我们现在，面对网络工具，也要有所用有所不用！

运用合作探究法学习文言文，学生上课的积极性大大地提高了，由以前被动学习转为主动学习，激活了思维。在文言文单元教学中，同学们提出了很多有意义的问题。如粤教版必修2"《项脊轩志》的行文思路和记叙文'一线串珠式'结构有相同之处吗？""《逍遥游》中的大鹏真的逍遥游了吗？""人教版必修3中《过秦论》的文章前半部分如何论证文章的中心？""《师说》中最后一段写李蟠，位置可以调换吗？"……同学们围绕自己提出的问题热烈讨论，互相争辩，质疑补充，课堂气氛活跃，老师再也不用担心同学们上文言文课睡觉啦！

当然，有老师会担心文言文的基础知识落实的问题，其实大可不必忧虑。要相信学生，只要在课堂的前置作业上做足了准备，有明确的预习要求，老师在课堂上检测，小组互相检查、讨论、检测，要求全员参与，贯彻"先学后教"，文言文的基础知识一定可以得到有效落实。课堂主要是解决同学们提出的问题，同学们带着问题听课，踊跃参与讨论，对课堂有充分的期待和参与热情，主动性得到充分激发，文言文学习事半功倍。

（六）读写微专题结合，对课文整合再思考，深化延伸课堂教学

读是为了写，现在的很多学生学习了一篇课文后，自己并没有后续思考，没有思维与写作的后续强化训练，课堂效果大打折扣。笔者在一年的教学中，一直贯彻读是为了写的原则，将作文的思维与语言训练融入"课本作文"训练体系中来。如：

《城南旧事》"童眼看世界"（切合了2010年江西作文题"找回童年"）

《报任安书》"苦难的价值""真正的勇者"

《鸿门宴》"我眼中的项羽/刘邦/范增/张良/项伯"

《游褒禅山记》"志、物、力与成功的关系"

《陈情表》"说孝"

《雷雨》"我眼中的繁漪/周萍/周冲/侍萍/周朴园"

《热爱生命》"热爱生命"（联系社会时事谈对生命的态度，由"富士康"事件谈起）

《封锁》"人生处处皆封锁""围城心态"

《杜十娘怒沉百宝箱》"古代女子的爱情悲剧"

《传记选读》"我与伟人/名人有个约会"

《苏武传》"坚守的意义""我看苏武"

……

坚持课后写作训练，不求字数多少，但求有所思考。一年坚持下来，学生养成了自主思考写作的好习惯，老师也省去了许多重复讲课的时间。因为在学生的深度思考中，对于文本的深入挖掘，基本包括了老师本来要讲的内容。同时出现了很多好文章，为投稿发表储备了资源，学生写得越来越多，发表得越来越多，提高了写作的积极性。

（七）开展高中语文自主写作训练的行动实践

每学期开学即组织学生开展出题活动，对经过同学投票选中的题目，拟题者进行语文考核加分奖励，并将题目整理公布在学习栏上，选择其中部分题目作为大作文训练题目。此项活动与校文学社征题征文活动有机结合起来。

案例：

《有一种成功叫撤退，有一种失败叫占领》《锁》《真》《简单》《五指》《如何看待非主流》《关于你和我的色彩》《月已西沉夜未半》《短发》《信我》《墙里墙外》《彼岸花开》《可惜不是你》《瓶颈》《茧》《门缝里的世界》《快镜头》《写给未来的孩子》《重来》《纪念》《摆渡时光》《这么近、那么远》《人生的十字路口》

（1）课堂限时作文。

（2）作文互评互改，小组总结，自主讲评，老师点评。

① 互批互改。（要求参照附录互批互改要求）

② 小组给出小组成员作文意见。

③ 每次轮流由一个小组整理总结全班作文，做全班该次作文讲评发言人。

④ 教师点评。

（3）推行自主加强作文基本功的做法。

① 反复对课文及报刊时文中含有某种典型句式的句段进行学习鉴赏，揣摩其神髓韵味。赞赏品评文采斐然的文章，大力表扬能够品出语言三味的学生。

② 增加课外阅读，充实语言库。

③课堂即时口头作文。

结合课文中重点、难点、争论点发表自己的见解。赏析名言警句，开展"秀名言"活动，开展辩论赛活动。

二、体悟："三年蓄势期"体悟互联智慧课堂与项目化学习

国家公布《课标》后，新教材在全国开始局部使用，新高考在浙江等地开始推行。《课标》里面提到要开展专题学习、项目化学习，但是这时候国内关于语文项目化学习研究方向多集中于泛化的项目式理论研究。我国的项目化学习，概念上模糊，认识存在误区，实践过程缺少方法、缺少策略，成为学习、实践项目化学习的困扰。已有的研究基本没谈及高中语文课程如何开展项目化学习，不能有效落实《课标》的要求，缺乏匹配具体学科、具体教材的全方位细化实操性项目化设计与实施研究，更缺乏跨学科的语文项目化活动研究，该研究领域可以挖掘的空间与价值巨大。

此外，在新时代信息化高速发展的背景下，"互联网+"与课堂教学的融合已成为一种必然趋势。而本身就比较开放、多变的高中语文项目化学习如能紧跟时代步伐，借助"互联网+"和智慧课堂的平台，将能更充分地发挥自身的价值。

虽然已有不少学者开始对互联网时代的智慧课堂教学进行探讨，如邓光强对利用云计算、互联网等技术构建智慧教学环境的研究，提出在课堂教学中运用信息化技术手段为个性化学习提供支持，以实现智慧化教学；姜强、赵蔚、李松、王朋娇等基于大数据学习分析进行专题研究，探讨智慧学习、智慧教育的发展特征……但是已有的研究大多数还停留在智慧课堂的理念层面或技术层面的描述上，对"智慧课堂+高中语文项目化教学"教育教学应用等深层次的研究基本处在空白状态。

2020年8月，笔者带领科组老师成功申报了2020年广东省信息技术中心课题"智慧课堂下高中语文项目化学习模式研究"，2020年10月，又成功申报了广东省信息技术2.0办公室课题"智慧课堂下高中语文项目化学习情境活动开发研究"。智慧课堂以建构主义学习理论为依据，以"互联网+"的思维方式和大数据、云计算等新一代信息技术打造智能、高效的课堂。其实质是基于动态学习数据分析和"云、网、端"的运用，实现教学决策数据化、评价反馈

即时化、交流互动立体化、资源推送智能化，创设有利于协作交流和意义建构的学习环境，通过智慧的教与学，促进全体学生实现符合个性化成长规律的智慧发展。主要以微项目化学习情境、学科项目化学习情境、跨学科项目化学习情境三种形式开展课题研究，分为"选题—规划—探究—实施—成果展示—交流评价"六步走，具有有效、真实的特点，在教师的教学设计中广泛运用，能深度落实语文核心素养。校内、区内区域性情境活动资源共享，重构语文教学生态。

在研究中，情境开发与实施，均在已经建构的智慧课堂教学模式中进行，体现"智慧课堂"特征。实现六个目标：项目驱动、情境教学、主动学习、智慧助力、成果推动、多方交互。借助智慧课堂，基于语文核心知识，开展项目化学习情境活动开发研究，提升学生信息技术运用能力和语文学科素养。

根据顺德区教育局贯彻国家教育技术信息化2.0深度发展精神，落实新时代课堂教学改革促进优质教育内涵发展的要求，创新引领时代，智慧点亮课堂，深入探索"互联·深度"理念下的"智慧课堂"新教学模式，我校2020年10月开展"顺德区第一中学'智慧课堂'优质课展示与研讨活动"，并面向全省公开展示，推动信息技术与教育教学深度融合，促进课堂教学改革高质量发展，有效提升课堂教学效益。

笔者组织课题组成员，每周利用科组备课的时间，开展沙龙活动，定期组织学习相关教育理论知识，提出问题探讨方案。例如，如何组织课堂活动，如何基于新课标、新教材、新高考创设有效情境开展单元项目化学习，如何利用平板电脑，如何更好地把课堂活动与信息技术有机地融合等。组织工作室成员参加广州市、佛山市信息技术下的智慧课堂的培训，2020年9月29日，参加广东省技术课题培训，依据统编版新教材设计智慧课堂下的高中语文项目化学习单元教学设计，特别是对课堂模式进行了反复的探讨与尝试，并在专家指导下调整，确定最终研究方案。

（一）初步形成的主要研究观点

1. 智慧课堂下的语文项目化学习是什么？

"互联网+"视域下的语文项目化学习，是以问题解决或任务完成为目标，通过创设有效、真实、综合性情境来协同完成的一种探究性任务驱动型学习方式。分为"选题—规划—探究—实施—成果展示—交流评价"六步走，以智慧课堂为载体，达到智慧助力，成果推动，多方交互，评价及时的效果。能够有效地培育学生语文核心素养，重构语文教学生态。学生是知识建构的主体，在"做"中"学"；教师为教学的引导者；互联网为教学辅助媒介。学生、教师、媒介三位一体，共同组成语文项目化学习活动课中互相关联的要素。其特点是资讯丰富、知识延展、立体直观、动态生成、信息交互、反馈及时。

2. 智慧课堂下的语文项目化学习情境开发的路径与边界

"情境活动"是符合学生生活实际，真实有效的学习研究活动情境，含教材文本情境、日常生活情境和社会情境。以微项目化学习情境、学科项目化学习情境、跨学科项目化学习情境三种形式呈现，由教师和学生共同开发设计，以有效、真实、有序、有趣、有得为设计原则，在教师的教学设计中广泛运用，以深度落实语文核心素养为边界。项目化活动教学是单元教学设计实施主渠道，活动主力军是教师引导下的学生。项目化活动包含文本语境活动、生活活动、社会活动，如图2-2-1所示。

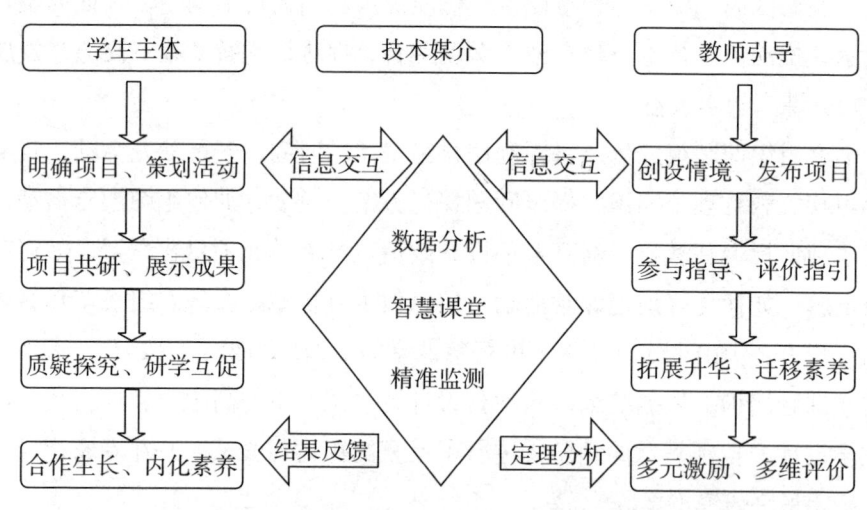

图2-2-1 智慧课堂下项目化学习实施技术路径

示范引领：课题组在学校三个年级分别进行语文课堂活动类的教学。2020年12月由课题主持人笔者执教"智慧课堂"下的省级"项目化学习"公开课——基于逻辑整本书阅读之《红楼梦》辩论赛；举办智慧课堂下的大型文化类活动如举办"诗词大会""朗读者"语文活动项目等,将项目化学习活动课延伸至课下,放置在更广大的平台。随着课题研究的深入,论文的成果逐渐形成。笔者论文《智慧课堂中的文言文项目化学习》发表在《中学语文教学参考》2021年第1期上。项目化学习活动课开展至今,语文项目化学习活动课堂的教学实践,得到了省内外同行及专家的高度认可,产生了广泛的效应,见表2-2-2、表2-2-3。

表2-2-2　相关主题讲座

时间	主讲内容	单位	对象
2021年5月	统编版教材单元主题活动教学设计与实践	华南师范大学文学院	文学院师生
2020年11月	新课标下指向素养与深度的高中语文教学设计	华南师范大学文学院	文学院师生
2020年11月	三新之下话三心	华南师范大学文学院	文学院师生
2020年12月	高中语文项目化学习	华南师范大学文学院	文学院师生
2021年5月	三新之下指向素养育深度的教学设计	封开县教育局教学科学研究室	封开县教师
2021年3月	学科青年教师培养策略	顺德区教育发展中心	顺德区语文教师
2021年3月	跨学段背景下大单元项目活动设计策略	顺德区教育发展中心	顺德区语文教师
2021年9月6日	高三主题讲座"全面完成任务为要,深度思维素养为基"	顺德区教育发展中心	顺德区语文教师
2021年9月	智慧课堂下高中语文项目化学习情境活动开发研究	顺德区教育发展中心	顺德区语文教师
2021年9月16日	科组长新教材培训讲座专题发言"三新之下的高中语文主题项目化学习"	顺德区教育发展中心	顺德区语文教师
2021年11月16日	讲座"关注逻辑关系,写好思辨作文"	顺德区教育发展中心	顺德区语文教师
2020年11月	《课标》背景下的高中语文教学	顺德区教育发展中心	顺德区语文教师

表2-2-3 姜勇军名师工作室研究课题

工作室立项课题名称	主持人	课题类型
智慧课堂下高中语文项目化学习模式研究	姜勇军	2020年省级信息技术课题
智慧课堂下高中语文项目化学习情境活动开发研究	姜勇军	2020年省级信息技术课题
新高考背景下的高中语文"三环六步"阅读教学实践研究	李海峰	顺德区2020年"十三五"重点资助课题
基于语文核心素养的高中语文项目化学习行动研究	刘长乐	顺德区2020年"十三五"规划小课题
中华传统文化经典"思辨性"教学策略研究	蔡茹平	顺德区2020年"十三五"规划课题
统编高中语文教材单元主题群文教学策略研究	程 剑	顺德区2020年"十三五"规划课题

（二）信息技术环境下创新的项目化教与学方式

初步构建信息技术环境下创新的项目化教与学方式即智慧课堂下活动课教与学的模式，如借助智慧课堂，开展单元主题下活动课学习教学、当代文化参与教学、整本书阅读辩论赛、颁奖词大赛、创意诗歌主题"情景剧"活动课等，促使高中语文活动课与信息技术深度融合。以《在新闻"单元活动"中涵养新闻素养》为例简要说明。

对照《课标》和核心素养要求，结合同学们的具体学情，在教学新闻单元过程中，笔者采用"先学后读""读后学写""以播促写""采访明真""以评带悟"等策略，设计了"一读、二写、三播、四访、五思"的新闻单元系列活动来培养学生的新闻素养。

一读：海量阅读，注入新闻素养的源头活水

（1）反复研读单元课文，如短新闻《别了，"不列颠尼亚"》《奥斯维辛没有什么新闻》《飞向太空的航程》，初步建构了新闻知识体系。

（2）通过对语文科组教师们写的32篇新闻报道稿进行学习模仿。从拟标题、如何安排结构、如何运用新闻写作技巧等角度学写新闻通讯稿。

（3）阅读各大媒体优秀新闻稿件集，观看《新闻联播》，观察新闻播报员的仪容仪表，语调语速等。

（4）阅读新闻学经典书目。李良荣在复旦大学出版社出版的《新闻学概论》；王雄在新华出版社出版的《新闻舆论研究》；陈作平在中国广播电视出版社出版的《新闻报道新思路——新闻报道认识论原理及应用》。

二写：在语言建构与运用中绽放新闻素养之花

学完新闻单元，正值校运会开幕，笔者捕捉到了真实的生活情境，要求每位同学以校运会为素材，写一篇消息或人物通讯，以电子稿配插图的形式交稿。

要求：

① 主题：积极向上，善于捕捉细节，稿子文体特征明显，真实有新意，不少于800字。

② 每组同学内部交流各自的稿件，选出两篇优秀的新闻稿，标明作者，小组修改，小组投票选出一篇用于播报。

两个班共收到稿件95份，将近10万字的写作量，新闻稿件质量整体较好，达到了"先学后写"的目的。阅读了两个班的同学写出来的近10万字新闻稿，笔者无比激动，这就是项目活动体验式学习的成果啊！每一篇作品都充满同学们创作的激情，对班级的热爱，对新闻稿写作的热情！将来他们在工作生活中或许会接触到写新闻稿，或者有同学将来要成为新闻媒体人，可以想象，他们会永远记住我们开展这次活动带给他们的宝贵体验，这些体验可能已经在他们幼小的心灵里点燃了职业规划的火种。

如赵同学的稿件《冠军诚可贵，精神价更高》，何同学的《遥领千军，所向披靡——记高一（2）班体艺节风貌》，陈同学的《红跑道上洒热情，少年应不惧寒秋》等，标题大气典雅，语言凝练，生动准确，富有感染力。下面是高一（1）班衡同学写的新闻稿。

2019年11月22日下午5时，骄阳渐落，顺德区第一中学为期两天的2019年体育艺术节也正式落下帷幕。

本届顺德区第一中学体育艺术节以"知行合一体验内生，自主自为全面发展"为主题，在老师们的指导帮助下，首次全部由学生自主组织、自主管理、自主监督，主力承担组委会工作和裁判工作。令人惊喜与欣慰的是，在这样繁杂的工作中，顺德区第一中学的优秀学子们顶住压力，以他们卓越的素养与优秀的应变能力使本届体育艺术节完美落下帷幕。领导与老师们大胆放手的背后，是对于一中学子们十足的信心与殷切的期盼，最终成就了这场由学生自己

"做主"的体育盛会。

　　本届体育艺术节可谓亮点频出。开幕式中各年级组别具一格的入场仪式令人眼前一亮。高一年级迈着整齐划一的步伐，口号声铿锵有力，尽显青春活力；高二年级各班带来了精心准备的舞蹈表演，各式公仔、道具轮番上场，方阵变换层出不穷，观众席掌声如雷，将开幕式推向了又一个高潮；高三年级则举着鲜红醒目的横幅出场，"北大浙大中科大，奋斗拼搏全拿下""苍龙巨蟒又何妨，舍我十二谁称王！"他们带着百折不挠的决心与傲视群雄的霸气震撼登场，坚韧目光的背后是高考必胜的强大信念，只待六月鏖战，一战辉煌！

　　……

　　三播：字正腔圆，语言表达中习得新闻素养之果

　　（1）每组推选一名或多名新闻播音员，每组播报时间4分钟左右。

　　（2）课代表选出1名活动主持人，每个小组选出1名评委。各小组讨论，商定评分细则，学生评委打分以后还要做好播报小组文字点评，对播报的稿件质量和播报员水平进行点评。

　　各个小组选出的稿件质量很高，同学们的播报也有模有样，颇有新闻主播的风范，很多小组播报感染力强，在新闻播报活动中内化了新闻素养。

　　四访：以访明真，聚焦"真实性、客观性"新闻素养之根

　　各小组自选代表，自由采访，每组2分钟自由采访时间。作为学生记者，采访追问新闻稿件的"信源"，有利于培养批判思维能力，涵养"求真"的新闻素养。在当今信息的"真相"之下，往往有很多虚假新闻，我们要擦亮眼睛，仔细鉴别！我们要学会辨别虚假新闻与在真实基础上有倾向性的新闻。要知道，新闻的倾向性绝不是偏离客观地报道事实，而且，真实性是第一位的，倾向性是第二位的。因此我们要对新闻报道的完整性有一个基础性评判，以防止部分新闻媒体移花接木，用局部真实代替整体真实来迷惑受众。要准确评估信源，对信源的权威性和公信力加以判断，进一步推演已获得的资料的真伪。

　　在这次新闻播报过程中有一个小组播报了该班6×400米决赛时被学校裁判取消成绩这一事件。裁判认为他们第3棒有抢跑，而该班学生认为没有，稿件情感激烈，带有强烈的主观性和针对性，却得到了全班同学的喝彩。

稿件内容部分摘抄如下：

正义或许会迟到，但永远都不应该缺席

2019年11月22日的6×400米的比赛，让我们所有（2）班人心碎，以领先第二名10秒的成绩完成比赛，却因为一个子虚乌有的犯规而痛失冠军。我无意以恶意揣测裁判组成员，但其表现出的态度，可以说是极度不负责任的表现，完全没有做到"以事实为依据、以规则为准绳"。……

是的，这个小组推选的这篇稿子，很能代表班级的心声。稿件作者、播报员是在为班级发声，俨然正义的化身。这时候，作为科任老师，我不好不顾学生真实感受，直接否定学生，正如怀特海在《教育的目的》中写道："一旦你忘记你的学生是有血有肉的，那么你就会遭遇悲惨的失败。致力于发展一种纯粹的智力，必将导致巨大的失败。"我一边听播报一边思考，如何来点评这个小组的播报？

在播报完毕后，进入自由采访环节，气氛热烈。出人意料，班里一位女同学直接采访那位写稿男同学，她提出了三个问题。

问题1：你写这篇稿子时心情如何？

回答1：我非常激动，也非常气愤。

问题2：你写这篇稿子主观情感多一点还是客观情感多一点？

回答2：……主观情感多一点。

问题3：你写这篇稿子的时候，有没有去问问其他班级的同学，获得更多的证据？也许事情并不是我们看到的那样。

回答3：我当时是在体育艺术节结束后在家里写的稿子，并没有问其他在场者。

采访同学最后补充："是的，我也为班级接力赛成绩被取消而伤心，但是，我们需要的是事实真相，也许我们多问问当时的见证者，说不定会有更全面客观的结论。"

为这位提问的同学喝彩！她秉持新闻公平公正客观的原则，理性思考班级被取消接力跑成绩的事件，令老师欣慰，令老师感动！这就是真正的新闻人的精神！她很好地做到了理性追问，不盲从，思考了"我获得的信息源是完整的吗？还缺少了什么？"这些问题。

五思：循机相引，金针度人，深思新闻真实性问题

（1）师评。

同学们，今天有一个小组播报了班级6×400米接力比赛被"误判"的稿子，老师很同情你们的遭遇。但是同学们对这件事的报道，恰好引起了我们对新闻真实性与倾向性二者关系的思考。我们都知道，新闻首先具有真实性。但是当今我们阅读到的很多新闻，受众选择阅读内容时由以事实为依托的新闻转变为承载着情感和价值观的某些颇具导向性的观点和轰动性的事件。这种情感先行的"后真相"往往不能算作真正意义上的新闻，它违背了新闻真实性原则，更助长了虚假新闻的滋生。从英国脱欧、美国大选等国际热点政治事件，到"上海姑娘逃离江西农村""北大才女回乡创业送快递"等国内的一系列新闻，再到近日香港的舆论场已被假新闻淹没的问题。这些看似毫无关联的事件中包含着共同的要素，那就是真相本身往往已经不是一个事件引起关注的核心了，取而代之的是情感和观点一步步成为事件报道的主导因素。

我们的同学在播报裁判误判时，是否思考这是基于真实的倾向性还是事件真相如此呢？留待我们采写组同学后续核实。但是老师今天要表扬采访你们的那位同学，为她的理性思辨精神点赞，她勇敢地提出自己的疑惑，她秉持对新闻真相的索问与坚守！谢谢大家！

事实正如这位采访同学所言。我后来去问了裁判老师、学生裁判、其他在场者，事实上，在整个6×400米比赛中，该班6个选手的确有违规行为，只是裁判当时由于失误，将犯规同学名字与牌号记错了，以致引起了所谓的"误判"，被记同学未犯规，犯规的同学另有他人。

经过现场同学采访、老师点评，同学们初具明辨生活新闻事实的"火眼金睛"。

（2）生评：评价反思，再次内化新闻素养。

关同学：这样的活动非常有价值，不仅让我们的语文素养得到提升，更是一种人生感悟，这样的活动让我们学会了新闻写作，从同学们在各自文字中对那个误判错失的冠军的态度，我们学会了如何以更好的姿态面对生活的不公。这样的活动带给我们巨大的价值，给我们心灵的启迪。

……

（三）教学后记

结合单元任务要求，掌握基本的新闻知识，发掘整合学生真实的生活情感体验，设计新闻单元活动。单元主题活动设计依据：第二单元导语要求，把握新闻立场，提升媒介素养。开展新闻单元项目化学习，非常有利于涵养新闻素养。在活动中，每位同学都写了一篇新闻稿，真正体验了新闻稿怎么写。新闻素养在语言的建构与运用中生成。播报新闻后对主观性很强的稿件的讨论，也很好地锻炼了学生的理性思维能力，该小组稿件不只是带有很强的倾向性，其本质是违背了新闻的真实性，我们不能被倾向性带偏。

新京报传媒研究院副院长朱学东认为：新闻素养要求包括尊重新闻事实、采访证据的物化、完整的证据链条，最重要的证据一定要非常完整。这些原则在保证新闻在这个眼球经济的时代依旧保持真实性、客观性、全面性、及时性等方面发挥着巨大作用。从这个角度来看，笔者设计这节课的初衷以及后来课堂生成的精彩内容，可以基本与专家界定的新闻素养内涵相吻合。

这次新闻单元活动教学，颠覆了笔者自己以往"新闻单元"的教学模式。笔者不再是习惯性地先梳理新闻文本内容，再分析文体特征，最后只让学生进行课后练习；而是秉持对孩子的成长有利的原则设计一系列课堂活动，让学生充分参与一系列体验性活动，如写稿、播报、采访、评论等，并在真实的情境中深入探究思考新闻稿件的"真实性"。学生们在基于活动的新闻单元活动项目化学习过程中，培养了新闻素养。

三、体认："三年实践期"体认基于单元主题的微专题深度学习

正如前文所述，经历了十几年的课改实践，笔者对于"生本课堂""小组合作学习""智慧课堂下项目化学习""项目化情境开发策略"有了深入的研究和实践，并积累了丰富的实践素材。对于"大单元、大概念统筹下的主题活动教学如何落地？"这一问题，笔者一直在潜心研究。2021年8月，笔者组织"姜勇军名师工作室"的成员和顺德区第一中学语文科组成员，成功申报广东省2021年度教育科学规划课题"部编版高中语文单元主题活动教学设计和实践研究"（课题立项号2021YQJK085）。根据课题研究要求，本课题研究自2021年8月始，2023年8月前完成，本课题研究情况如下。

（一）课题研究情况

1. 准备阶段（2021年8月至2021年11月）

（1）2021年8月至2021年11月已顺利完成前期准备工作，包括组建课题研究小组，收集相关文献资料，进行调查访谈活动，主要就普通高中语文新课程新教材实施现状与存在的问题撰写调研报告，见表2-2-4。

表2-2-4 调研报告

核心问题	调研主题	成果形式
教学问题	单元目标、教学目标制订	调研报告
	基于单元主题"一课一得"微专题教学策略	
	教学内容分析	
	教学活动设计与实施	
	情境创设与素材选取	
	教与学方式的转变	
	跨学科学习方式的转变	
	深度学习的学科实践	
	当代文化参与彰显广东特色	
	信息技术与学科教学深度融合	
	……	
评价问题	"教、学、评"一致性研究	调研报告
	作业设计与测试研究	
	……	

初期，课题组成员分别研读了《活动课程论》（课程教材研究所编著）、《从被动学习到主动学习》（杨小微）、《课堂转型》（钟启泉）等多本与课堂教学设计相关的专著，同时根据"语文活动课""单元主题设计"等核心概念收集论文近百篇，分门别类地进行梳理。

（2）经过文献梳理，得出如下结论。

① 界定研究主要概念："单元主题"概念、"活动教学"概念、"设计实

践"概念、"微专题"概念。

② 拟突破的重点与关键问题。

提出单元主题活动教学设计"一核、二元、三面、四式、五维"的设计策略和"三式六环"体式，可以在一线教学设计实践中充分运用。针对选定的统编版教材必修上、下册、选择性必修上册20个主题单元，基于单元整体教学理念，开发实施单元主题活动课堂教学的教学设计、教学课例，形成高中语文单元主题活动教学丰富的教学资源集。

（3）初步制订课题研究的方案和计划，邀请专家指导，根据实际情况调整方案。

（4）组织课题组成员学习课题研究方案和相关教育教学理论。

① 组织课题组成员，每周利用科组备课的时间，开展沙龙交流活动，定期组织学习相关教育理论知识，提出问题探讨方案。例如，如何组织课堂活动，如何基于新课标、新教材、新高考创设有效情境开展单元主题活动教学设计。

② 组织课题组成员到广州市、佛山市参加单元主题活动教学设计培训，2021年10月和12月团队两次参加《中学语文教学参考》组织的"三新单元主题教学设计研讨"，依据统编版新教材单元主题活动教学设计，特别是对课堂模式进行了反复的探讨与尝试，并在专家指导下进行调整，确定最终研究方案。

2. 研究阶段（2021年11月至2023年4月）

（1）形成系列教学设计，其实践内容随时间推移逐步完整，以期获得实质性成效。

（2）在研究开展过程中根据实际情况不断调整方案，同时各种研究实践活动应有详细文字或视频记录，为后期结题积累资料。

① 课题组在学校三个年级分别进行语文课堂活动类的教学。

2021年9月，姜勇军老师在云浮市支教，讲授了《逻辑的力量——选择性必修上册第四单元主题情境写作》一课。2022年6月，李海峰老师利用贵州省雷山民族中学跨省示范课《粤黔交流共促发展——新教材诗歌单元群文阅读》，将单元主题活动课教学理念推广到更大的平台。

② 课题组成员在省、市、区展示课题研究成果与课例。李海峰、姜勇军、程剑、黎强、林柔莹等教师在省、市、区开展讲座，承担公开课任务。

③ 开展单元主题下活动课学习教学、当代文化参与教学、整本书阅读辩论赛、颁奖词大赛、创意诗歌主题"情景剧"活动课等。

④ 每月组织一次语文单元主题下活动课教学听课观摩活动，组织课题组成员集体学习、探讨。

⑤ 课题组成员林柔莹担任学校单元主题活动教学设计践行者。林柔莹、李生宝参加佛山市顺德区"单元教学设计素养大赛"，获得区一等奖和二等奖。

⑥ 课题组成员、市区教研员谢植宣教师组织佛山市顺德区"单元主题活动教学设计大赛"。

3. 总结阶段（2023年4月至2023年8月）

（1）对课题研究实践开展以来的所有成果进行梳理总结，完成研究主题报告。

（2）汇编课题组成员的优秀论文与典型案例，以座谈会形式进行研讨总结。

（3）发表论文成果，将实践经验总结整理成理论成果。

课题组已经完成统编版教材必修上册、下册和统编版教材选择性必修上册共20个单元项目化学习教学设计。学生在单元主题活动学习中体验语文，收获成长，写作了十几万字的活动学习作品，进行发表并获奖，提升了语文素养。

（二）主要研究活动

1. 2021—2022年

（1）2021年9月25日，8点至21点，开展课题组"了解规则，规范备考"高三备考主题集中研修，邀请华南师范大学胡家俊教师开展高三备考讲座与指导论文写作。

（2）2020年9月27日，开展主题研修，邀请中国诗歌协会会长杨克教授到姜勇军区名师课题组开展诗歌微专题教研活动。

（3）2021年10月29—30日，组织课题组进行"文学阅读与写作任务群"中的情境、任务、活动、设计、评价等话题的集中研讨，全程参与《中学语文教学参考》编辑部组织的课程研修项目。

（4）2021年11月26—27日，组织课题组开展"高效、精准备战新高考"主题集中网络研修，全程参与《中学语文教学参考》编辑部组织的课程研修项目。

（5）2022年3月15日，开展名师课题组专题教研活动"文学类文本阅读研讨"，参与人员：华南师范大学段吉方教授、贵州台江民族中学全体语文教师。

（6）2022年4月18日，开展名师课题组专题教研活动"统编版教材必修下册项目化学习课例研讨"，参与人员：华南师范大学李金涛院长、姜勇军区名师课题组成员、顺德区第一中学语文科组成员，贵州台江民族中学全体语文教师。

（7）2022年6月14日，开展主题研修，邀请中国北京师范大学谭五昌教授开展专题教研活动。

2. 2022—2023年

（1）2022年8月，高考作文评卷组副组长胡家俊老师讲座，课题组成员听取胡家俊老师高考阅卷讲座。

（2）2022年9月6日，课题组全体成员线上参与深圳市教研员葛福安教师"三新"背景下的高考备考交流会。

（3）2022年9月27日，课题组全体成员线下参与华南师范大学文学院王萍教授的"三新"背景下的单元主题教学研讨。

（4）2022年10月28日上午8时，由《中学语文教学参考》编辑部主办的第四届新教材教学研讨会如期在线上开展。姜勇军区课题组成员全程参与了此次线上观摩学习活动。

（5）2022年11月25日上午，课题组成员线上线下参与全国高考研讨会。

（6）2023年3月17日，华南师范大学文学院段吉方院长在顺德区第一中学开设专题讲座。

（7）2023年3月18日下午，课题组成员、区语文教研员胡美芬开设讲座（周六）。

（8）课题组成员跟岗学习：2023年3月27日，"顺德区教坛新秀"林柔莹深圳跟岗，2023年4月10日，课题组主持人姜勇军深圳跟岗。

（9）每月组织一次教学听课观摩活动，组织课题组成员进行集体学习、探讨。

（三）单元主题下基于学科核心知识的微专题项目化学习具体教学设计实践

在教学实践中，基于学科核心知识与核心素养，笔者设计探讨现代诗歌分行艺术主题微专题项目化学习活动，撰写的论文《设计"言语形式"单元活动，鉴赏现代诗歌"形式"之美》发表于全国中文核心刊物《中学语文教学参考》。

单元主题下微专题项目化学习活动设计：

微专题项目化学习任务一

请小组合作，以统编版教材必修上册第一单元和老师补充诗歌内容为例，找出相应例子解说老师提供的五种类型的分行目的和原因，并于课堂展示。

学生研究展示：

第一类：句意表达已完成或在表述中，主体、行为、情感都交代得比较清楚的，就属于这一类。如《立在地球边上放号》一诗中"无限的太平洋提起他全身的力量来要把地球推倒。"还有教师补充的人教版《天狗》一诗中"我是一只天狗啊！"

第二类：有可独立存在的意象。以老师补充的人教版选修教材中的《半棵树》为例。诗歌的第四节写道："半棵树//还是一整棵树那样高//还是一整棵那样伟岸。"这一段第一句便以"半棵树"这个意象单独成行，原本完整的一句话中的主语被拆开，在这里便显得另有深意。牛汉塑造的"半棵树"的意象是残缺而坚强的，或许也是孤傲的，不被理解的。这种客观上和主观上双重的孤立感，"半棵树"在单独成行后被突出了。

第三类：足够展现某种语气势态。《红烛》中有这么一句话"流罢！你怎能不流呢？"于诗歌的分行规则来看，这一行诗可以分成两行——"流罢！//你怎能不流呢？"但是诗人选择把两句话放在一起不分行，也是为了制造矛盾、迷茫之后的觉醒，在感叹和反问中使得语气更加坚定。

第四类：特殊和特定时间、人物或事件的交代完毕与完结。最直观的例子莫过于老师补充的阅读素材"这是四点零八分的北京"。"这是四点零八分的北京"把时间地点都交代完整了，但是除此之外，读者不能获得任何其他的信息，需要和之后的"一片手的海洋翻动"联系起来理解，才能获知完整的意义。也就是说，这一句话在语法上虽然是完整的，但在意义上却是不完整的；而第一类"句意表达已完成"在语法和意义上都是完整的，这是它们之间的差别。

第五类：作者重点强调的一个特别词语。作者强调某个词语，但是这个词语却不是"独立"的意象。如昌耀的《峨日朵雪峰之侧》。"朝向峨日朵之雪彷徨许久的太阳//正决然跃入一片引力无穷的//山海。石砾不时滑坡……"这几句诗看似没有意义的分行，其实暗藏作者的巧思。此时"叙述者"看到的画面是"太阳落入山海的过程中，太阳在上，山海在下，中间隔了一行诗的距离，诗行之间依然是叙述者眼中的倒影"。再如老师补充的人教版教材中杜运燮《井》一诗中诗句的分行。

"但我只好被摒弃于温暖//之外，满足于荒凉的寂寞：有孤独。"

"之外"之所以要另外分行是为了与"温暖"产生割裂和隔绝，特意把"之外"和"有孤独"放一行，似乎就是为了突出"井"的静默——没有温暖，与孤独相伴，这就是通过分行来表达言外之意。

微专题项目化学习任务二

在统编版教材必修上册第三单元古诗词教学中笔者给学生布置了项目研究任务：

（1）请查找相关资料，结合教材中的诗词案例，梳理诗歌音韵的流变过程。

（2）以表格形式梳理五音"宫、商、角、徵、羽"所对应的韵以及音位、例字、情感特点、诗歌例句。

四、单元主题下学科核心知识的其他微专题项目化学习具体教学设计

在这三年期间，笔者还广泛开展了其他单元主题下微专题项目化学习活动：

（1）统编版教材必修上册第一单元：花样年华，青春激扬；为你写诗；抗疫、英雄、家乡。

（2）统编版教材必修上册第三单元：跨媒介项目化学习古诗词微专题项目化学习一——年谱与颁奖词撬动对诗人深度研究。

（3）统编版教材必修上册第三单元：跨媒介项目化学习古诗词微专题项目化学习二——"寻味诗歌之美"（微视频制作）。

（4）统编版教材必修上册第四单元：家乡文化参与。

①《乡土中国》与顺德青田古村。

②推介顺德文化名片，赓续文化血脉。

③红色印记——我来讲革命故事。

④漫游顺德语文世界。

（5）统编版教材必修上册第六单元：指向核心素养与深度学习的仿写文言文项目活动——仿写孟子《劝学》。

（6）统编版教材必修上册第六单元：指向思辨的文言议论文创作——抗疫"担当说"与"甩锅说"。

（7）统编版教材必修下册第二单元：古诗词主题式课本剧表演。

（8）统编版教材必修下册第六单元：案例观察"神以睛现，旨以眼明"——补写描摹人物的眼睛单元主题活动。

（9）统编版教材必修下第七单元：《红楼梦》整本书阅读微专题。

①红楼梦任务关系梳理。

②"此情可诉，信笺泛情_____我想对你说"。

③林黛玉、贾宝玉等人物颁奖词。

④大观园导游词写作。

⑤名著研读论文写作："《红楼梦》中的_____研究（自选专题）"小组合作，确定主题，不少于3000字，要有论文摘要。所有参考资料要标明出处，以脚注或尾注形式，注意论文的写作规范。

⑥整本书阅读《红楼梦》辩论赛。

⑦跨越时空的群读共写——与往届学长一起研讨《红楼梦》微专题。

（10）统编版教材选择性必修中册第三单元：叙事说理艺术，领会历史观念、家国情怀和担当精神，兴趣赋能，史传类文言文创意写作——鉴赏《苏武传》《屈原列传》《五代史伶官传序》。

（11）校园语文生活情境综合实践主题统筹下微专题项目化学习。

①在入学教育校园观察中学语文：最美一中。

②在校庆中学语文语言文字建构与运用作业：在校庆对联征集活动中学语文。

③在成人礼中学语文。

④在诗词大会、朗读者、语言艺术节中学语文。

⑤在社团宣传海报、国旗下的演讲、学校标语中学语文。

……

五、研究思考跨学科学习策略与路径

语文课程是一门学习祖国语言文字运用的综合性、实践性课程，这使得语文学科在跨学科学习方面具有显著优势。现实生活不分学科，它以综合性的具体问题而非界限清晰的学科知识的面目呈现，往往需要具备"跨界"思维。开展跨学科教学已成为大势所趋，既顺应学科融合考查趋势，也适应社会发展对综合性人才培养的新要求。培养具有创新意识与批判思维、跨学科视角解决问题、团队合作等核心素养的人才成为各国教育改革关注的核心要点，因此，以核心素养为取向的世界基础教育课程改革成为大势所趋。笔者撰写的论文《跨界与守界——跨学科教学"二元"共构策略》发表于全国中文核心刊物《中学语文教学参考》。

笔者提出：相较于常规的单一性语文课堂，学生参与跨学科学习的热情格外高涨，他们乐于研究、交流、分享，在此过程中获得学科的价值感、认同感与幸福感，为后续主动学习语文提供源源不竭的内驱力。但是在实践过程中也有一些问题需要强化和重视。

（1）"跨界"要厘清"合"与"分"。

（2）"守界"须坚守语文本体立场。

（3）"共构"式双主线情境开发须各守其界。

以学科核心概念为导向，在跨学科学习中坚持"跨界"与"守界"相融相通，符合"对立者可以共构，互殊者可以相通"的哲学理念。这一学习方式也有利于培养学生系统观念，用全面、发展、联系的观点看待问题，最大限度地融合语文核心素养，体现课程改革的效能，让学生学会用语言做事，培育学科思维品质。

六、研究建构单元主题活动教学测评机制

单元主题活动微专题教学设计如何开发活动情境是一个难点，而如何评价单元主题微专题教学活动设计又是另一个难点。课题组在开展研究的过程中，群策群力，以统编版教材选择性必修上册第三单元为例，开发了一个"主题活动教学测评机制"样本。

（一）单元主题活动教学之目标测评

以统编版教材选择性必修上册第三单元为例，本单元属于"外国作家作品研习"任务群，基于"多样的文化"的人文主题，教材节选了《大卫·科波菲尔》《复活》《老人与海》《百年孤独》四篇中长篇小说的部分内容。据此，可以将单元主题活动教学目标设定如下。

（1）体察小说展现的千姿百态的社会生活，感受丰富多彩的人类文化。

（2）了解小说多样化的风格样式，把握作品独特的艺术成就。

（3）概括小说的艺术特点，提升鉴赏小说的能力，并尝试写小说。

由于本单元的四篇小说各有侧重，需要结合单篇文本的特点、课时分布和实际学情，将单元目标及单元研习任务分解、细化，并形成有内在逻辑的链条，使每一单篇都成为达成单元目标的节点。

（1）《大卫·科波菲尔》通过分析人物的性格特征，从人物命运中感受作品所反映的社会风貌。

（2）《复活》通过分析人物形象及其关系，剖析故事发生的社会原因。

（3）《老人与海》探究人物描写特色，体会心理描写与环境描写的作用。

（4）《百年孤独》体会作品（魔幻现实主义）风格，学写评论。

每一单篇目标虽然各有侧重，但始终都在"单元目标"的统领之下，每一单篇都是达成某个"单元目标"的最主要载体，可以避免小说三要素的内容交叠重复。

综合《课标》精神以及单元导语这两大测评标准，不论是单元目标还是单篇目标，都直指思维发展与提升，审美鉴赏与创造，文化传承与理解，都能引导学生研习外国文学名著名篇，了解不同国家和民族不同时期的社会文化面貌，感受人类精神世界的丰富，培养阅读外国经典作品的兴趣和开放的文化心态。据此，本教学目标的设置是科学而合理的。

（二）单元主题活动教学之任务测评

围绕"多样的文化"这一人文主题设计教学任务，形成以探究"多样的文化"为主题聚合单元内外教学资源的任务群学习。

任务一：领略《大卫·科波菲尔》中所反映的工业革命时期急遽变化的英国社会风貌。

任务二：认识《老人与海》中美国英雄形象所反映出的"英雄"文化特征。

任务三：体验《百年孤独》中所体现出的拉美地区独特的文化风俗。

任务四：了解《复活》中沙皇专制统治下俄国社会的全貌。

综合《课标》精神以及单元导语这两大测评标准，四个教学任务定位精准，能够让学生在真实情境中充分展开语言文字运用的学习活动，感受世界文化长廊中那些经典的人物形象，领略多样时代、政治、文化背景之下的社会风貌，感受人类文化的差异性和多样性。这一环节不仅有利于达成教学目标，而且有助于学生提升语文核心素养。

（三）单元主题活动教学之活动测评

单元主题活动教学，明确并围绕特定的主题进行任务设计后，要完成这个任务，就必须创设与任务相关的语文实践活动，将抽象的学习任务转化成带有真实情境的学习活动，将学科知识、观念、素养深层次嵌入活动中，直接指向多种多样的"解决方案"、丰富多彩的"学习成果"。这是建构单元主题活动教学测评机制的关键所在。

据此，可以设置以下情境：

学校一年一度的校园艺术节系列活动即将启动，今年艺术节主题是"多彩世界·文化互鉴"，校艺术节组委会现面向高二全体学生征集优秀微电影作品参加展演。我们班将从《大卫·科波菲尔》《复活》《老人与海》《百年孤独》四篇中长篇小说中选择一部进行排演拍摄，参加展演。

"举办校园艺术节"能反映时代变化、社会需求，贴近学生的实际生活，"拍摄微电影"与现实生活有联系，是符合学生当下兴趣的真实情境。为了充分照顾学情（任务实施可选择），提高参与度，又设置了三个子活动（至少完成其中一个）。

子活动一：为了让电影更好地体现作品的当代意义，请结合整部作品，分析、确定微电影的社会价值倾向。

子活动二：聂赫留朵夫饰演者难以准确把握人物性格，请你对照《老人与海》，帮助他准确体会人物的心路历程与行为表现。

子活动三：舞台布景设计组在布景设计的风格方面意见不统一，请分析作品所反映的社会风貌，帮助他们准确设计。

这三个子活动的设计都紧扣微电影制作的要求，以解决问题为实践情境，强化了交际对象、凸显了交际目的。而且活动都指向单元学习任务，是单元主题活动教学的重要组成环节。同时，也是对《课标》"学业质量"有关"外国作家作品研习"部分的标准的回应——有比较、分析古今中外各类作品所反映的文化现象，有依据、有逻辑地阐明自己的观点。

同时，教师在教学中，可以根据单元学习目标和任务，编制测评量表对学生的行为表现进行评价，见表2-2-5。测评的目的不仅在于检测学生当下的学习状态和能力，更在于规整、深化、升华、聚焦和调控，在于测评后师生根据评价结果进行反思与改进。

测评量表见表2-2-5。

表2-2-5 测评量表

测评项目	任务名称	参演小组		
	测评内容	测评方式（权重）		
		自评（0.3）	互评（0.4）	师评（0.3）
审美	人物形象特点是否准确；选取人物语言是否典型；对人物形象是否有自己独到而又符合文本的解读			
思维	阐述理由是否能依据文本，是否能从人物所处环境并结合时代背景来解读其形象及意义；是否具有思维逻辑能力，能够条分缕析地表达观点、看法			
表达	语言组织能力强弱，表达是否流畅，声情并茂，具有感染力；是否能够满足阅读期待，留下深刻印象			

第三节 "一二三四五"与"三式六环"设计策略

初步形成的单元主题下的微专题项目化教学设计的策略与技术路径，即"一核、二元、三面、四式、五维"单元主题活动教学设计策略。

一、处理好"一二三四五"的关系

微观着眼"三面"：单元导语、学习提示、单元学（研）习任务。

中观观照情境"四式"：单篇1+X小群文式、单元内微专题式、跨单元关联式、跨学科关联式。

宏观关联"五维"：课标、教材、情境、师生、评价。

在整合"三四五"的关系中，需要始终紧扣培养学科素养，避免游离于课内核心知识之外，教考结合不够，如图2-3-1所示。

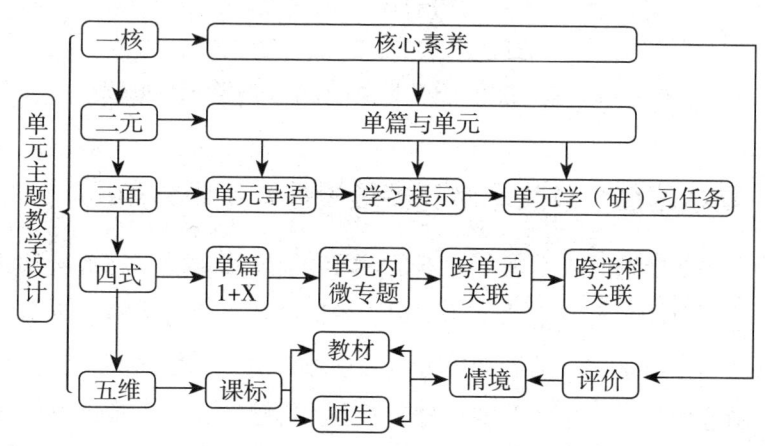

图2-3-1 "一核、二元、三面、四式、五维"单元主题活动微专题教学设计策略

单元主题下微专题项目化活动教学设计的原则，如图2-3-2所示。

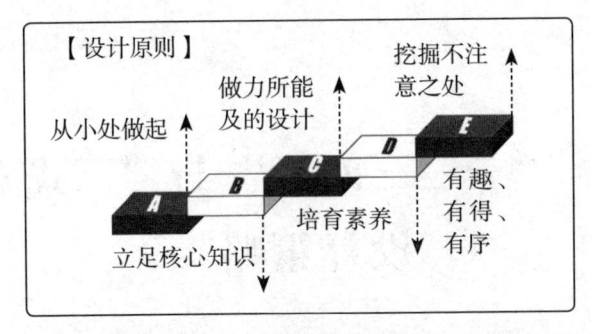

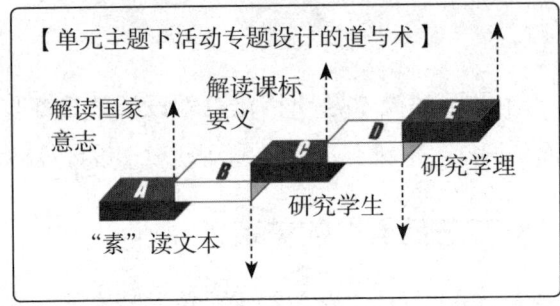

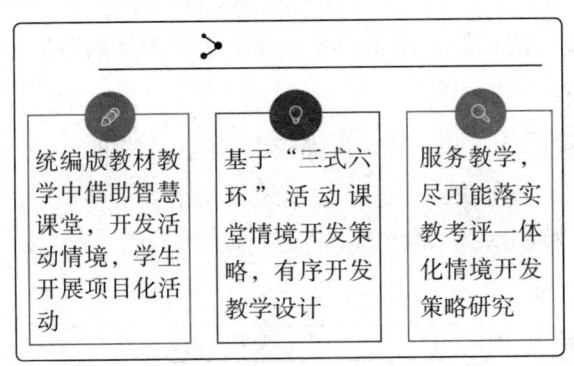

【设计原则】
从小处做起 — A
做力所能及的设计 — B
培育素养 — C
挖掘不注意之处 — D
有趣、有得、有序 — E
立足核心知识

【单元主题下活动专题设计的道与术】
解读国家意志 — A
解读课标要义 — B
研究学生 — C
— D
研究学理 — E
"素"读文本

统编版教材教学中借助智慧课堂，开发活动情境，学生开展项目化活动

基于"三式六环"活动课堂情境开发策略，有序开发教学设计

服务教学，尽可能落实教考评一体化情境开发策略研究

图2-3-2　单元主题下微专题项目化活动教学设计的原则

二、基本路径：从文本本身多维属性入手切分角度

从单元下微专题进入学习，并不是只需领会文章主题、理解文章的内容即可，经典选文中还含有丰富的文体知识、表达技巧、语言风格、审美意趣、生活意义以及其在文学史上的影响等方面的学习价值，利用这些知识，有时可以更快更准确地找到文本中的关键信息，领会其内涵，还可以帮助学生建构学习策略，提高学习效率。而帮助学生掌握语言运用的规律，即是语文课程区别于

思想品德、人生修养、公民社会等课程的价值所在。

注意避免单一化、平面化，即只照顾到人文性，而忽略了语文教学的规律的偏差。统编版教材在单元导语、学习提示、单元学习任务中都给出了相应的语文知识概念、语文学习方法策略等，这就避免语文学习目标、学习内容的单一化。

（一）把理解内容、把握主题作为显性目标，借助某一种关键知识或能力

以统编版教材必修上册第七单元"自然情怀"为例，本单元选取的五篇散文，都是写景抒情的名篇，但展现的情境大不相同。情境不同是因为人不同，人不同是因为心境不同。要理解这一文学或情感现象，就需要借助中国传统文学理论中的"情与景"的关系，体会古人"境由情生"论述的精妙，领悟"自然是人心中的自然，人是自然环境中的人"的哲理。

（二）围绕主题设置问题链，在阅读中把诸多语文知识、阅读策略串联起来

比如，统编版教材必修上册第六单元的《劝学》《师说》《反对党八股（节选）》《拿来主义》《读书：目的和前提》和《上图书馆》，都是介绍学习经验、讨论为学之道的典范之作。

学习这些文章，可以引导学生去思考和发现：同样在一个劝学话题之下，作者的时代背景、身份、立场不同，预期听众也不同，他们的侧重点也不尽相同，采用的论证方法也可能有差别，聚焦于论证的针对性这一单元主题。

这些思考和发现，涉及"知人论世""读者意识""论证的针对性"等语文知识和策略，但又不是孤立地介绍知识运用策略，而是为了解决问题进行运用。这就使得语文学习向言语实践活动靠拢，借助真实学习将表达方式、语言风格的学习有机地串联起来。

（三）有效处理单元学习任务整体性与学习过程具体化的矛盾

从学习对象的范围来分，一次微专题学习活动设计可以有四种选择。

（1）针对某项语文知识，如《祝福》中的"白描"手法；《林教头风雪山神庙》中的叙述视角。

（2）针对单篇课文的阅读理解，如把握《祝福》的主题和艺术特色。

（3）针对一组课文的学习，如《促织》《变形记》的比较，祥林嫂及其他人物的眼睛描写。

（4）针对一个单元的学习任务，如统编版教材必修下册第五单元五篇小说的综合学习任务。

一般来说，学习对象的范围越广、层次越丰富，越能体现综合性，把握学习内容所需要的思维层次越高级，也越有利于核心素养的培养。但是，从教学实施的角度看，学习内容越确定，目标越集中，教学过程越可控，教学实施的操作性越强，教学效果也越容易评估。学习要求的整体性、立体性与教学实施过程所需要的具体性、线性结构形成一对对立统一的矛盾。

（四）需要关注的几个问题

（1）单元整体性不排斥学习内容的具体性，甚至需要具体"微专题"情境学习活动的支持，如果没有具体的文本理解、知识掌握，单元的整体任务很容易落空。比如不对《促织》《变形记》等文本进行内部细读，只是空泛讨论"变形"现象、进行社会批判等，这是不可取的。

（2）一些经典篇目、一些重要的策略性知识，值得安排课时、设计相对独立的情境活动来落实，但一般学习目标应在单元任务的范围之内。比如脱离"学习之道"单元的总体意图，以《拿来主义》为例，讨论鲁迅的精神、性格等，也是需要慎重设计的。

（3）多围绕问题设计学习情境活动，少围绕知识点设计学习活动。可以尝试用一个情境性、贯穿性强的问题串联不同文本阅读，使学生在思考问题、解答问题中理解知识、运用知识。例如，用"人的'变形'与'变性'"，或"悲惨的变形"来串联《促织》《林教头风雪山神庙》《装在套子里的人》《祝福》《变形记》的阅读。让"夸张手法""叙事技巧"等语文知识为问题服务，而不是围绕"夸张手法""叙事技巧"来设置阅读任务。

（4）教材中提供的单元学习任务，为教学设计提供了多种可能，但并不是每个任务都要完成。在一个问题上学深学透，比如以一个文本为主，用精读略读结合的方式完成一个学习任务，胜于面面俱到、浅尝辄止。精简是为了聚焦深入，高中阶段的语文学习尤其需要建构更为敏感、丰富的语文经验，更有广度与深度的思维品质。

（5）可以根据学情或学习任务，"因生而教"，采用不同学习者选择不同任务的方式。

例如，统编版教材必修下册第一单元"中华文明之光"，精读篇目有《子路、曾皙、冉有、公西华侍坐》《庖丁解牛》《烛之武退秦师》，略读有《齐桓晋文之事》《鸿门宴》。教学时可以在这些基本篇目阅读的基础上，推介课外阅读，让学生阅读与先秦诸子相关的文章，了解诸子主张，思考其时代意义，了解古代策士游说的艺术，由不同学习者（小组）从多个角度感受、认识与评价、鉴别与取舍古代社会的生活风貌和贤者风采。

三、开发一定的单元主题活动情境资源

探索促使活动情境设计做到有趣、有得、有序的策略。有趣，要能激发学生研究的动力。有得，要立足核心知识点，浸润学科素养，即时评价，制订评估学习效果的标准，一课一评，落实微专题学习成果评价，做到价值驱动。有序，即不同单元、不同组文的微专题活动设计，最好跨单元形成互补，不重复，有思维深度梯级提升特征，见表2-3-1、表2-3-2。

表2-3-1　已经开发的部分单元主题活动

单元活动主线	活动课型	活动内容	单元活动任务群要求
听	信息筛选课"听"中"学"学会速记	辨听名家朗读，快速筛选信息，概括观点，提炼主题、概括发言要点记笔记	表达与交流梳理与探究
说	演讲、辩论	主题演讲、辩论赛、故事会、我是小老师	表达与交流
	阅读分享会	整本书阅读分享与交流	阅读与鉴赏
读	朗读、速读竞赛	分角色朗读、诗歌趣味朗诵、限时信息类文本阅读比赛	阅读与鉴赏
写	情境作文	课本作文、校园读书节策划、校园诗词大会、朗读者大会活动策划、我是小记者、我来写传记等	表达与交流梳理与探究
	创意写作	限时颁奖词、诗歌创作大赛、故事新编	表达与交流
辩	辩论赛	时事辩论赛、整本书阅读辩论	表达与交流
赏	文学鉴赏	古诗词鉴赏、比较阅读、文学与争鸣	阅读与鉴赏
演	演出课本剧	课本剧的编、改、排、演、评，诗词大会，朗读者，读书报告会	阅读与鉴赏表达与交流
研	文化参与	岭南人物访谈、顺德美食调查、当地语言研究、文化寻根活动、革命文化研学活动、跨文化专题研讨	表达与交流梳理与探究

表2-3-2　已经开发的部分情境样态

情境样态	"1+X"经典单篇主题活动学习	微专题主题活动学习	跨学科主题活动学习
学科情境	1.字词鉴赏、文脉研究、篇章句段类型化研究。 2.语言积累、梳理与探究：概括发言要点记笔记、思维导读概述文章思路结构、作家年谱研究、专题关键词整理分析作品等。 3.阅读写作思维培养：生活与逻辑，作文中的逻辑建构、逻辑与语文，信息类文本转述的路径与边界研究等。	1.文学阅读与写作：创意古诗词写作、小说续写、故事新编等。 2.实用性阅读与交流：校园读书节策划、校园诗词大会、朗读者大会活动策划、颁奖词写作、我是小记者、我来写传记、时评写作、演讲写作等。 3.整本书阅读：《乡土中国》《红楼梦》班际辩论赛等。	跨媒介阅读与交流：经典作品改编研讨、互联网电子阅读等。
生活情境	语言表达与交流：即兴演讲、我是小老师、读书报告分享会等。	1.语言表达与交流：诗词大会、朗读者、语言积累、一中新闻40分、"古诗词课本剧表演"。 2.梳理与探究：网络语言与流行文化。	跨媒介项目化学习："为你写诗"电子诗刊制作、创意诗歌朗诵。
社会情境	思辨性阅读与表达：时事开讲啦、主题辩论——"世界听我说""文明的对话"等。	跨媒介项目化学习："为你写诗——抗疫诗歌创作"电子诗刊制作。	当代文化参与："顺德印记·文化赓续"、寻找顺德乡土记忆等。

四、形成单元主题活动教学设计实践的三大环节

设置"课前预学、课中互学、课后思学"三大环节。既重视学生的外在活动——学生实际"做"了什么、"做"得怎么样；也重视学生的内在活动——学生"想"了什么、"想"得怎么样。只有把外在活动与内在活动、理性认识与感性认识有机结合起来才能达到活动的真正目的。操作流程如图2-3-3所示。

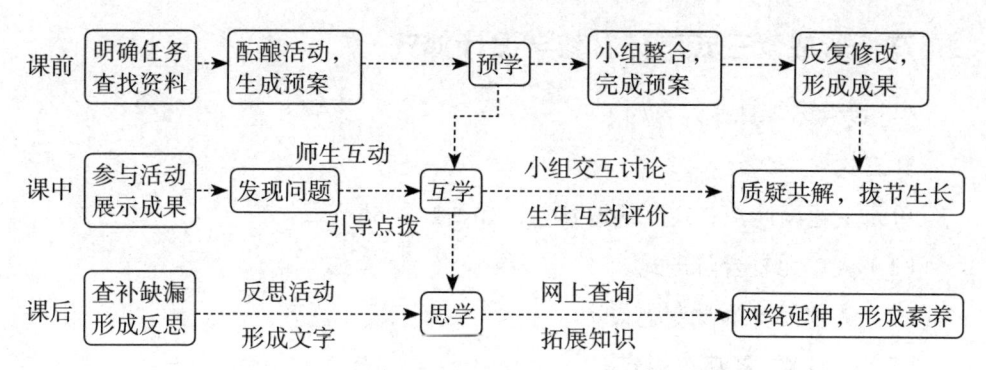

课前	明确任务查找资料 → 酝酿活动，生成预案 → 预学 → 小组整合，完成预案 → 反复修改，形成成果
课中	参与活动展示成果 → 师生互动 发现问题 引导点拨 → 互学 → 小组交互讨论 生生互动评价 → 质疑共解，拔节生长
课后	查补缺漏形成反思 → 反思活动 形成文字 → 思学 → 网上查询 拓展知识 → 网络延伸，形成素养

图2-3-3　单元主题活动教学设计实践的三大环节

五、五大步骤

建构高中语文单元主题活动课堂教学实践的路径需要五大环节，如图2-3-4所示。

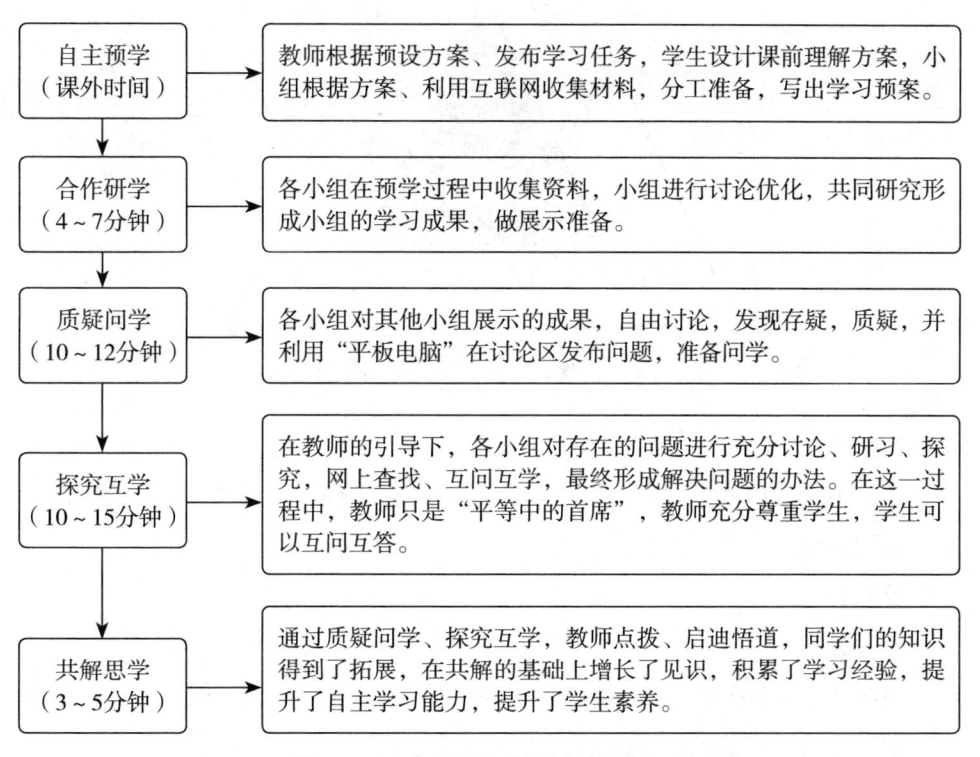

自主预学（课外时间）	教师根据预设方案、发布学习任务，学生设计课前理解方案，小组根据方案、利用互联网收集材料，分工准备，写出学习预案。
合作研学（4～7分钟）	各小组在预学过程中收集资料，小组进行讨论优化，共同研究形成小组的学习成果，做展示准备。
质疑问学（10～12分钟）	各小组对其他小组展示的成果，自由讨论，发现存疑，质疑，并利用"平板电脑"在讨论区发布问题，准备问学。
探究互学（10～15分钟）	在教师的引导下，各小组对存在的问题进行充分讨论、研习、探究，网上查找、互问互学，最终形成解决问题的办法。在这一过程中，教师只是"平等中的首席"，教师充分尊重学生，学生可以互问互答。
共解思学（3～5分钟）	通过质疑问学、探究互学，教师点拨、启迪悟道，同学们的知识得到了拓展，在共解的基础上增长了见识，积累了学习经验，提升了自主学习能力，提升了学生素养。

图2-3-4　高中语文主题活动课堂五大环节

六、形成"三式六环"教学设计体式

"三式六环"具体内容如下。

1. 三式

单元主题设计"三式"选取其一，如图2-3-5所示。

（1）大单元复合阶进式。

（2）大单元统筹微专题式。

（3）"1+X"经典单篇式。

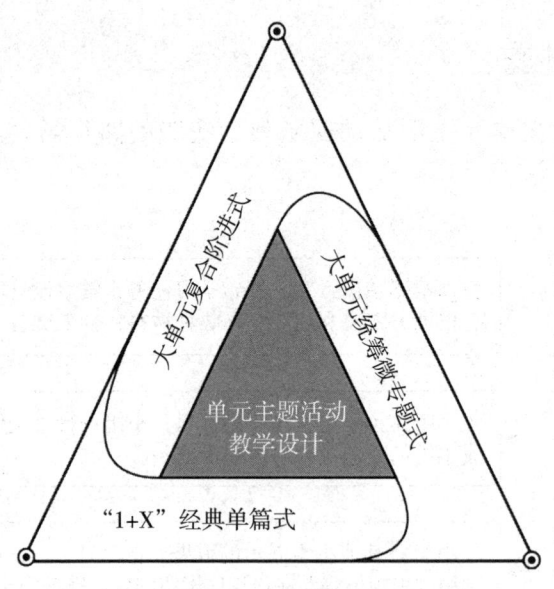

图2-3-5　"三式"图

2. 六环

单元主题设计"三式六环"内容，如图2-3-6所示。

单元解说。

单元目标。

课时分解。

预习任务（2~3个）。

学习活动（3~5个）。

学习测评。

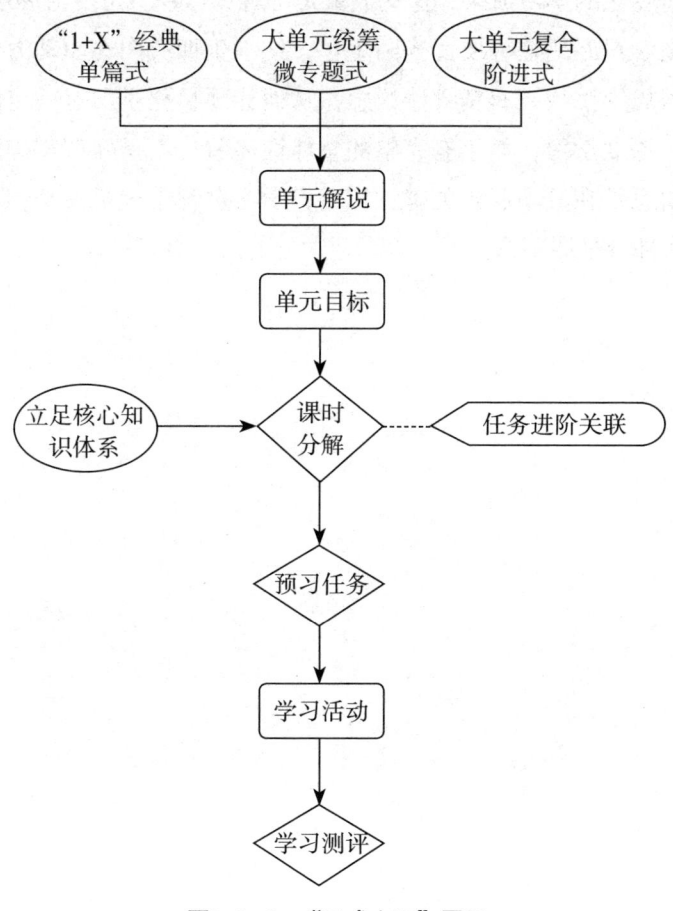

图2-3-6 "三式六环"图示

3. 总结

基于单元主题活动的微专题项目化学习，有这样几个特点。

（1）在教学过程中创设情境，任务均来自真实生活或模拟的日常情境。

（2）项目活动自始至终聚焦探究点，探究点就是专题教学点。

（3）课堂结构是"短平快"的，有内在逻辑链条，有外显的活动形式。

（4）学生在课堂上是有深度地体验语言活动，不是形式上的热热闹闹，缺乏思维含量。

（5）学生通过真正的课堂学习体验、体悟、体认，从而内化为深刻而有系统的认识，能够在陌生的学习情境下运用获得的认知体系解决新问题，形成语文学科素养。

（6）要有物化的学习成果，这些成果是可观、可评、可交流展示的。

　　基于深度学习专题任务要适当陌生化，使学生拥有内在驱动力；学生在学习过程中获得思维挑战，有精神愉悦感，从而让项目化学习有一定的持续性，是有效学习、深度学习；学生有完整的整体性体验；不是肢解零碎的简单的认知判断，高阶思维在其中起到关键性作用；学习过程中全员参与，不是一部分精英演员、大部分平庸观众。

第四节　研究的价值和意义

一、研究价值

（一）应用价值

1. 回应与解决当今一线语文教学的困惑与乱象具有范式实践意义

《课标》提出"语文学习任务群"和大单元、大概念教学，但一线语文教学实践表明，传统单篇教学、知识零碎化传授现象仍然很严重，阅读仍局限于单篇课文的教学设计，老师们都朝习惯力最强的道路上走。"大单元专题学习"具有设计难度大、跨度大、时间长、整合度高的特征。针对单元主题活动教学，很少有老师愿意主动去研究。以往语文教科书中的所谓"单元"，只是按"主题"或"文体"的课文归类法；一个单元的课文配置虽不是毫无来由，但"编写意图"只表现在编写者自我解说的话语中，实际语文教学并无单一按照单元教学的影子。《课标》要求"语文学习任务群"的实施"以学习项目为载体""以任务为导向""以学习项目为载体"的单元教学，并未在一线教学中开展起来。

单元主题下"三式六环"微专题项目化学习教学设计与实践策略研究，基于学科核心素养，能有效运用于一线教学，可操作性强，对于回应与解决当今一线语文教学的困惑与乱象有一定的实践意义。实践证明，在一线语文教学中有很强的应用性、实操性。在一线语文教学实践中，我们必须明确一点：语文课程要进行微专题项目化学习，但不是全部专题化、项目化；即使进行项目化学习，也要依托语文能力、知识、方法；不能理解为所有的语文课或课程都必须如此。笔者认为，项目化学习是对传统的精讲细读，少慢差费的教学习惯及方式的变革，也只能解决一些问题，而非全部；它也只能代表语文教学的部分趋势，而非全部。项目化学习有微项目化，如课堂布置一个自主合作探究标题、炼字，也可以是项目化学习；有学科项目化，有跨学科项目化，所以语文课堂并非全部项目化。在实践中我们也得出了一个结论：任务驱动，情境化设计，首推学科情境，所有活动任务应尽量在文本内循环解决，其中应明确承载教材规定的，学生要学习的语文内容与要素，尽量排除各种不社会化、生活化的情境。同时，传统的教读课依然应当坚持，教师该教则教，学生该动则动。

2. 提升学生学科素养，促使学生终身发展

（1）提升语文写作素养，学生在单元主题下"三式六环"专题学习中写了几百万字的学习作品，很多作品发表或获奖，活动实验班学生积极参与新概念作文大赛、北大培文杯创新作文大赛、全国创新作文大赛、叶圣陶杯作文大赛等全国作文大赛，有超1000人次获奖。在微专题学习中提升了写作素养，内化为语文学习的内驱力。

（2）提升"用语言做事"的学科核心素养，学生自主策划组织大型学科融合学习活动，举办跨学科的大型文化类活动，如举办"诗词大会""朗读者""语文课本剧大赛"等语文活动；开发跨学科项目化学习"顺德印记·文化赓续""悠悠青田·古韵弥新"青田古村落研学课程。

（3）提升学科高考成绩。顺德区第一中学语文科组近3年开展单元主题"三式六环"专题教学实践，语文学科高考成绩平均分与顺德区平均分比较，离均率逐年增加，素养转化为分数，效果明显，见表2-4-1、表2-4-2和表2-4-3。

表2-4-1　2023年高考全科类及语文平均分（应届普通生）

学校	实考人数	总分 平均分	序	语文 平均分	序
顺德区第一中学	1007	595.29	2	115.03	2
顺德区	12300	495.24	—	102.98	—
		20.20%		11.70%	

表2-4-2　2022年高考全科类及语文平均分（应届普通生）

学校	实考人数	总分 平均分	序	语文 平均分	序
顺德区第一中学	930	591.22	2	112.26	2
顺德区	11547	502.78	—	102.28	—
		17.59%		9.76%	

表2-4-3　2021年高考全科类及语文平均分（应届普通生）

学校	实考人数	总分 平均分	序	语文 平均分	序
顺德区第一中学	985	581.25	2	118.87	2
顺德区	12393	498.55	—	109.48	—
		16.59%		8.58%	

（二）学术价值

1. 契合教学改革深化政策需要

2023年5月，教育部办公厅印发《基础教育课程教学改革深化行动方案》，从课程方案落地规划、教学方式变革等方面推动课程教学改革落到实处。单元主题下微专题项目化学习教学设计与实践，提供一线教学中可实际操作的高中主题单元主题活动教学系列教学设计与案例，给《课标》制定者、教材编写者、学术研讨者提供分析研究素材。建构单元主题活动教学设计的策略，系统化地进行单元主题活动教学设计案例样态整理，契合教学改革深化政策需要。

2. "三式六环"单元主题活动教学策略

对于回应与解决当今一线语文教学的困惑与乱象有一定的实践意义。契合温儒敏先生2023年8月在大连新教材研讨会上，以在线视频的方式，所做的重要发言。温儒敏先生的发言总结起来有以下几点：①以一带三，以语用带动思维、审美、文化；②避免过于重视情境创设和活动设计，应多关注经典课文本身；③避免过于重视大单元、群文等学习形式，应多关注经典课文基本功；④单篇教学不能弱化，如首先要精讲；⑤知识教学不能弱化，如语法、修辞等；⑥各年级间知识的梯度要尽量清晰。

3. 廓清大单元教学和单篇教学难以融合的迷雾

《课标》和新教材并没有将单元整合和单篇教学完全对立起来，但为什么在实际教学过程中一线教师却很容易跳入对立的教学思维中呢？其实还是一线教师没有找到"小中见大"的方法与路径。单元教学，前提还是学生对单元课文有一定阅读并有较好的理解，完全从零开始的单元教学是很难落地的。大语文也好，大任务也好，大单元也好，我觉得这里的"大"，并非简单量多量少的大，而是在功能上对学习内容和学科素养起统摄作用的大，在知识逻辑上处于核心地位。大单元教学应该是一种建立联系的思维方式，并不是将所有课文放在一起教学,而是让同一单元同一主题下不同课文之间产生联系和对比,最终落脚点还是思维。这样的教学确实难度很大,但是也会激发一些新的灵感,让学生的学习有对比性,如统编版教材必修上册苏轼的《赤壁赋》与姚鼐的《登泰山记》;统编版教材必修下册的《阿房宫赋》《六国论》,放在一起上互相印证颇有趣的。当然不能每一节课都这样上。最适合上群文教学的是信息类阅读,考试也是以多种材料呈现,也算是教考衔接的体现。

二、研究意义

主要创新之处有以下四点。

(一)策略创新

单元主题活动教学设计遵循"一核、二元、三面、四式、五维"的设计策略和"三式六环"体式。指向语文学科素养与教考结合,探索微专题教学和跨学科教学实践,构建语文单元主题活动教学资源集。破解大单元教学难以落地的难题,推行有效、高效、实效的单元主题下"三式六环"(微专题为主)教学设计资源开发。低成本:时间投入、资源投入、人力投入、精力投入符合投入产出原则。能操作:基于学情、教情、校情,师生主观上愿意接受,客观上能够上手。有效果:学生在某一点形成深刻的认知建构,学与没学不一样,无论是素养培育,还是应试训练,都有切实的效果。可持续:教例具有可借鉴性,可以向更多的教师、学生和学校推广。探索一条低成本、能操作、有效的、可持续的"绿色通道",既能够沟通《课标》、教材、课堂,又适合老师教,方便学生学。

(二)手段创新

借助项目实验学校的智慧课堂信息化平台,建立单元主题下"三式六环"专题教学资源集,收集并展示学生的优秀学习成果,合作分享,多元评价。充分发挥课题组成员辐射优势资源,开展跨校、区内联合教学设计与实践比赛、研究活动。实验、推广务实、可行、高效的教学设计范式与样态,解决一线教学实际问题。

(三)形式创新

先教材梳理再开展教学设计,"统编版教材单元主题活动教学设计"含三种形式：①大单元复合阶进式；②大单元统筹微专题式；③"1+X"经典单篇式。六个环节：单元解说、单元目标、课时分解、预习任务、学习活动、学习测评，见表2-4-4。

表2-4-4　教材梳理

单元与具体篇目	"单元学习要求"梳理评析	单元内篇目关联阐述	"学习提示"梳理评析	单元学习任务梳理评析	补充主题研习任务情境	教考结合命题点梳理提示	我的单元教学设计（列出设计题目、角度，内容另附）	相关设计理据	其他相关单元教学设计（另附）

（注：在梳理的教材前面打"√"）

（四）问题导向

以问题为导向，基于单元主题引领，系统化归因建构，从"零散经验"走向"系统科学"。坚持问题导向，不断创新教研方式，通过主题牵引式教研、问题诊断式教研、数据循证式教研，增强教学改进的针对性，实现系统化、科学化，为教师提供有力的专业支撑。基于学科特质，将学科育人功能发挥过程中的重点问题转化为系列教研主题，开展系统性、持续性教研活动，实践教学新理念，探索教学新路径。遵循以下基本流程：一是"梳理重点，确定主题"；二是"规划主题序列，明确教研内容"；三是"设计活动方案，开展实证研究"；四是"凝练成果，推广应用"。各实验学校在共同的教研主题统领下，依据语文学科特质，开展多轮次主题牵引下的深度教研，实现课堂教学改进的持续性、系统化推进。

第三章
四方雨露润千松

——多维度深度建构单元主题微专题项目化学习

第一节　困境与突围：微专题项目化学习困境与突破

自统编高中语文教材在全国推广使用以来，面临一个问题，即如何落地任务群教学。笔者以为，大单元统筹下的微专题教学设计，一定程度上可以帮助一线教师在日常教学中进行"突围"，在有限的教学时间里引导学生主动积极地开展各种语文实践活动，最终由小到大，落实任务群教学。

"微专题"这一概念由特级教师时剑波于2018年提出，褚树荣老师对此进行了详细的论述，这两位老师认为，"微专题"是"专题"的"小微化"。笔者在使用新教材进行微专题教学实践过程中，基于大单元理念，开展微专题教学活动，旨在努力探索在大单元统筹下微专题教学设计的策略与路径，希望给一线教师带来一些启发。

一、单元主题下的微专题教学设计的策略

（一）育人与契合《课标》策略

微专题教学仍然要落实全面育人目标与《课标》要义，指向单元教学的大背景。

1. 落实全面育人目标

《近年来高考考试内容改革进展及成效》指出，教学与考试测评务必要坚持四个自信，彰显五育并举，我们所有的教学设计都要落实全面育人目标。笔者在教学选择性必修中册的第三单元《苏武传》《屈原列传》《五代史伶官传序》等几篇古文时，立足于领会其中的历史观念、家国情怀和担当精神等育人功能，以史传类文言文创意写作微专题形式实现文化传承与深度学习。笔者要

求学生选择时事热点人物事件、经典名著中的人物事件、生活中熟悉的人物事件，确定立德树人主题，自行选取典型细节，合理建构关联，多维度、鲜明地表现人物和主题。兴趣赋能，小组积极创作，如高二（2）班三盐一硝小组创作了《钟南山传》，其中写道："呜呼，钟南山效民族之大业，持大义行于人世间，其先天下之忧而忧，后天下之乐而乐，真乃国之栋梁也。吾辈任重而道远，望踵事增华，肩吾辈之大任也。"新设微专题情境，落实了学科育人功能。

2. 落实《课标》要义，指向单元教学的大背景

时剑波、褚树荣等老师认为，微专题教学设计并非与大单元、大概念教学完全对立、非此即彼，而是一种指向单元任务，细化落实《课标》要义的尝试。微专题教学设计兼顾单元教学的大背景，"微"体现在每个教学课时的教学切入点，以微专题映射单元理念，不同微专题彼此辉映，共同完成单元教学任务，并通过基于微专题入口的主题阅读、比较阅读、专题学习、项目学习等方式，整体提升学生的语文素养。如果执教者一味追求专题之"微"，置单元背景于不顾，势必会背离《课标》要义，使单元教学变得支离破碎。笔者曾观摩2022年佛山市青年教师比赛，发现排名靠后的四位选手的教学设计虽然也有诸多可取之处，却忽视了站在单元角度整体把握。正如佛山市顺德区教研员胡美芬对这四位选手不足方面的点评，"选材只基于单篇，缺少新课堂的观念"。

（二）课堂聚焦策略

重在"解决核心问题"，以少胜多，内析外联，深度学习。

基于单元主题的微专题设计，需要强化聚焦意识。微专题学习的优势在学习语料与角度"小而精"，虽微却不浅，着力开掘，能有效地聚焦主题，集中内容，在短时间内达成目标，完成深度学习。如笔者授课选择性必修上册第三单元第8课时，运用"量少而内容精"的策略，以课文中玛丝洛娃的"笑"这一细节设置微专题"研究教材的选文小说中'笑'的描写"，构建了小说聚焦微专题定点主题式阅读，勾连起教材中小说篇目相关的王熙凤的笑、华连卡的笑、祥林嫂的笑，用一个微专题实现深度比较阅读研究。在教学必修上册第三单元《琵琶行》的时候，以"音乐描写"设置微专题，从而达到了深度学习，提升阅读素养的目的。

（三）活动设计策略

研究学理，以学习者的活动经验落实核心知识，以微专题活动驱动核心知识研习，由制定讲授内容转向思考学习的计划。

钟启泉在《深度学习：课堂转型的标识》一文中提到：新的单元设计是为学生的"学"的设计。对于单元主题下的微专题教学设计而言，要聚焦一个核心问题——设计学习任务，也正如崔允漷《指向核心素养的教学方案设计：大观念的视角》一文所言："围绕主要问题创设与组织活动。"具体来看，微专题学习活动任务设计要满足情境、协同、支架、任务、展示、反思六大要素。笔者在教学"必修上册"第三单元（古诗词单元）时，设置了整理诗人年谱与给诗人写颁奖词的微专题学习活动，推动了学生对诗人进行深度研究。正如严婷同学对颁奖词微专题学习活动的总结："短短的几周，我们已经完成了白居易、辛弃疾、李清照、苏轼的颁奖词写作。写作前，我们要对人物有一定了解以及形成自己的理解，准备的过程就是对人物剖析的过程。一个个平时仅停留在课本中的人物鲜活起来，我们渐渐走近这些在历史上留下浓墨重彩的才子、诗人、词人、爱国之人。"这种教学设计在形式上体现了以学习者的活动经验来组织教学，转变了学生传统的学习方式，有利于真正做到"在做中学"。

（四）学教考评一体化策略

立足单元写作任务，指向教考结合。现阶段有关"微专题"教学研究的相关课例，在写作教学的领域仍为空白。笔者梳理了必修上、下册与选择性必修上、中、下册五本教材，发现教材体系单元学（研）习任务里有完整的作文训练微专题。如在选择性必修上册第一单元，作文训练要求是"学会使用作文材料"。基于单元写作任务，我设置的微专题项目化学习任务，包括从议论文论据充分、典型、有时代感，论据运用有逻辑性，符合同一律，切合题意、情境与任务要求，具有青年视角等角度展开研究。各小组认真阅读2012—2022年广东省考场满分作文，以高考题目、范文为论据，适当关联平时作文，以作文案例说话，结合单元议论文写作分专题合作研究，指向备考，提炼整合出写出高分作文的有效路径与策略。

二、单元主题下的微专题教学设计的技术路径

（一）"素"读文本，守语文正道，敏锐地找到培育语文素养的微专题项目任务

在各种"主义"盛行的时代背景下，语文教师更需要有"素"读文本的定力。立足于文本专项，做到深度解读，培育扎实的阅读能力。在教学必修上册第六单元古诗文"学习之道"时，笔者反复研读文本，设置了指向核心素养与深度学习的同题仿写文言文微专题活动。首先搭建核心知识框架，梳理荀子《劝学》一文的文言知识，含重点字词、博喻手法、对比手法、背诵全文等，引导学生思考荀子为什么"劝"，怎么劝，介绍"性恶论"主张，强调外物和外在力量对抑制"恶"的作用。进而介绍孟子的"性善论"与教育主张，强调"固基养善"，借助外力呵护善根，结出善果。最后要求学生使用与荀子版《劝学》一样的结构与艺术手法写一篇孟子版《劝学》，学生通过小组合作，深入研读老师推送的孟子相关思想与作品，完成了文言文仿写任务。

（二）选好微专题教学的切入点，以小见大，呼应单元，读写融合

1. 关注文本独特之处

单元统筹，单元任务与篇目特质平衡，因文体而设计，关注文本独特之处。一次微专题学习活动设计，按学习对象的范围大小来分，可以针对某项语文知识，如《林教头风雪山神庙》中的"叙述视角"手法；可以针对单篇课文的阅读理解，如把握《促织》的主题和艺术特色；可以针对一组课文的学习，如《百合花》与《香雪》的"诗化手法"比较；也可以针对一个单元的学习任务，如针对统编教材下册第二单元三篇中外戏剧的语言风格设置综合学习任务。

佛山市青年教师素养大赛中，总分位居前列的选手的教学设计，选择性必修中第四单元戏剧单元"话中话成就戏中戏——《玩偶之家》的对话艺术"，也是巧妙地聚焦戏剧的语言，围绕《玩偶之家》戏剧排演过程中出现的称呼混乱、长句短句失衡、留白表情不够等问题来设计教学，借这一真实情境驱动学生运用鉴赏戏剧语言的知识来解决戏剧排演中出现的问题，最终给观赛老师和评委们留下了深刻印象。

在进行经典名篇《琵琶行》教学的时候，通过赏析《琵琶行》中音乐描写的精妙，梳理琵琶女与诗人境遇的相同之处，体会诗人抒发的人生感悟，理解诗人的人生境界，收获成长的启迪，设置微专题研讨：如果不是白居易，换

作其他被贬江州的官员能与琵琶女产生情感共鸣吗？开展研究：任是沦落也动人——从《琵琶行》中的音乐描写窥见诗人的人生境界。

资料1：白居易被贬江州的真实原因

唐宪宗元和十年（公元815年），拥兵自重的藩镇李师道派遣刺客刺杀主张用武力平息叛乱的宰相武元衡，白居易上书，请求朝廷缉捕凶犯，以雪国耻。没想到却遭到了一些朝臣的嫉恨。

白居易当时是太子左赞善大夫，已经离开了谏官的位置。那些人说他不该越职言事，并诬称白居易写过"新井"和"赏花"的诗，不顾及他母亲是因看花坠井而死的，大逆不道。

白居易被贬江州的真实原因是，白居易在此前任左拾遗、翰林学士期间，屡向皇帝上书言事，剖析朝政，还写了大量讽刺社会政治的诗歌，如《卖炭翁》等，得罪了很多权贵。这一次的政治打击在白居易的一生中是最为沉重的。

从此，他虽然也不失关心国计民生的赤子之心，但干预政治的热情却大大减退。

由此可见，白居易对京城是深怀眷念的，琵琶女又本是京城女，在僻远的江州听到来自京城流行的曲调，自然会引起他心中对那段往事的回忆，在孤寂的心里激起层层涟漪。

资料2：《寄江州白司马》原文及注释

寄江州白司马

杨巨源

江州司马①平安否？惠远②东林住得无？
湓浦曾闻似衣带，庐峰见说胜香炉。
题诗岁晏离鸿断，望阙天遥病鹤孤。
莫谩③拘牵雨花社④，青云依旧是前途。

注：①江州司马：即白居易。②惠远：东晋高僧，居庐山东林寺。③莫谩：不要。④雨花社：指佛教讲经的集会。

由此可见，白居易深受佛教影响，怀"众生平等"之心，并没有从身份阶层来可怜琵琶女，而是同情琵琶女。人对人的一种关心，是真正同情的本意。进而得出结论，《琵琶行》不仅音乐动人，身世动人，情感动人，人格动人，境界也动人。

2. 微专题读写融合深度学习

在资源开发上，以单篇为基础，"1+X"群组关联，一课一得，开展微专题读写融合深度学习。设计微专题项目，不脱离单元教学的大背景，融合单元学习任务，依据此法选定切入点，微专题教学才能关联群文阅读，体现"新课标"的理念。如笔者完成必修下册《阿房宫赋》《六国论》教学后，提出一个微专题研讨："掩卷而思，六国破灭，是谁的过错？有人说是六国自身的原因，有人说是秦的原因，……历来众说纷纭。假如要举行一次学术研讨会，请你选一个立场，写一篇文章，要求有破有立，观点鲜明，要求用到《六国论》（苏洵、苏辙、苏轼三篇）《过秦论》《阿房宫赋》的相关内容，适当拓展借鉴其他文献资料。"这个微专题活动意图是通过"1+X"群组关联，提升逻辑说理能力，传承与发展优秀传统文化。

在部编版教材必修下册第六单元小说阅读鉴赏单元时，笔者设计了"神以睛现，旨以眼明——补写描摹人物的眼睛"单元主题微专题活动。

活动内容：复兴中学戏语社准备举办"校园课本剧艺术节"，班级准备选取小说单元课文篇目参赛，你是班级编剧，请结合所选篇目与人物，选定场景，合理虚构，写一段人物眼睛的细节描写，便于班级演员揣摩人物内心世界，准确再现情感，表现主题。

有的学生选取了"凝视鲁迅小说中的那些人的眼睛"，描摹了《祝福》中或明或暗的许多双眼睛，祥林嫂、四叔、卫老婆子、柳妈、婆婆、鲁镇的老女人们、"我"……"眼中窥旨"微专题活动既深度驱动了文本细读，融入理解主题，也契合单元"学会合理虚构，创作小说"要求。还有不少学生选取其他篇目与人物的"眼睛"进行片段描摹：如《林教头风雪山神庙》中的林冲、《装在套子里的人》中的别里科夫、《变形记》中的格里高尔、《促织》中的成名等，完成了对文本内容的显性与隐性解读。

（三）提升学科能力素养

选取单元导语、学习提示与单元研习任务关键点设置微专题，提升学科能力素养。

必修上册第二单元新闻单元主题是把握报道立场、提升媒介素养。学完这个单元，正值校运会开幕，笔者要求每位同学以校运会为素材，写一篇消息或人物通讯，并设计了"一读二写三播四访五思"的新闻单元微专题系列活动，意图在聚焦新闻素养之根"真实性、客观性"。活动中各小组自选代表，自由采访播报稿件小组成员，采访追问新闻稿件的信源，以访明真，涵养"求真"的新闻素养，培养批判思维能力。在当今信息的"真相"之下，学会辨别虚假新闻与真实基础上有倾向性的新闻，是重要的媒介素养。通过微专题活动学会对新闻报道的完整性进行评判，准确评估信源，对信源的权威性和公信力加以判断，进一步推演已获得资料的真伪，提升媒介素养。

（四）解读生活情境指向，关联社会，关注时代特征

为庆祝顺德区第一中学建校110周年，我设置将对联知识运用到生活中去，设计语言文字建构与运用微专题作业，开展校庆对联征集活动，激发了学生对学校的热爱之情，活动有价值驱动，完成顺利，成果丰厚。

在完成必修上册第六单元《师说》一课的教学后，我设计了古文时评活动，紧扣疫情之下中国和西方国家种种表现，设计仿写《师说》微专题：

仿照《师说》对比论证结构，查找欧美"甩锅"传统，紧扣特朗普"甩锅"种种行径，写一篇《甩锅说》文言文，列其表现，分析本质，分析原因，对比分析，要求有理有据。句式行文，均可以参考《师说》。有"甩锅"，自然对比就有中国担当的表现，也可以从中国角度立论，采用对比论证结构，查找中国有担当的表现，写一篇《担当说》，结构手法同上。

（五）做好问题链或者活动设计，创新设问角度

微专题教学设计从始至终应聚焦同一个主题，做到"不蔓不枝"，这就要求设计者首先要做好问题的设计，问题要由一个主问题统领，形成一条问题链。笔者在开展《红楼梦》整本书阅读微专题学习时设计了一系列微专题：①红楼梦任务关系梳理；②林黛玉、贾宝玉等人物颁奖词；③"此情可诉，信笺泛情，_____我想对你说"（于作品中自选对象）；④"最美大观园"——导游词/解说词写作；⑤名著研读论文写作："《红楼梦》中的_____研究（自选专题）"不少于3000字，要有论文摘要，有关键词，所有参考资料要以脚注或尾注形式标明出处，注意论文的写作规范；⑥"整本书阅读《红楼梦》辩论赛"——"贾宝玉出家是理性认识多于感性认识VS贾宝玉出家是感性认识多于理性认识"。基于整本书阅读的微专题系列问题，由浅到深，由易到难，形成了一个完整的问题链。

三、基于单元主题的微专题活动设计需要注意的问题

（一）微专题做到有趣

有趣，要能激发学生研究的动力。如笔者观摩2022年佛山市青年教师素养大赛得分第一的2号选手"谈谈《师说》中的'学习之道'"的微专题教学设计，就做得很好，她始终围绕"李蟠，你何德何能？"这一微专题展开设计，新颖有趣。

（二）避免微专题设计情境套板效应

微专题设计要避免活动情境大而空，产生套板效应，如肖培东所言不要只会"拍电影、发朋友圈"等形式，缺乏有效驱动性，甚至脱离语文学科本色，替其他学科做了嫁衣。活动情境需要真实性、生活性、新颖性、趣味性、深度性，能驱动学生持续主动深度学习。

（三）处理"单篇""单元"二元关系

郑桂华老师在系列文章中谈到，选好微专题教学的切入点需要注意有效处理单元学习任务整体性与学习过程具体化的矛盾。单元整体性不排斥学习内容的具体性，甚至需要具体"微专题"的学习活动支持，没有具体实在的文本理解、知识掌握，单元的整体任务很容易落空。比如，不对《赤壁赋》《我与地坛》等作文本细读，只是空泛讨论"生命教育"现象是不可取的。

（四）策略灵活多变，"因生而教"

微专题设计与教学，可以根据学情或学习任务的差异，采用不同学习者选择不同任务的方式，避免一刀切，盲目求同。

第二节 跨界与守界：跨学科"二元"共构项目化学习

综观2022年新高考试题，语文试题大胆地把物理学的材料、生物学的材料引进来，考查学生跨学科利用语言应对生活复杂性、多样性的能力。而其他学科也融合了语文学科知识，如历史科目将"儒失其手，教化坠于地"作为题干，政治试题中出现了周敦颐的《爱莲说》，生物真题中引用了《诗经》中的"蚕月条桑"。各科《课标》中多次提及"跨学科"，在有关"中国革命传统作品"的学习任务群9和任务群15也都提倡"跨学科的学习活动"。此外，从统编版高中语文教材的选文篇目也可窥见学科融合的趋势，如必修下册第三单元的选文涉及医药学、生物学、建筑学等其他学科知识。当今一线教学中很多跨学科教学并不是真正的跨学科教学，往往只是简单的学科叠加，缺失了学科核心概念的统筹，反而增加了学生的学业负担。因此，迫切需要以学科大概念为统筹，做到各学科紧密衔接，真正实现各学科知识和思维的有效融合，真正产生跨学科学习效益。

笔者在日常教学中，基于学科关键概念，以"跨界与守界"为理念，多次设计跨学科单元主题活动，积极探索高中语文跨学科学习的实施策略以及需要反思之处。

一、跨学科教学策略与实践

（一）跨界：立足学科关键概念，促使学科深度融通

跨学科学习需要运用聚合思维找准学科关键概念，从而实现各个学科间的自然有效的衔接，以及各学科知识和思维的深度融合。东北师范大学文学院

刘丰和徐鹏两位老师在《高中语文跨学科学习的实施路径探析》一文中提出：学科关键概念主要是指在学习该单元过程中，需要理解和运用的重要语文知识和能力，典型思维和认知以及正确的价值观。确定学科关键概念需要立足语文教材与学生实际学情，结合单元导语、学习提示、单元学习任务等维度来进行。如教学必修上册第二单元《"探界者"钟扬》，基于单元导语要求是"通过专题研讨等活动，形成正确的劳动观念"。因此，在设置跨学科教学情境时，会补充如何"建立种子库、通过保存种子来保护植物多样性"的生物学学习资源，也会补充钟扬本人基于国家需要与个人爱好跨学科、跨专业、跨科学与艺术领域的传记内容，也会设计给钟扬写颁奖词的文学活动，但是课文学科关键概念仍然是"劳动"，所有跨学科学习资源都应该聚焦于这一核心概念。在教学必修上册第四单元"家乡文化生活"专题课时，我依据单元导语立德树人目标"寻找情感归宿，增进对家乡的文化认同"，将单元学科关键概念定为"赓续家乡文化·增进对家乡文化的认同"，组织了顺德区第一中学腾龙文学社、思古发幽历史社和捭阖地理社、DV社联合推进"顺德印记·文化赓续"国庆研学活动，寻访、解码顺德本土具有文化意蕴的人和物，为顺德古村落、旅游文化景点、非物质文化遗产、革命文化遗址等写颁奖词及制作推介视频，深度挖掘顺德文化印记的内涵，赓续顺德本土文化。此次跨学科主题活动以学科核心概念为统领，深度融合语文、历史、地理、政治、信息技术等学科，培植了学生爱国爱家乡的情怀，增进其对家乡文化的认同与传承。正如梁佳琪同学写道："顺德牛乳是顺德文化的一部分，作为顺德人我们有义务珍惜顺德文化，将其推广给身边的人，适当做一些创新，让其走得更远，不要等将来只能在博物馆看见它们的时候才追悔莫及。""而清晖园中有许多名建筑，如竹苑、一勺亭与状元堂等都与人文地理有关，也与顺德县志记载的地方历史有关。""赓续家乡文化"这一关键概念始终统摄着此次跨学科研学活动，围绕单元活动关键概念，同学们不仅寻访了解了顺德历史名人、文化，也记录、解析、传承着这些名人、事物与传统文化的关联。这样既能避免纯粹专业化知识混搭的弊端，又能实现培育学科思维、以正确价值观育人的学科德育功能。

（二）守界：坚守学科核心素养，创新相融研习情境

为了确保语文跨学科学习做到"守正创新"，不离语文之道，需要做到守界——在跨学科活动设计中守"语言建构与运用、思维发展与提升、审美鉴

赏与创造、文化传承与理解"边界。如学习高中语文必修上册第二单元《鸿门宴》课文，基于单元导语要求"深化对传统文化的认识"，在探讨"项王、项伯东向坐；亚父南向坐，沛公北向坐；张良西向侍"座次的安排时，为了更好地理解传统文化，笔者补充了地理学、社会学、传统礼俗知识，如在"堂"上举行的礼节活动，以"南向为尊"；而在室内，则以"东向为尊"。因为"室"一般是长方形，东西长而南北短，故室内最尊的座次是坐西面东，同时也是面向太阳升起的方位；其次是坐北面南，再次是坐南面北，最后是坐东面西。在必修上册第三单元"诗意人生"单元主题教学中，笔者与科组彭千老师整合必修下册第四单元"信息时代语文生活"单元内容，共同设计了以"品鉴古诗词之美"作为学科关键概念，以"唐宋诗人作品电子画报作品展"为活动任务来有效跨学科关联地理、历史、英语学科。我们设定的情境为"假如让你穿越回到唐宋时期，你是丝绸之路商贸团一名文化专员，重走'唐宋丝绸之路'，从长安出发，沿途经过不同国家，你需要热情地用英语和当地居民进行文化交流，介绍你选定的诗人，配乐吟唱推介诗人诗词作品，给所选诗人写一则颁奖词，并绘制整个行进地图。"重走"唐宋丝绸之路"，制作"唐宋诗人作品电子画报作品展"这一情境驱动学生自觉运用历史、音乐、绘画、地理等学科知识，实现语文学科与其他学科的深度融合，各情境任务的设置也紧密贴合语文学科核心素养的培养理念。具体来看，同学们需要找到一首最喜欢的唐宋诗人的作品，并从网上找相应的诗词演唱歌曲并学习演唱，实现跨媒介阅读与审美鉴赏。给诗人写一份颁奖词落实了"语言建构与运用"这一素养，用地图、年表形式显示诗人人生经历和诗词创作背景，致力于"思维发展与提升"，制作电子画报兼顾"审美鉴赏与创造"，"文化传承与理解"则贯穿整个活动。虽是跨学科学习，但始终遵循"坚守语文学科的本体立场，引导学生通过语文实践活动提升核心素养"这一开展高中语文大单元跨学科学习的基本原则，从而实现与研习情境创新相融。

（三）共构：依托师生"双主线"，完成跨学科情境开发任务

"双主线共构"，指在开展语文跨学科学习过程中，学生为主体，教师为主导，师生共同开发设计跨学科学习情境并完成项目研习任务。如此，学生才是真正在用"语言做事"，才能激发内心设计、参与活动的愿望。当今中学生思维活跃、创造能力强，比教师拥有更多的获取知识信息的渠道，具备参与设

计跨学科情境活动的素养。兼之他们本就是学习的体验者、执行者，不能在设计活动中缺席，教师只是引导者。笔者在必修上册第五单元"整本书阅读与研讨"任务群对应的《乡土中国》教学中，提取学科关键词"新时代中国乡村境遇研究"来统筹设计跨学科主题教学活动。以顺德青田古村落为研学地点，师生围绕关键概念共同以"双主线"形式开发"古村落研学"项目。在这个过程中，老师负责提供活动总体目标、任务要求与基本框架，布置结合费孝通先生《乡土中国》具体章节内容细化分解情境活动。学生在"探寻青田"环节，自主设置了"识礼俗""访民居""学农耕""寻古迹""探私塾""析生态"六个任务主题，链接了《乡土中国》的相关内容。笔者接着要求学生结合《礼治秩序》章节，继续深入思考青田村民在世代演变发展中，如何形成传统礼俗，这些礼俗与本村的生产、生活、环境有怎样的联系。在思考探究的过程中，自然会涉及传统礼俗的历史沿革等知识，实现了语文学科与历史学科的融合。研习过程中也需要结合人文地理与经济地理等知识进行深度探讨，激发深度阅读文本的兴趣。学生自我设计研学活动，培育了用"语言做事"能力，提升了学术研究能力，很好地落实了学科育人功能。正如高一（4）班陈婉平同学评价"杏坛的青田村房屋以旧改旧的措施使青田村保留了原有的风貌，对这些民居的保护，与费孝通先生的《乡土中国》的理念高度契合。所以，作为新一代青年，我们应该树立保护水的意识，传承乡村文化，让河水长流，文化赓续。"

二、跨学科教学的思考

（一）"跨界"要厘清"合"与"分"

学科关键概念统筹下的跨学科主题活动教学更注重单元篇目、学科知识、课程资源的系统化整合，这种整合不仅深入语文学科内部，更广泛联系跨学科领域。整合并非随机随性进行，而是以学科关键概念为引领，有机且有效地关联其他学科。设计"跨学科"学习动态进程，关键在于"整合"，既指整合出新的学习结果，更指"整合"这个动态行为过程本身，而不是简单地拼盘式叠加。所谓的"分"即细分。跨学科主题活动教学，如何让跨学科情境更有效细化，具有可操作性与具有序列化特征？对此，教师须运用关联思维，化大为小、化整为零，将单元教学内容细分为一个个真实情境下的学习任务，以系列化的情境任务为支架，逐步引导学生在更广阔的范围、更接地气的跨学科场景中学语文、用语文，真正提升语文学科素养与个人综合素养。

（二）"守界"须坚守语文本体立场

教师在实施跨学科学习活动时，须始终坚守语文学科核心素养"语言发展与建构、思维发展与提升、审美鉴赏与创造、文化传承与发展"四个维度，方可"语文为体、相异学科为用"。如高三在复习"下定义"专题时，课堂下定义对象为"碳中和"，这需要跨学科融合生物、化学学科知识，并了解"碳中和"国际时政背景。但是由于课堂重心还是在于训练语文学科概括能力，因此要坚守"语言建构与运用、思维发展与提升"，落实"下定义"语用训练，不可以上成生物、化学知识推介课，也不可以上成政治专题课。其他学科元素的运用均为语文学科语言品鉴、审美鉴赏等服务，方可坚守语文学科的本体立场。

（三）共构式"双主线"情境开发须各守其界

跨学科学习虽然需要调动学生参与设计情境的积极性，但不可以一味迎合学生的积极性，无原则无底线地采纳学生的方案。在设计过程中，教师务必在把控学科核心概念方面发挥不可或缺的作用，防止学生设计的情境活动流于泛娱乐化、泛形式化。同理，教师也不能在其中完全操控活动设计，"一言堂"行越界之事。教师可以以备课组为单位提前论证跨学科总体方案的可行性与合理性，然后在收集整理学生的情境设计过程中，组织学生对初选出来的情境设计方案陈述答辩，最后班级集体投票定下师生共同认可、最有意义的跨学科活动情境。如在排演《雷雨》课本剧中，笔者就是践行了"双主线"策略，学生为主，教师指导推动，在合作中合理有效地开发筛选出系列跨学科资源，完成了"校园课本剧大赛"演出。其中涉及表演、编剧、舞美设计、灯光设计、音乐设计、多媒体设计、舞台监督、媒介传播等相异学科元素，既有创新，又不流于形式主义，真正实现了"双主线"的互动交流与研习。

第三节 微专题项目化学习培育学科素养

一、单元主题学习活动情境还原

在生活情境中体悟中华优秀传统文化。

教学统编版教材选择性必修上册第二单元孟子《人皆有不忍人之心》与墨子《兼爱》两篇课文过程中，我让同学们关注思考教材学习提示和单元研习任务。

孟子提出"人皆有不忍人之心"，要有"恻隐之心"，墨子告诉我们要"兼爱"，先秦儒家、墨家所讲的大都是人生的基本道理，今天看来仍有一定的启发意义。学习中华优秀传统文化，应该学以致用，知行合一。学习时注意结合自身经验和现实生活，梳理本单元各篇课文所讲的立身处世的道理，并思考它们在当今社会生活中的意义。

然后，笔者布置了一个口头作文任务：

请同学们结合单元研习任务与自身经验和现实生活，选取一个生活事例，思考我们应该如何践行优秀传统文化中"不忍之心""恻隐之心"与"兼爱"。第二天将在课堂上共同讨论。

二、单元主题活动设计的意图

对标《课标》与素养。

（1）在高考评价体系指导下的高考命题具有"无情境，不成题"的特征，命题材料丰富，情境多元，情境的真实性、新颖性、灵活性、探究性和开放性得到进一步加强，因此这次活动要求学生自由选择生活中具体真实的事例，契合《课标》和高考命题情境特征。

（2）通过对近三年的高考试题分析发现，逻辑推理与论证、语言组织与表达、独立思考与质疑（提出问题、开放作答、合理论证）、批判性思维等关键能力已经成为高考考查的重点,因此本次活动要求学生进行深度思考,训练其思维品质。

三、单元主题活动汇报呈现

多维深入思考"同理心""不忍之心""恻隐心"与"兼爱"。

第二天语文课堂上,同学们参与热情高涨,各小组发言积极,思维活跃深入,对优秀传统文化的当今意义有了更深入的探究与思考,笔者选取其中一个小组发言以及同学们的点评作为代表呈现。

(一)小组情境导入发言

在生活情境还原审视中点燃思维的火花。

主讲人:巫同学。

生活素材:某天放学后,父母将我的"好朋友"端上了餐桌。

事件回放:视频中孩子当宠物养的大闸蟹被蒸熟,在家长的催促下孩子哭着吃下,爸爸询问"什么味道",孩子边哭边回答"香"。

网友评论:有的网友认为父母过于残忍,没有"万物众生平等"理念,缺乏不忍之心与恻隐之心,不能做到如墨子所言的"兼爱",会忽略孩子的想法;有的网友把这看成乐子,说,哭是真哭,香是真香;有的网友则认为部分网友过于上纲上线。

主讲人观点:宠物与食物之间最大的区别是情感连接,前者为我们提供精神价值,后者为我们提供经济价值。父母和孩子对大闸蟹的认知不同,父母对大闸蟹缺乏不忍之心与恻隐之心,不能做到如墨子所言"兼爱",造成了大闸蟹之死的悲剧。父母将自身意志强加于孩子,缺乏换位思考,不具备同情之心与同理之心。在这件事上,我认为正确的做法主要是四点:安全感、鼓励、尊重和善意,正如诗人纪伯伦所说,你的孩子不是你的孩子,他们是生命对于自身渴望而诞生的孩子。

(二)班级同学多维深入评论

聚焦"同理心"与"不忍之心",彰显批判性思维。

刘同学:父母煮了孩子的宠物,伤害了孩子的情感,究其原因是父母缺乏同理心,没能做到设身处地理解,做不到共感与共情。

区同学:我妈妈说她小时候家里的一只狗还是猫,老了后被吃了,她也很难过，这种伤痕一直留在心里。小孩子的情感也是伤害不得的。逗弄，不好笑，更不应该在他们哭得稀里哗啦时，用手机对着他拍视频。我只想问一句，换作是你，你愿意被如此对待吗？

肖同学：爷爷奶奶小时候把我的宠物——两只兔子，做成了麻辣兔头。我不知道，后来到处找，焦急伤心了很久。我自己的观点：家长在处理小孩喜欢的动物时要注意小孩的感受，不要明说要杀死它们，也不要忽略了孩子的情感，如果万不得已真的这样做了，也要采用替代补偿、说服冷处理等温和的方式，别把这种快乐建立在孩子的痛苦之上。

严同学：这件事引发了我们对动物的价值与地位的重新认识。如果作为宠物来养，不管是小狗还是螃蟹，都要平等尊重它们的生。如果是作为食物来对待，活着的时候要尊重其生命，不关押软禁，不虐待；死时也要得安乐，不可太残暴。家长如果有"兼爱之心"，就不会这样做。

杨同学：父母应不应该以"爱"的名义，实施爱的暴力，用错误的方式将自己推向孩子的对立面？父母应该让孩子感到自己是被尊重的，被父母理解的，父母是无条件爱自己的。而冷静的沟通方式，合理的诉求也是孩子与父母沟通需要的必备能力。

吴同学："中国式"家长常忽视或否定孩子作为一个独立人格的价值，正如《红楼梦》中，无论是王夫人视宝玉为自己的生命支柱，还是贾政不问贾宝玉的志趣，将个人意志——读书当官强加于宝玉身上，以保证家族的延续。尽管形式不同，但是在两股压力的裹挟下，作为孩子的宝玉失去了发言权，而他作为个体的价值也被压抑被忽略，这正是曹雪芹在书中含蓄批判的。

张同学：巫同学所讲的事件中，父母不顾孩子感受煮了螃蟹并拍短视频，是属于控制孩子的行为，其内在成因是家长为寻找生存支点产生的畸形的占有欲，是过强的爱与不当心理。《爱的艺术》一书的观点可以让家长意识到孩子的独立性，应与孩子平和尊重地沟通。未来，我们也需要自我反思，我们为人父母后，别成为自己讨厌的那种人，力求成为一代好的父母。

彭同学：在这件事和很多其他事情中，父母低估了孩子的成长，不能照顾孩子的心理需求，他们不能用"同理心"换位思考，总觉得孩子还小，是"小屁孩"，随意决定与处置孩子的事情。

向同学：无论我们父母是不是"中国式"家长，我们都已了解他们对我们的爱。在生活中，我们要更多地去理解他们的行为，更好地倾听他们的声音，然后也以同理之心去沟通交流。当然，我们也希望父母能做得更好，真正做到"己所不欲，勿施于人""己欲立而立人"。

杨同学：我认为如果我们认识到父母就是孩子的样子，那么也应该反思，既反思父母的不足，也反思自身的不足，而不是像俄罗斯套娃一样，做成大大小小一样的人。

（三）老师总结

尊重、沟通、交流、学习。

同学们刚才的分享和发言都非常精彩，特别值得表扬的是同学们看待问题的角度客观理性，能多维分析问题，不宣泄不偏激；能由表及里，由此及彼，深入事件本质。同时同学们善于活学活用，能够把课文里面提到儒家的"不忍之心"与"恻隐之心"的"仁"的思想和墨子"兼爱"的理念用来分析巫同学分享的生活素材。不管是对待宠物还是对待孩子，都需要有"同理之心"和"不忍之心"。因为小孩子是懵懂的，是单纯的，在孩子们的眼里，宠物们是需要被尊重的，其实，孩子们也是需要被尊重的。当然，如果父母不能尊重孩子养的宠物，无法真正做到"兼爱"，孩子会认为父母不会尊重自己，不会站在自己的立场思考问题。当然，作为孩子也需要与父母积极沟通，充分交流。最后，作为"中国式"父母，还需要更多地学习，包括学习与孩子换位思考，从优秀传统文化中汲取精神元素。

（四）主讲人感悟

由情感体悟渐入理性体认。

主讲人：就事实而分析，从"父母将我的'好朋友'端上了餐桌"并拍短视频逗娃的事件，我们看到同理心缺乏和对待宠物时"不忍之心""兼爱之心"的缺乏。在分析现象的同时，也要深究其背后的本质以及成因，成因有历史上的，比如传统守旧思想的残余，也有心理上对孩子的畸形的爱。我们既要考虑以后我们为人父母应该怎么做，也要考虑我们现在应如何面对我们的父母。正如很多同学所讲的一样，我们与父母之间应该沟通，我们既要去理解父母有一些"中国式"家长的行为，同时也要向他们提出自己的想法。

四、活动思考

单元主题活动指向了学科育人与培育语文核心素养。

（1）活动实现从教师传授知识向学生主动学习的转变，课堂教学从"授人以鱼"到"授人以渔"的转变，启发式教学、体验式教学、参与式学习等激发了课堂活力。教学实现了从"以知识传授为中心"到"以关键能力和核心素养培养为中心"的转变。

（2）此次活动依据教材学习提示和单元研习任务设置，体现"考教衔接"的转变，引导教学回归《课标》、回归教材。

（3）活动中引导学生弘扬中华优秀传统文化，对"不忍之心""恻隐之心""兼爱"进行思考，呈现出积极的价值引领；批判性思考父母对待宠物的方式，也体现了批判性思维特征。

（4）此次活动学生有话想说，情境设置合乎学生生活实际，学生能自觉运用教材第二单元所学知识分析、解决现实问题，表现出良好的思维品质，全面展现了学科素养。

第四节　跨学科项目化学习育人功能初探

——在"语言艺术晚会"项目化活动中全面育人

我校每年都会在高二年级举行一场语文晚会，今年，我们本着"以人为本，人人重要"的原则，决定把晚会办成一场学生自主自为，全员参与，人人都可以登台，班班都可以展示，真正属于学生自己的语文晚会。

一、尊重听取学生的意见，拓宽语文晚会的内容与题材

活动进行前，学生组委会采用调查问卷的方式，在学校微信公众号上进行了广泛调查，全面了解了全校高二学生对于晚会的期待。依据书香校园活动的背景，最终将晚会的主题定为"'悦'读经典，'语'我飞扬"。依据同学们的意见，拓宽语文晚会呈现的内容范围，"经典"可以是文学作品，也可以是影视作品、文艺作品；"语"可以指"语文"，也可以指"语言"，同时还谐音"与"。"'语'我飞扬"的意思就是"在语文、语言的活动中，我青春飞扬，生命飞扬"。既宣传语文、语言学习的意义，也集中、强调"飞扬"这一精神，从而达成本活动的目标：给学生广阔的语文空间，让学生青春飞扬，生命飞扬！形式是"语言的艺术"，可以是回味、再现经典，创新经典，也可以是致敬经典。节目类型多样化，可以是朗诵、配音、舞台剧等。节目类型宽泛，学生就有更大的发挥空间，让不同才华的学生有展示自我的舞台。

前几年我们的活动都是采用"朗读者""诗词大会"轮流进行的形式，节目高雅，专业性强。但弊端就是学生参与人数有限，展示面比较窄，能激起的共鸣和影响也有限，结果晚会常常成为某些班级的狂欢，某些班级则多少有些失意落寞。

"子曰：有教无类。"学生作为一个个鲜活的、有主体意识的独立个体，每个人都有自己的特长和弱点，本着"以人为本"的教育理念，晚会首次采用无淘汰制，让所有班全程参与活动，通过具体的节目呈现，让学生在阅读、选材、设计、导演和具体排演的实践中全方位体会语文的魅力、语言的艺术，让高中的语文学习更加丰富多彩。

二、教育无差序

师生共同追求充分体验式活动，共同解决活动中的问题，做到教育无差序。学生彩排的某件事情触动了我们：第一次稿件预审后，部分班级需要修改，重新选材。因为我们是全宿制的高中，学生只有周末才能有空整理稿件。但为了不耽误脚本预选，争取更多时间排练，好几个班级的学生在得知结果的当天，放弃午休时间，立即找负责老师询问落选原因，有的班级甚至当晚就重新调整好选材，出脚本。他们的这种热情是我们在平时的课堂学习中鲜见的，他们的热情比我们想象的浓烈得多，也许这就是兴趣的引导吧！

我们重新思考：于是我们打开思路、集思广益，用大语文的理念来组织此次活动。教育无差序，语文应该是丰富多彩的，语文晚会应该是人人都能参与的。百花齐放的语文活动才能真正触动学生心灵。

但百花齐放，并不意味着放任自流。二十个班级都参加的晚会，时间不应过长，因此我们设定需要塑造人物的舞台剧类节目，时长七分钟，其他类型的节目时长全部限制在五分钟之内。限定时长是为了让学生更好地控制作品的节奏，不拖沓，不冗长，有点有面地反映主题。

初赛检验成果，对于编演有瑕疵的班级提出改进建议。由于初赛过审班级只有8个，节目筹划组根据结果临时加了二次初赛。

二次初赛后已经是第六周周末了，距离我们的决赛只剩两周时间。

高二（3）班的《霸王别姬》中的霸王——项羽台词还是不过关，该演员是自荐的，他高大的形象、逼真的表演让他成了项羽的不二人选，但此时他的台词还是不过关。为了能有更好的演出效果，刘阳同学自告奋勇要在幕后给项羽配音。一周的时间，课间、饭后、午睡前，所有的课余时间都成了他俩练习配合的时间。教室外、教学楼下、宿舍内，随处可见他们练习的身影，他们都笑称自己是在演双簧。正如《孤勇者》所唱，"谁说站在光里的才是英雄"，幕后的配音、导演、剧务、服装、舞美、灯光都是成就一台节目的英雄！

高二（17）班的朗诵《新雪初霁》用雪花串起了《清平乐·画堂晨起》《从军行（其四）》《沁园春·雪》，串起了文学的历史、中华文化的历史。艺术特长同学的伴舞，朗诵特长同学的领诵，唯美的舞台背景，空灵的艺术构思，50个人，50片雪花，紧密团结，齐心协力，共同诠释了班级的青春澎湃。

高二（18）班的《可爱的中国》中的方志敏的扮演者tong，为了达到逼真的表演效果，他主动要求与他对戏的同学，将他的脸用力地按压在行刑台上。听着排练时哐哐的用刑的摔打声，老师真的心疼。可孩子们的自主热情，让他们把每次排练都当作正式演出。这就是心甘情愿的力量吧！不负众望，《可爱的中国》在舞台剧类节目中脱颖而出，获得了特等奖。

高二（20）班的《梦溪·摘星人》是一个原创节目，背景音乐由颇具才华的谭同学谱曲填词。该节目以"中国科技发展"为主题，将古代科学家沈括与近代、现代的两代航天人沈臻巧、沈醇括联结在一起，呈现青年的使命和担当。舞台实验效果、爆炸场面的设计，原创的背景音乐，完美地展示了：梦溪是梦开始的地方，而今，科技早已不是梦！作品新颖的创造性，不啻专业话剧。

两周时间，高二（1）班原创诗歌，剪辑视频；高二（2）班的节目推倒重来，只为呈现更优秀的作品；高二（7）班新加入说唱……一切的变化，都在见证着无淘汰制的魅力。因为有机会，同学们就有展示的动力；因为全员参与，所有人都可以优化节目。全班的智慧凝结在一处，节目质量不断提升。

在决赛还有两周的时候，依然有6个班级的节目第二次初赛不过，它们是（8）班、（9）班、（10）班、（12）班、（14）班、（15）班，于是经协商，让这6个班联合组成"诗意人生"，共同参与决赛。

我们都开始怀疑，我们当初的设想是不是太理想化？因为不是所有班级都能凑到一台有文艺特长的学生表演的节目，有些班级真的人才有限，节目审查的要求又高，有两个班级的学生经过两轮被否决的打击甚至想放弃。我们知道这个想法后更加坚定了自己的初衷，教育应该是无差序的，每个学生都有独特的魅力，我们需要做的就是引导他们找到并发挥自己的特长。于是我们多方面给学生做工作，先肯定他们的付出和优点，再给出合理的建议，比如《茶馆》表演的时候不用刻意模仿京腔，这样容易画虎不成反类犬。比如动员班主任一起做学生工作，因为这不仅是一个节目，更是班级凝聚力的强化的契机。我们的晚会应该是所有人的晚会，是所有学生高中生涯的一次大体验的学习。班主任们也非常赞同我们的这个想法，有两个班级的班主任还与学生一起构思创意。班主任的满腔热情，再次点燃了学生的斗志。短短的两天时间，学生们抛掉了思想包袱，破釜沉舟、背水一战。他们分别选取了历史上经历过挫折但又成就非凡的文人：屈原、司马迁、苏轼、李白、李清照，用他们的人生经历和情志节操诠释自己班级的坎坷经历和永不言弃的毅力。经过组织方的领导、师生全员参与的四次紧锣密鼓的排演，终于在决赛的那天中午，我们所有人都心情轻松。五天之内学生们克服了自身的胆怯、惰性，六个班级联合组成的失意者联盟为我们带来节目《诗意人生》。在六个班级的沟通团结中，建立不一样的友谊，发掘自己独特的才华，在最短的时间内完成了不可能的挑战。他们虽然不是最优秀节目的获得者，但他们每个人都是自己的英雄，这也是人生学习的重要部分！

三、全员展示、异彩纷呈的决赛

设计舞台，制作暖场视频，回顾这五个星期的点点滴滴。学生们激动不已，舞台上尽情绽放，呈现了精彩的会演。晚会效果得到了校领导和同事们的高度肯定。学生们收获的不仅是视听盛宴，身心成长的经验，更有对汉语言、对语文学习的热爱，对优秀文化的理解与传承！

这次晚会，我们做了一个新的尝试，故并未在宣传上大做文章，一直到晚会开始前，组合节目"失意者联盟"的串场词才定下终稿，但这丝毫不影响孩子们的表演热情，他们的青春张扬，他们的自信决绝，他们的生命张力，在走上舞台的那一刻凝结在一起，成为他们决胜的有力武器。屈原"宁溘死以流亡兮，余不忍为此态也"的宁为玉碎，不为瓦全的品格，李白"安能摧眉折腰事权贵"的铮铮傲骨，李清照"生当作人杰，死亦为鬼雄的"巾帼魄力，震撼着台上的每一位演员和场下的所有观众。最后高二（9）班用一首《孤勇者》燃爆全场，将晚会推向一个小高潮，所有演员和观众都齐声高唱："爱你不跪的模样，爱你对峙过绝望，不肯哭一场……战吗？战啊！"完美的复活、新颖的演绎方式，让这群经历过坎坷的学生获得了英雄的称号。是的，谁说胜利者才有精彩？谁说失意者不是英雄？谁的人生没有经历过起起落落？接下来，是一支特殊的队伍，他们满怀坚毅，笑对失意，将挫折失败化为前进的动力，将失意之情化为诗情画意，他们将带领我们走进五位文人的诗意人生，走进失意者的英雄之路。"人可以被毁灭，但不可以被打败"，这是经历过两次初赛的六个班学生最大的收获。

"诗意人生"节目组学生感悟：我们在这次语文晚会的节目筹备过程中改了三次剧本，可以说是十分曲折。而我们也和万念俱灰的司马迁一样，在一次次否定中迷茫。"悦"读经典，不仅是主题上表现了悦，即《红楼梦》有情于天下，生活之意义与乐趣的这份"悦"，带给人重新思考社会关系与关怀、平等，还有通过表达演绎作品的这份"悦"；也体现在能通过潜台词表达顺序，语言内容与细节选取等方面来演绎作品，能更好地表达，传递正能量，展现形象，体会这份更为持久的乐趣。

"悦"读经典，"语"我飞扬，希望我们都能在语文晚会上学到自己终身受用的东西，也希望我们都能明白：生活虽失意，人生犹不止！学会在失意人生里活出诗意！

老师点评：《诗意人生》，这绝不是失意人生，这定将是诗意人生！因为当我们走进图书馆的那一刻，当我们翻开书页的那一瞬，人生，已经悄然改变！

德国哲学家卡尔·西奥多·雅斯贝尔斯曾经说过："教育的本质是一棵树摇动另一棵树，一朵云推动另一朵云，一个灵魂唤醒另一个灵魂。"这场活动确实掀起了一个同学带动另一个同学，一个班级带动另一个班级，班级带动老师的热情的浪潮。

四、活动总结

自为体验的语文活动，真正提升学生语文素养，使学生获得内生式成长。

（1）语文的核心素养不能只在课堂上、书本内、分数上，更应在实践中、在体验中，给学生一方舞台，他们定会展现给我们一个奇迹。全员参与，学生自办的语文晚会，每一个节目都激起了一场场观众的喝彩声和掌声。服装、道具、灯光，舞台各种特效、调度，都是学生们一手完成的。舞台、幕后，配合得天衣无缝。这让我们节目组老师悬了五周的心终于放了下来，而且越来越感到惊喜！

（2）语文学习应该是自主的，人人都能参与的语文活动是丰富多彩的，能够多方位展现学生飞扬的青春，让学生终身受益！整台晚会，乃至每个班的节目，得到了师生、学校领导和学生家长的高度肯定和赞扬。学生审美鉴赏、创造的能力和语言建构与运用能力的提升，让我们一直以来舍不得放开的手彻底松开。

（3）无淘汰制的表演尝试的人性化、人文化关怀，足以引发对过度竞争、残酷内卷的教学教育的矫正。尽管近年来教育部不断强调为中小学生减负，全面推进素质教育，但在高考指挥棒的作用下，"题海战术"的应试教育仍然大行其道。学生为了在考试中获得更好的分数，不得不投身题海。教育"内卷化"，学生和家长都觉得现在的学生越来越累。对于学生来说，无休止地做题、复习，不但身心压力大，而且对于知识的掌握并无益处，只是在机械地、重复地锻炼"得分"能力，这种能力于就业、未来并没有多大作用，现实中高分低能现象相当普遍。教育的目标是培养人才，而任何优秀的人才，都需有自由的精神、博爱的心胸、丰富的心灵、崇高的人格，不仅仅是高效的机器。蔡元培说："教育是帮助被教育的人给他发展自己的能力，完成他的人格，于人类文化上能尽一分子的责任，不是把被教育的人造成一种特别器具。"

一场无淘汰制的语言艺术晚会唤醒了学生们被压抑的纯真、特长、勇气和想象力等"自我"的东西，让平庸无趣的高中生活泛起了涟漪，他们以后的人生也许会因这只"蝴蝶"掀起一场文学的龙卷风。"一枝独秀不是春，百花齐放春满园"，将课堂还给学生，将语文学习交给学生，让语文学习更生动更有趣，让青春的魅力尽情绽放吧，将优秀的文化永久地传承下去！

第四章

浮云擘破月华明

——基于单元主题微专题项目化学习设计与实践

第一节　为青春喝彩，为你来写诗

——跨学科项目化系列学习实践活动

【单元解说】

本单元作为该教材的第一个单元，以"青春激扬"为人文主题，围绕诗歌、小说的阅读鉴赏展开设计。本单元的人文主题是有关青春的体验和思考。一方面考虑到青春的时代性，学生进入高中阶段，正值青春年华，有必要让他们对青春、青年、理想有自觉的体认，在经典作品的启发和引导下对青春的内涵、青年的责任进行思考，树立正确的世界观、人生观和价值观，养成积极向上、奋发有为的人格。另一方面是因为青春主题在文学上的广泛分布，教材尽可能地拓展所选文学作品的范围。本单元选编了词一首、诗四首、当代短篇小说两篇，这些作品都与单元主题相关。突出单元主题，一方面是为了凸显价值观教育，有利于发挥教学的育人功能；另一方面有利于建构学习情境，便于组织"文学阅读与写作"任务群的教学。

《课标》提出：

1."加强实践性，促进学生语文学习方式的转变"，语文课程作为一门实践性课程，应着力在语文实践中培养学生的语言文字运用能力。学习运用祖国语言文字的资源和实践机会无处不在，应增强学生学语文、用语文的自觉意识，积极利用信息技术以及身边的各种资源和机会，通过阅读与鉴赏、表达与交流、梳理与探究等语文实践，积累语言经验，把握语文运用的规律，学会语文运用方法，有效地提高语文能力，并在学习语言文字运用的过程中促进方法、习惯及情感、态度与价值观的综合发展。

2.注重时代性，普通高中语文课程应具有相对稳定的结构和富有弹性的实施机制。应在《课标》的指导下，把握信息时代新特点，积极利用新技术、新手段，建设开放、多样、有序的语文课程体系，使学生语文素养的发展与提升能适应社会进步新形势的需要。

本单元拟开展跨学科信息技术整合项目化系列学习实践活动，在"为你写诗""寻味诗歌之美""好书我推介"等系列微视频录制活动中获得语文素养，实现《课标》的学习要求。

【单元项目案例】

1. 第八周周末作业："歌诗合为事而作——为你写诗"，生活中，总有些事情让你有写诗的冲动，如看到冲向烈火的消防员们，那些人，那些事，那些场景，那些情感，纷纷触动了你。小组合作制作一段微视频"为你写诗"（5~10分钟）。

2. 第七周周末作业：假如要开展"朗读者"活动，请各小组合作制作一段微视频"好书我推介"（5~10分钟），每组提交一份视频作品。

3. 第五周周末作业：小组合作制作一段微视频"寻味诗歌之美"（5~10分钟），每组提交一份视频作品。

【教学目标】

在系列跨学科信息技术整合项目化系列学习实践活动案例开展中，养成核心素养。

1. 小组合作能力，在项目开展中学会小组合作，学会沟通交流。

2. 语言建构与运用能力，在项目活动中学会鉴赏文学作品，创作文学作品，学会朗诵、写实用类项目策划书、制作问卷等。

3. 制作精美课件，制作微视频，学会剪辑图片、视频，录制视频，学会制作PPT。

4. 主题创作活动，内化传统文化自觉传承意识，提升审美鉴赏与创造能力。在选取"灾难来临，讴歌英雄"的主题下，开展系列活动，达到了立德树人的教育目的，具有社会责任感与社会担当的情怀。

【教学设计】

1. 发布系列项目活动任务。

小组合作制作一段微视频"为你写诗"（5~10分钟），要求：小组确定主题对象（对象不限，可以引发诗情即可），搭配相关的照片、图片、视频，原创、改编一首诗歌（现代诗、古体诗词均可）。

请各小组合作制作一段微视频——"好书我推介"，推荐一本好书。（视频MP4格式）

2. 小组项目讨论，制订方案，撰写小组策划书，开始小组项目学习活动。使用多种信息技术媒介手段，如微课、思维导图绘制软件、配音软件、录屏软件、视频剪辑软件、PPT制作软件等。

3. 成果展示，多维多元评价。借助微信公众号、微博、问卷星等工具，传播形式多样。

4. 小组评议，打分，投票评比。老师点评，家长评议，社会评议。

技术路线，如图4-1-1所示。

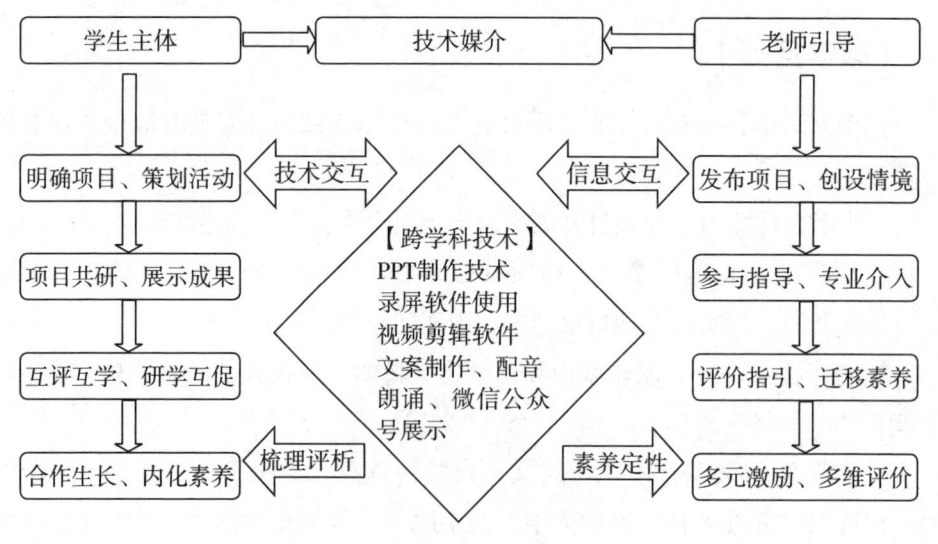

图4-1-1 技术路线

【教学过程】

（一）发布系列任务（略）

（二）学生小组网络在线策划

一、讨论并确定主题

作品名称：红烛。

外文名称：Red Candle。

创作时间：1923年9月。

作品出处：《红烛》。

文学体裁：诗歌。

二、网络查找资料

（一）作者简介

闻一多（1899年11月24日—1946年7月15日），本名闻家骅，字友三，生于湖北省黄冈市浠水县，中国现代伟大的爱国主义者，坚定的民主战士，中国民主同盟早期领导人，中国共产党的挚友，新月派代表诗人和学者。

1912年考入清华大学留美预备学校。1916年开始在《清华周刊》上发表系列读书笔记。1925年3月在美国留学期间创作《七子之歌》。1928年1月出版第二部诗集《死水》。1932年离开青岛，回到母校清华大学任中文系教授。

1946年7月15日，闻一多在云南昆明被国民党特务暗杀。

（二）作品背景

红烛本意是火红的蜡烛，喜庆的象征，红烛也是火鹤的别名。《红烛》是中国现代著名诗集，闻一多的第一部诗作。1923年9月7日出版。初版收62首。人民文学出版社1981年版收103首。题材广泛，内容丰富，或抒发诗人的爱国之情，或批判封建统治下的黑暗，或反映劳动人民的苦难，或描绘自然的美景。构思精巧，想象新奇，语言形象生动。

三、学习目标

（一）把握思想

通过探索《红烛》篇章，把握其内涵与思想感情。

（二）寻找联系

通过《红烛》回看那些灾难，尝试改编诗歌，寻找两者之间的联系，体会在民族危难之际民族情感表达的异同，传播家国情怀正能量。

（三）加强合作

进一步加强小组合作与讨论，增加小组组员间的默契。

四、小组分工

组名：钮祜禄。

组长：梁国敬。

组员（按姓氏拼音排序）：蔡晓蕊、李永亮、林祺皓、刘东阳、刘敏婧。

五、策划内容

（一）工作分配

策划书：梁国敬。

材料检索：李永亮。

PPT制作：蔡晓蕊。

视频配音：刘敏婧。

视频剪辑：刘东阳。

文案：刘敏婧。

审核：林祺皓。

（二）早期策划

通过讨论拟定活动的名称、主题、背景、目的、角色分配、视频的制作方式及内容等，在此基础上进行小组分工和合作。

（三）制作过程

（1）前期：阅读《红烛》及有关材料，品味其思想情感。

（2）中期：根据搜集的材料及本次活动的主题，撰写视频解说词，并确定视频的大致流程，视频的解说文案、分镜、动效、配音等内容。

①通过《红烛》朗诵片段引入主题。

②分三个篇章进行讲解，分别是原诗欣赏、组员改编、为你写诗。

（3）再次确定视频的流程。

（4）后期：视频制作并配音，审核。

（5）末期：撰写心得体会，进行反思。

（6）收尾杀青。

根据成品进一步完善策划书及解说文案的内容，同时小组成员进行讨论审核。最后组长统一整理成果，通过邮箱发给老师。

六、其他

（1）制作时间：2020年4月3日至6日。

（2）成本：由小组成员分担。

（3）版权：作品版权属于钮祜禄组全体成员。

顺德区第一中学高一（1）班钮祜禄组
2020年4月5日

【教学效果与反思】

（1）每次活动，班级全员参与，每个小组提交了一份高质量的"灾难主题项目活动微视频"作品。

（2）同学们在"为你写诗"活动中，学习了古体诗、现代诗，落实了《课标》的语言建构与运用能力。

学生作品节选一：

红烛（改编）

红烛呵，这样红的烛

红得有些不太真实

滴下来的泪，一滴滴的

是血，是含着痛的喜悦

（一）

是谁制的蜡——给你躯体？

是谁把你放在黑暗处

为了放出光来

照亮满屋？

（二）

你在黑暗中等待着，等待着

四周没有一丝光亮，没有半点声音

但你仍默默等着，挺直了身子等着

希望那头顶上的火苗骤然爆发如闪电照亮的那一日

早些到来

（三）

你的身上积了灰尘

你鲜亮的红色变得有些沉闷

更可气的是，老鼠把你的身子咬去了一口

伤口处仿佛要滴血

你的心仿佛在滴血

（四）

那一日终究到来了

你看到了一丝光亮

你被人拿起来，细细端详

"这红烛缺了一块，只能把它放在角落"

你的心好痛，疼痛使你迷惘

但是转念一想

你的宿命是被点燃，

把心头碧血化作光芒

照亮四方

何必为此彷徨？

于是你决定

无论身在何处

定当发光发亮

一如既往

（五）

血和泪，本就是该流的

因为你是红烛，红得耀眼，红得令人心颤

时间一点一滴流逝，佛桌边燃烧的红烛

是你，在发出光亮

照亮了人们的眼，照亮了佛的面庞

或许或许，你突然想

你的命运就应当是佛桌边燃烧的红烛

泪流向下，火焰向上

疫情之下，他们如红烛，点燃自己，奉献他人

疫情之下，他们是红烛，点燃自己，照亮明天

疫情之下，他们是我们心中的光

学生作品节选二：

致白衣

出征

火车的汽笛声响了

你要出发了

昔日的爱人依依不舍

却还是义无反顾踏上了征途

因为你知道

这一次，你爱的他，会理解

承诺

战役的号角响了

你要离家了

年幼的儿女泣涕涟涟

你却还是转身离开

因为你知道

这一次，你的承诺，必须兑现

忘我

结束的铃声响了

你回到了休息室

脱下橡胶手套

才蓦然发现

双手已变得皱缩

但你，却笑了

你可知，你这一笑，比烈日都灿烂

鼓励

病人的呼吸稳了

他竖起大拇指对你笑了

你和他隔着一层防护服

却又紧紧相关联

你举起手，竖起了拇指

你可知，这一刻，真的很美

凯旋

仅以一身白衣

期待一场红色的胜利

仅以一腔热血

期待一次人声鼎沸

感谢你，亲爱的医护

愿冬天过后来的不仅是国泰民安

还有毫发无伤的你

学生作品节选三：

扬我华夏威

高一（1）班　黎同学

糜毒竟起尽毒民，社稷动摇命不平。

百年灾祸独捱过，不绝轩辕千万丁。

飞将奇才今俱在，滥恶阴怪孰敢来？

此役必将永载史，以宣华夏不可轻。

(3) 极大地激发了同学们学习语文、运用语文核心知识的积极性与热情。

高一（1）班第4组活动创作感悟（节选）：

梁同学：虽然完成任务的过程有点漫长和困难，但是感觉小组总体分工很明确，每个人都越来越得心应手了，小组从零到有，凝聚力在慢慢增强。感谢我的搭档和组员给我一个学习与提高自我能力的机会，期待我们小组的成长与进步。

石同学：通过这次小组活动，我渐渐学会了一些视频制作的技巧，改变了原来对视频制作一无所知的状况。我还发现我们小组的小组长是一个非常有耐心的人，会耐心地帮助组员解决问题；除此之外，他还有责任心地揽下小组的一些任务。当然，其他组员也很优秀，大家共同配合完成了小组作业，辛苦小组的组员们了！

廖同学：在这次"为你写诗"的小组活动中，我收获了不少。这次活动，提醒了我，生活本就是诗意的，无事不能作诗，无人不能写诗，执起笔，便有自己的一片苍穹。而写诗也是极其考验一个人的水平的，在押韵形式、深度上都有一定的要求，这更提醒我要观察生活，努力提高自身语文文化素养。同时，这次小组活动更考验组员间的配合能力，这也让我意识到，我们组的配合能力有待提高。期待下次大家做得更好。

麦同学：谈起武汉，是武大，是武大的樱花。梢头轻粉，风袭成雨，在孤影之下，见证着人民"战争"的胜利。满树红衫，一袭白衣，一样的独孤成影，一样的绽放，虽然知道了这最美的时刻的到来，而又难以细细观赏，它与医者的身影重合，堪称完美。正如医者仍以群体而出名，樱花亦以满树繁华而唯美，在人们回首之时，想必不会忘记这片风景。

廖同学：通过这次活动，我收获了许多，不仅是知识方面的，还有实践方面的。我深刻地体会到进行文学创作需要大量的课外积累，才能在落笔时文思泉涌，如有神助；同时，这次活动也大大增强了我的动手能力、业务能力。

(4) 跨学科多媒介技术手段融合，项目任务驱动，丰富了表达手段与方式。

① 搜索引擎。语文项目学习特别强调广泛搜集整理信息，搜索引擎是其中不可或缺的工具，除了门户网站的搜索，老师还要教会学生站内搜索。通过这次活动，不少孩子逐渐具备了从百度学术、知网等快速获取学术资料的能力。

② 微课。语文项目学习强调学生的自主合作探究，但教师和专业人士的直

接指导也是必不可少的。录制微课，可以帮助学生有效突破难点，不断修正学习方向。微课还可以供学生反复观看，能很好地照顾到不同学生的学习进度。在"为你写诗"项目中，诗歌创作的格律知识、诗歌朗诵的技巧被教师和小组成员录制成多节微课，可回放，可定点定时，供同学们反复学习。

③ 思维导图。思维导图是近年来广泛普及的一种用于学习的信息技术，通过呈现思维发展的线索，可以帮学生发展语言能力，而思维导图软件XMind、MindManager更是语言学习的助手，几乎每个语文项目学习中都可以用到。如在"好书我推介"项目中，学生整合文学名著的内容简介时，几乎都用到了思维导图，这极好地训练了学生的概括信息能力、逻辑分析能力。

④ 图片编辑软件。图片编辑软件的运用，可以帮学生再现情境。如在"寻味诗歌之美"项目中，学生通过编辑一系列图片，呈现了繁花盛景，渲染了非常好的诗词意境。

⑤ 视频录制，视频剪辑软件的广泛学习与运用。

录屏软件：嗨格式录屏大师、EV录屏、QVE录屏等。

视频剪辑软件：拍大师、闪电音频剪辑软件、蜜蜂剪辑、会声会影X5、威力导演、神剪辑、视频编辑专家、小影等。从接触到熟练运用，学生在"做中学"。

⑥ 有趣配音。配音软件，可以帮助学生更好地理解人物，体会人物的性格特点，很受学生的喜爱。例如，在"好书我推介"项目中，学生模仿朗读者的主持人，进行名著精彩语段朗诵，体会语言的运用。

⑦ 微信公众号的运作。在"寻味诗歌之美"语文项目学习中，科任老师借助自己的区名师公众号，推出学生的视频作品，获得一致好评。

（5）多元互动、多元评价。

语文项目学习对接真实生活，孩子们沟通交流的对象较之传统课堂有很大拓展。信息技术的采用，将会促成"沟通无极限"。微信、微信群、微信公众号都是师生、生生沟通的工具，在语文项目学习当中，电子化沟通比单纯的课堂发言、讨论更具广度，而持续的交流也更具深度，从而使学生的学习具有一定高度，提升学生的言语实践能力。

如果说微信强调的是即时沟通，微博则更凸显稳定性。随着语文项目学习的深入开展，两个班级都设有微博，促进了师生间、生生间的交流互动。

许多学生都做过问卷，其中问卷题目的设计、问卷结论的撰写都是提升语言能力的途径，但其中的发放、回收、统计、分析等环节非常烦琐。问卷星就成了学生的好帮手。在以研究性学习为主的语文项目学习中，几乎每个项目都使用了问卷星，这大大提高了信息收集的效率。

在系列活动中使用问卷星，包括钉钉课堂的问卷统计，很好地做到了学生评价、老师评价、家长评价、社会评价多维多元，客观真实有效。

升华成果分享。在以往的教学中，学习成果分享的形式以纸质版作业为主，比如习题、作文等。而在跨学科信息化技术整合的项目学习中，学习成果的分享则更为丰富，这主要表现在分享的内容、方法、途径上。

（6）反思。

跨学科信息技术整合项目化系列学习实践活动，需要学生有充分的时间和网络媒介做支撑。在"抗疫情——停课不停学"过程中能够很好地满足这两点要求，学生在家，有电脑和手机可以开展活动，也有足够的时间。如果等返校学习，学生全员寄宿，开展活动就会受到很大的制约。

第二节　涵咏诗意人生，演绎诗歌意趣

——必修上册第三单元微专题项目化学习设计

【单元解说】

本单元聚焦人文主题——"生命的诗意"，选编了自魏晋至唐宋时期的经典诗词作品八首，《短歌行》《归园田居（其一）》《梦游天姥吟留别》《登高》《琵琶行》《念奴娇·赤壁怀古》《永遇乐·京口北固亭怀古》《声声慢》，旨在引导学生学会主动阅读古代中国优秀诗词作品，在感受形象、品味语言和体验情感、尝试文学短评写作等过程中提升语言建构与运用、审美鉴赏能力，从而热爱中华优秀传统文化，增强文化自信。

那么审美素养如何习得？《课标》中提到：语文课程应引导学生在真实的语言运用情境中，通过自主的语言实践活动，积累言语经验，把握祖国语言文字的特点和运用规律，加深对祖国语言文字的理解与热爱。语文素养不是在碎片化的知识传授和技能训练中形成的，应跳出以语言材料为中心的教学组织形式，转向以"单元主题"为中心的微专题活动教学，在微专题活动中教、学、评一体化，解决教与学分离、教与评脱节的问题。

【教学目标】

以单元诗词"朗读者"活动——"致敬经典·品读诗意人生"为驱动主任务，分解为知人论世、细读文本、读写融合、诵演展示等系列微专题项目化学习子任务，达到在活动中学会深度学习古诗词，获得审美鉴赏体验，热爱祖国优秀传统文化的目标。

1. 一述：引导学生通过"知人论世"的方法，制作诗人档案，了解诗人创作诗歌的背景及其相关作品，讲述诗人故事，复述诗歌内容，能从不同时代诗人的创作背景中初步感受诗歌意象，初步领会诗意与诗情。

2. 二品：引导学生完成"我来品诗歌"项目任务，在活动体验中探寻自主读懂的路径与策略，结合课文注释与相关资料，小组研讨，能从诗歌的创作背景、形象、语言、手法、修辞等角度，读懂诗歌内容。

3. 三写：通过微专题比较阅读，深度理解诗人各不相同的人生际遇与选择，读写融合，把对作品的独到理解、分析和鉴赏按任务要求撰写成一篇文学小短评。

4. 四演：组织学生合作设计诗歌主题课本剧脚本，通过吟诵、情境朗诵、配乐吟唱、主题表演等方式，熟悉、熟读、熟背诗歌作品，体会传承传统经典诗歌的音韵美、文辞美、情感美，内化为对中华优秀传统文化的自豪感。

设计说明：学生刚进入高一，对诗词鉴赏缺乏抓手，"不得其法"与"不解其趣"是两个主要问题，需要在系列语文活动中激发学生的学习兴趣，主动学习，学会鉴赏，深度学习，在体验式学习中学有所得！

【教学课时】

8~10课时。

【教学准备】

1. 教师在课前推荐经典的人文历史纪录片，如央视纪录片《苏东坡》、网易视频《曹操》、纪录片《千古风流人物》的"陶渊明篇"、四川卫视纪录片《李白》。

2. 推送电子书《唐诗通解100首》、《唐之韵》、《宋之韵》、《苏东坡传》（林语堂著）、《杜甫传》（冯至著）等材料，进一步加深学生对作品及诗人创作背景的深入了解。

3. 推送往年文学社举办的"朗读者""诗词大会"等创意诗歌朗诵、课本剧大赛等视频。

4. 与家长、科任老师、学长沟通，在班级微信公众号、视频网站参与活动评价。

【教学过程】

（一）发布情境任务

学校一年一度的诗词"朗读者"活动开始了，班级决定在班上进行预赛。班级初赛以"致敬经典·品读诗意人生"为主题进行课本剧表演，前期开展知人论世、细读文本、读写融合、专题研究等活动。本次活动将选编一本班刊《诗词与我·中国古典诗词品评》，并在网上联系相关商铺配套制作一张高质量朗诵CD《致敬经典·我读中国古典诗词》。

演绎活动要求：

（1）各小组的表演诗词从第三单元的8首诗词中选择，课堂上必须完成背诵，并能在老师的指导下把自己对诗词的理解讲给同学们听，接受同学们的提问。

（2）每首诗词还须附上一篇"名作品评"的短评，短评须符合角度集中、见解新颖、思路清晰和富有文采等标准，有一定的鉴赏意义。

（3）"朗读者"作品须以脱稿形式配乐朗诵吟唱，情景式课本剧演绎等创新形式完整展现作品主题。

（二）学习活动

活动一：诗歌之意，追述其人

任务内容：

（1）完成一张完整的"诗人年谱表"，深入了解不同时代诗人的创作背景及其代表作。

（2）设置"诗人有约·说说他们的故事"分享时刻，每位同学都可以分享在搜集整理资料时自己印象最深的一个诗人的故事。

（3）每位同学为自己欣赏的诗人写一段颁奖词，礼赞其独特人格。各小组评选出本组最佳颁奖词，共同制作一份诗人人物宣传海报，并把本组最佳颁奖词配图抄写上去，将所有作品张贴在班级宣传栏上。

设计说明：此任务对应教材69页"单元学习任务一"的内容，教师先安排学生提前分好组，让学生周末在家借助互联网和其他资源进行资料搜集，再在课堂上检验各组的研习成果。不必在一开始就让小组选定目标诗人及其作品，打动人心的作品不只有辞藻，更有作品背后动人的故事，让学生充分了解每位诗人的事迹后再做选择，学生在后续的任务中也会更有完成的动力和兴趣。

活动二：诗歌之妙，品而生趣

任务内容：

（1）小组合作完成对本单元所选诗词以及自选诗词的对比阅读，形成一张完整的"作品鉴赏表"，见表4-2-1。梳理这些诗词的意象特点、语言特色、表达手法和情感表达，揣摩不同时代的作品寄寓的意蕴和情感，进而体会作者独特的艺术创作和人生哲思。

表4-2-1 作品鉴赏表

诗词	意象	意境	艺术手法	语言特点	思想情感
《短歌行》					
《归园田居（其一）》					
《梦游天姥吟留别》					
《登高》					
《琵琶行》					
《念奴娇·赤壁怀古》					
《永遇乐·京口北固亭怀古》					
《声声慢》					

（2）教师示范如何鉴赏诗歌，小组先熟读并能背诵所选的经典诗词，在老师的指导下合作讲解欣赏诗词。

流程：知人论世（颁奖词）→置身诗境（散文化语言翻译诗歌）→我们小组的鉴赏（从情、景、境、法等角度来鉴赏）→小组背诵/朗诵→接受同学提问+提问同学。

（3）设置"辩一辩"微专题研读活动，进行比较整合阅读鉴赏。

如把曹操的《短歌行》与陶渊明《归园田居（其一）》进行对比，提出你认为陶渊明是对现实生活的逃避吗？和曹操在《短歌行》中流露出的珍惜时间、建功立业的情感相比，你更欣赏曹操还是陶渊明的人生选择？等问题；抓

"声音"这一意象，将白居易《琵琶行》与李清照《声声慢》进行对比，让学生思考白居易谪居时所闻琵琶女弹奏的乐器之声，和李清照独居时所闻风拂、雁过、雨落、花谢的自然之声，各有什么特点，勾起了诗人怎样的心绪；将盛唐李白、中唐白居易和跨盛唐、中唐的杜甫的作品进行对比，引导学生分析作者在其中寄寓的对社会、人生不同的思考；将辛弃疾和苏轼的作品进行对比，提出同样是登临怀古，苏轼和辛弃疾各自发出的感慨有何不同等问题。将同一诗人的不同作品进行对比，或将时代相近、风格相似的诗人作品进行对比等，激发学生进一步思考，结合诗人的人生际遇体察诗歌情感，结合时代背景分析诗人在不同生命状态下的人生选择。

设计说明：在学生完成任务一，了解诗人生平背景的基础之上，借助教师提供的诗词鉴赏资料，自主梳理第三单元的八首诗词，分别找出诗词的意象，并能概括意境特点，鉴赏每首诗词运用的主要艺术手法和语言风格特点，结合诗歌内容情感赏析，能从资料的术语中选择合适的词语填入表格。

活动三：诗歌之美，写而得味

1. 任务内容

为本组所选的诗词作品写一篇文学短评。将各组的优秀短评汇编成班刊《诗词与我·中国古典诗词品评》，邀请语文老师、班长和语文科代表等作序，在淘宝上将班刊印刷装订成册。

2. 任务分解

（1）写法指引。

① 阅读课本第69~70页"学写文学短评"内容，展示短评范例。

② 归纳出文学短评写作的具体标准，如角度集中、见解新颖、思路清晰和富有文采等。

③ 给出一定的选题让学生进行参考，如通过对比《短歌行》与《归园田居（其一）》，围绕"进取与退守"这个话题，写一篇文学短评。如思考诗词是怎样通过巧妙的艺术手法表达深刻的意蕴、独特的情感的，围绕这个问题写一篇文学短评等。

（2）评价修改。

完成文学短评，组内进行文学短评的分享、讨论、评分，选择分数最高的一篇短评，小组合作修改，并在全班分享。由各组的"诗词推荐官"朗读本组评选出的优秀诗词短评,见表4-2-2。

表4-2-2 文学短评写作评分表

评分标准	作品序号			
	组内作品一	组内作品二	组内作品三	组内作品四
角度集中(25分)				
见解新颖(25分)				
思路清晰(25分)				
富有文采(25分)				
短评总分				

设计说明:单元的写作任务是"学写文学短评",高一同学初次接触文学短评写作,可能会有些陌生。高中生写文学评论,是属于阅读和写作的基本能力训练,一般只要求对具体的作品进行评论,评论的重点是作品的内容、语言和表达技巧。通过写诗歌文学短评训练,可以让学生在实践中深度研读诗歌内容与艺术特色,属于"读进去""写出来"的训练,并能让学生逐步掌握一些原则:以小见大,叙议结合,"叙"要精当,"议"要聚焦,思路清晰,态度鲜明,有自己独到的见解,客观公正等。

活动四:诗歌之境,演而动情

1. 任务内容

小组选择一首诗词作品,以"致敬经典·我演中国古典诗词"为主题撰写表演脚本,合理创设表演情境、创新表演方式。表演中必须依据设定情节穿插脱稿创意朗诵,设计动作、旁白。各小组互相评价打分,完成剧评。各小组展演视频汇总并在班级群展示,邀请家长、老师、学长参与网络评分。

2. 剧本创作要求

在尊重史实的基本前提下,情节、矛盾、语言表达、结尾收束等设计合理,主题具有创新性,且凸显古诗词的人文性、文学性,根据情节需要可恰当添加细节的叙述,增强作品的表现性,见表4-2-3。

表4-2-3　主题课本剧表演评价表

一级指标	二级指标	组内自评分数	小组互评分数	评价意见说明
主题（20分）	正确理解诗歌作品内涵，编排合理、连贯、完整（10分）			
	主题健康、积极向上，有一定启发性和思想性（10分）			
表演（30分）	角色分配合理，表演自然得体，能够把握人物性格特征，团队配合默契度高（10分）			
	语言流畅、简明，吐字清晰，准确把握台词的语气、语调（10分）			
	情感投入，感染力和表现力强，神态控制和情感流露控制得当（10分）			
节目编排（30分）	节目编排合理，情节跌宕起伏，矛盾冲突明显（10分）			
	时间控制恰当合理（10分）			
	道具、服装安排符合场景需要（10分）			
现场效果（20分）	音乐、音效和短视频运用符合情境需要，能够很好地调动情绪（10分）			
	现场观众反应热烈（10分）			
描述性自评（本次表演收获，不足或改进目标）：		教师评价：		

设计说明：活动旨在引导各小组落实背诵古诗词任务并继续深度阅读古诗词，学会创作诗歌主题课本剧脚本，并以合理的方式表现出来。在体验式表演活动中习得审美素养，获得跨学科综合素养。鼓励多样化配乐诵读展示，与诗词内容相关的剧情穿插其中，可以训练"用语言做事"的能力，一定程度上也培养了创新意识。教师在活动过程中可提供名家诵读音频或演绎的视频，给学生一定的参考和指导。

【教学测评】

（一）写作升格训练

跨组选择一篇文学短评，给出修改理由，做出修改示范，在原文基础上进行润色和提升。

（二）体验诗词创作

朱熹言："古人作文作诗，多是模仿前人而作之。盖学文既久，自然纯熟。"尝试以自己最喜欢的一首诗词为范本，仿写一首诗或词。在仿写中，要形成自己的立意，发挥想象和创造力，用精美的词句表达出来。并在组内进行诗词互评和鉴赏，并进行佳句赏评，再将大家的作品编辑成册。

（三）做一个专业的剧评人

完成古诗词主题课本剧观剧剧评，从脚本、表演、主题演绎等维度评价。

第三节　家乡文化生活，历"旧"弥新

——必修上册第四单元微专题项目化学习设计

【单元解说】

本单元为统编版必修上册第四单元——家乡文化生活。家乡总是牵动着我们的情思，家乡文化涵养了我们的性格、塑造了我们的品格，家乡文化是我们精神生活的重要依托，关乎自己的成长。家乡文化也是中国文化的重要组成部分，关注、参与家乡文化建设是传承传统文化，也是发扬文化自信，增强民族自信心的重要方式。

【教学目标】

本单元要求教师组织学生通过调查、访谈，了解家乡文化现状，引导学生关注、参与家乡文化建设，剖析文化现象，培养自己理性思考、深入认识问题的能力。

【教学课时】

实践活动专题一：活动前期查阅家乡活动相关资料、实地考察家乡风景名胜，走访、总结家乡传统节日风俗等。前期工作由学生自主完成，在课堂上分享交流活动的结论体会，完成任务一，1课时。

实践活动专题二：各小组讨论调查表具体内容的设置，确定调查的对象，小组分配任务，周末回家完成调查表的分发与回收，回校后小组合作完成调查表内容的整理和调查报告的书写，即完成任务二，1课时。

实践活动专题三：根据任务一和任务二的梳理总结情况，引导学生在课上以小组探讨的方式，提出建设最美家乡的具体做法，要体现可操作性，完成建议书的制作，即完成任务三，1课时。

【教学过程】

历"旧"："最美故乡景、最亲故乡人"
——记录家乡的人和物

（一）专题解释

本专题为实践活动专题，学生实地走访，也可以去图书馆借阅地方相关文献资料，或者上网查阅家乡文化生活相关资料，利用电脑，了解在当地影响比较大的人、事。亲身参与体验家乡文化的独特之处。

（二）学习任务

（1）最美家乡景：寻访、参观家乡有代表性的风景名胜，了解风景名胜的发展历程、文化意义。

（2）最亲家乡人：走进博物馆，采访名人后代，深入名人生活的村镇，做好访谈，了解名人的事迹和影响。

（3）将前两个预设任务的结果以文字或者表格的形式呈现，为课堂的交流做准备。

（三）学习活动

活动一：寻访、参观家乡代表性的景点

读万卷书，亦要行万里路。高中学习更注重个人学习能力的培养。首先要根据自己的寻访内容，确定寻访景点的类型，筛选有典型代表意义的风景名胜。通过实地参观，了解其历史发展和成为名胜的文化意义。

提示：可按照不同标准划分类型，聚焦特定文化现象，如反映社会重要价值观的、反映中国人特定审美追求的、弘扬民族精神的、反映历史变迁的等。分小组、分地域同时进行。

调查表格参考样式，见表4-3-1。

表4-3-1　佛山顺德区调查表

寻访的景点	特色、亮点	发展历程	文化意义
杏坛逢简水乡			
佛山祖庙（节日）			
大良清晖园			
顺峰山公园			
伦教香云纱博物馆			
岭南印象园			
……			

活动二：名人"面对面"

分小组走进博物馆，踏访名人的足迹。访谈博物馆的工作人员，拜访名人子孙、亲戚。调查名人所生活村镇的居民，在教师的指导下，了解访谈的相关知识，明确访谈的思路与技巧，落实访谈的问题，为"风物志"的写作准备好基础材料。

访谈相关知识：

访谈的含义及方法

访谈法是指调查员同调查对象接触，通过有目的的谈话搜集资料的方法。根据调查员同调查对象的接触方式，访谈可分为直接访谈和间接访谈。前者是面对面的访谈，后者则是借助某种通信工具进行的访谈。在我国的实际调查中，当面访谈是访谈的主要方式，也有一些调查公司使用电话进行访谈。

访谈有结构性访谈和非结构性访谈之分。结构性访谈是按照事件制定的调查提纲进行，在调查中对问题的解释和说明也是标准的。因此，结构性访谈的特点是比较规范。非结构性访谈没有事先制定的较详细的提纲，只有访谈题目或题目所涉及的几个方面。调查员只就调查的主题提出一些笼统的问题，求得调查对象的回答，甚至有些问题是在访谈中形成的，访谈随着情况的发展深入下去。非结构性访谈适用于事先对调查主题知之不多，或希望深入了解调查对象的情况。相比而言，非结构性访谈得到的资料比较具体、细致、全面，花费的时间也比较多。

访谈的准备及技巧

访谈是调查员同调查对象面对面互动的过程,双方的一言一行都可能会影响访谈的进程与结果。因此,要想得到满意的结果,就要提前做好准备并在访谈中讲究访谈技巧。这包括:①访谈前要尽量做好准备工作,对访谈的主题及包含、涉及的问题做尽可能充分的思考,以备向调查对象提出所要了解的问题;②事先通知调查对象,约定访谈的时间和地点;③尽可能多地了解调查对象的身份、生活背景及其与所调查问题的关系等,以使访谈时发问得体;④一般要提前到场,在约定的地点等候调查对象,如果去调查对象的家庭或工作地点则要准时;⑤从调查对象手中操办的、关心的事情谈起,逐渐引入正题,以与调查对象建立起良好关系;⑥从简单问题入手,启发调查对象充分发表自己的看法;⑦控制话题,避免谈话离题太远,在对方谈话离题时,要善意地、巧妙地扭转他的话题;⑧在整个访谈过程中,始终抱着虚心求教的态度,尊重调查对象,注意使用合适的谈话方式,使对方觉得调查员在认真听他讲话;⑨对重要问题可以用不同方式重复提问,重复对方关于此问题的回答,看其是否肯定此说法;⑩调查员应对所问问题持中立态度,不能发表自己对问题的看法,也不能做引导性提问;⑪经调查对象同意后进行记录。

访谈记录表参考样式,见表4-3-2。

表4-3-2 访谈记录表

对象		性别		年龄	
访谈成员				访谈时间	
访谈提纲				访谈记录	

活动三:撰写家乡"风物志"

访谈结束后,根据内容做好整理,小组汇总调查、访谈结果,撰写家乡"风物志"。写"志"的时候要突出家乡特色。记述人物,要写清楚人物的生平、主要事迹,突出他对家乡的贡献或影响。记述风物,要写清楚其来源、特点、文化价值等。"志"的表述方式以叙述和说明为主,语言力求准确、平实、简明，在记述中自然地融入自己对家乡的思考与情感。

提示：每位同学均要参与活动，进行调查，搜集资料，小组内进行分析总结，确定"风物志"写作主笔人和交流的主讲人。

"风物志"知识补充：

1. 风物志概念介绍

志，是记录的意思，是古代记叙事物、抒发感情的一种文体。所谓风物志，是指对家乡风光、物产、风土人情等的介绍。

2. 撰写对象选取基本原则

应该先选取反映本地历史，体现本地风土民情，对本地文化生活有重要影响的自然景物、建筑、物产、风俗等。

3. 写作对象选取定向

（1）小组讨论，本地有哪些适合写进"家乡风物志"的风物。

（2）确定具体写作对象，并明确选取理由。

（3）初步确定所写的主要话题。

4. 分享交流

每个小组请一名成员上台分享交流寻访、访谈的成果。

提示：按照要求，分析不同景点的特色、发展历程、代表的文化意义，分享时建议使用一定的电子媒介（PPT或资料投影），逻辑清晰，表达得体。

分享过程略。

总结：由此可见，我们的家乡有着各类人物、多样景致和独特习俗，这些都承载着我们丰富的记忆与情感，也许某个人物留下了动人的故事，也许某幢建筑有着不朽的价值，也许某个物件有着特殊的来历，这些都值得我们寻访探究。这些人与物牵动着我们的情思，为我们留下了许多难以割舍的记忆和精神财富。家乡文化是我们个体精神生活的重要依托，也是中国文化的重要组成部分，需要我们去了解、关注、建设、创新与发展！

家乡文化知多少
——调查家乡文化的现状

（一）专题解释

家乡不仅是我们生活的地方，也是对我们进行文化熏陶的场所。关注日常生活的点点滴滴，挖掘生活细节中的文化因素。全面了解家乡文化的历史与变化，发现其独特性，发掘其内在的价值，撰写调查报告，传承弘扬家乡优秀文化。

（二）学习任务

（1）调查家乡的文化生活状况：文化设施是否齐全；使用情况，人们日常都开展哪些活动；有没有图书阅览室；是否经常开展读书活动等。

（2）以小组为单位，通过访谈、调查等方式了解家乡的文化生活现状。做好调查的准备工作，调查前要规划好调查路线，明确调查主题，确定调查对象，设置调查问题，留下详尽的第一手材料（包括影像资料）。

（3）总结调查报告内容，对材料做深入挖掘分析，对家乡文化生活现状有自己的认识和思考。

（三）学习活动

活动一：调查活动策划

1. 确定调查主题

可以选择不同的主题，如人际关系、道德风尚、文物古迹的保护、文化生活的方式等。不求全面，任选一个主题深入调查即可。

也可以选择同一个主题，进行不同内容、区域差别的比较，得出家乡文化生活的特点与独特意义。如节假日深入村镇、公共活动场所，了解传统节日的风俗习惯。

下面的题目可供参考。

（1）家乡文化遗产保护传承情况调查。

（2）家乡群众性业余文化活动调查。

（3）家乡图书室藏书与借阅情况调查。

（4）家乡节日文化习俗、生活方式的变化调查。

2. 确定调查对象

调查对象的组成要尽可能丰富和充裕，从年龄来说，老年人最好，因为他们有丰富的生活经验，不但了解现状，而且知晓传承。从职业来说，社区工作人员具有代表性；都市年轻人，对于现代技术的掌握快，可能远离社区生活，尤其是家乡生活。不同的对象能全面、真实地反映不同方面的状况和问题，可以全面记录家乡生活的社会变化。

3. 设置调查问题、调查形式

广泛搜集材料，与三四名同学进行讨论交流，拟写一份关于家乡风俗文化的调查问卷。

（1）家乡文化遗产保护传承情况调查。

如家乡有什么物质或非物质文化遗产，其数量、年代、历史、保护情况，有什么样的价值，本地公众的认知程度等。

（2）家乡群众性业余文化活动调查。

如有哪些业余文化活动方式，都有哪些群体参与、参与者的特点，可以得出何种结论，哪些方式是当地的主流活动，这反映了当地群众何种精神状态等。

（3）家乡图书室藏书与借阅情况调查。

如家乡图书室藏书的数量、类型，体现了当地对文化的重视程度；图书被借阅的情况反映了当地人的知识结构与价值取向等。

（4）家乡节日文化习俗、生活方式的变化调查。

如家乡有哪些特有的文化习俗或生活方式，目前是否完好地保留，是否有什么变化，产生变化的原因有哪些等。

确定主题后，根据自己的调查任务，确定灵活有效的调查方法，比如问卷调查、街头采访、个别访问、开会调查、现场观察、蹲点调查等。

参考一：

社区活动问题。

1. 您对"社区文化"概念的了解程度（   ）

　A. 了解　　　　　　　　B. 了解一点

　C. 一点也不了解

2. 您对社区文化建设的满意度（   ）

　A. 满意　　　　　　　　B. 比较满意

　C. 一般　　　　　　　　D. 不太满意

　E. 不满意

3. 您最希望社区开展的活动类型（   ）

　A. 讲座培训　　　　　　B. 展览宣传

　C. 文体娱乐　　　　　　D. 社交活动

　E. 公益活动

参考二：

家乡大环境文化生活现状调查

（提醒：如果调查对象为陌生人，先自我介绍，再说一下这次调查的目的；如果是熟人，就直接说一下这次调查的目的，然后对下列问题一一征询。）

1. 二十年前家乡多数人的住房是（　　　）

   A. 土坯草房　　　　　　　B. 瓦房或平房

   C. 自建楼房　　　　　　　D. 商品楼房

   E. 其他

2. 现在您的居住条件是否有所改变（　　　）

   A. 变化较大，居住面积、居住条件及环境大幅改善

   B. 有变化，居住面积变小，居住质量及环境适当改善

   C. 变化不大，居住面积、居住质量及环境适当改善

   D. 没有任何变化

3. 二十年前主要的出行方式为（　　　）

   A. 步行　　　　　　　　　B. 自行车

   C. 摩托车或电动车　　　　D. 公交车

   E. 私家车　　　　　　　　F. 其他

4. 现今主要的出行方式为（　　　）

   A. 步行　　　　　　　　　B. 自行车

   C. 摩托车或电动车　　　　D. 公交车

   E. 私家车　　　　　　　　F. 其他

5. 您认为我们家乡（社区）的建筑有无变化（　　　）

   A. 新增不少楼房，变化很大

   B. 没有新增但有许多旧房改造

   C. 与之前没有什么变化

6. 家乡现今主要的道路设施为（　　　）

   A. 泥土路　　　　　　　　B. 水泥路

   C. 柏油路　　　　　　　　D. 其他

7. 您及身边的人现在的衣着样式如何（　　　）

   A. 像以前那样单调　　　　B. 比以前丰富多了

C.没有太大的变化　　　　D.其他

8. 您现在的饮食状况如何（　　）

　　A.仍以解决温饱为主　　B.饮食有巨大改善

　　C.讲究科学饮食　　　　D.其他

9. 家乡有哪些新建设的文化设施（多选）（　　）

　　A.健身广场　　　　　　B.乡村大舞台

　　C.公园　　　　　　　　D.旅游景点

　　E.其他

10. 您认为家乡的文化设施是否能满足群众需要（　　）

　　A.能，种类丰富且数量足够

　　B.能，数量足够但种类单一

　　C.勉强能，种类足够但数量不足

　　D.不能满足

11. 如今家乡开展文化活动的频率（　　）

　　A.比以前大幅度增加　　B.比以前略有增加

　　C.和以前差不多　　　　D.比以前少

12. 您认为当前的社会风气与以前相比（　　）

　　A.变好了　　　　　　　B.略有变好

　　C.差不多　　　　　　　D.比以前差

13. 您认为现在街边绿化与以前相比有什么变化（　　）

　　A.多了不少且重视保护　B.多了不少但缺乏管理

　　C.没有太大变化　　　　D.其他

14. 您觉得家乡的河流有什么变化（　　）

　　A.干净了不少　　　　　B.略有干净

　　C.没什么变化　　　　　D.脏了很多

15. 您觉得现在家乡的生活幸福吗（　　）

　　A.非常幸福　　　　　　B.比较幸福

　　C.不幸福

16. 您认为与以前相比，家乡变化最大的是哪些方面（多选）（　　）

　　A.城市（乡村）建设发展，公共设施进一步完善，生活环境改善

B. 经济快速发展，对外开放，引进外资，企业发展

C. 政治民主化进程加速，社会法治化增强

D. 思想观念改变，逐渐易于接受社会新鲜事物

E. 其他

17. 二十年前的家乡给您留下最深刻的记忆是什么？

答：_____

_____。

18. 您认为家乡现在最应该注重哪些方面的发展？

答：_____

_____。

19. 您觉得家乡人民的素质有无提高？若有，请列举一两个方面，加以说明。

答：_____

_____。

活动二：整理材料，撰写调查报告

调查报告常识：

1. 概念

调查报告是对某项工作、某个事件、某个问题，经过深入细致的调查后，将调查中搜集到的材料加以系统整理，分析研究，以书面形式写成的报告。

2. 撰写原则

（1）材料真实。调查报告中所运用的材料必须是真实的、确凿无误的。时间、地点、人物、事件不能虚构，数字必须准确，既不能夸大，也不能缩小。这是调查报告最基本的特点。

（2）对象典型。调查报告反映的对象多种多样：正面的、反面的，现实的、历史的，个人的、单位的等事实都可以作为调查对象，写成调查报告。但不管从哪个方面取材，都必须注意典型性。只有调查对象具有典型意义，调查报告才具有现实意义和指导作用。

（3）叙议结合。调查报告以介绍事实材料为主，运用叙述的方法把事情的起因、发展和结果交代清楚，但它不是运用文学方式进行具体描绘和形象刻画，而是让读者具体了解经验的成功之处或教训的失误之处，因此要运用材料叙述来说明问题。为了揭示事物的本质意义，表明作者的主观见解，在叙述的

过程中，作者往往要进行一些议论。但这种议论只能是画龙点睛的，要恰到好处、点到即止。

（4）针对性强。调查报告对象典型，具有指导作用，因此调查报告具有强烈的针对性。调查报告必须有针对性地进行调查研究，对经验或教训认真细致地分析总结，指导人们弄清他们都关心的事情或解决他们迫切需要解决的问题。

3. 常见结构

调查报告常见结构，见表4-3-3。

表4-3-3 调查报告常见结构模板

标题	标题应明确调查的主旨，放在第一页中间
摘要	简要概括报告内容，语言应简明清晰
目录	列出报告主要包括哪几部分
调查背景与目标	调查的背景和设定的目标
调查步骤与方法	怎样实施调查，经历了哪些步骤，运用了哪些方法
调查内容与分析	调查的主要问题，获得的各种信息，可以保留映像信息，对这些信息的分析。这是调查报告的主体部分，可以分成若干段落
结论	总结调查的主要内容，提出自己的看法
建议	简要提出解决问题的措施
参考资料	列出参考的文献资料及其来源

提示：调查报告一般包括上述结构，自己写时也可结合实际情况做一些调整。

活动三：补充情境任务，分小组分享交流调查结果

调查内容还可以宽泛一些，了解家乡节假日的独特形式，探究其背后的文化意义，补充调查、访谈的结果。如：

情境一：过年时留意广东"利是"发放及其独特之处。

情境二：调查元宵节家乡的各种习俗，探究其背后的文化意义。

情境三：查阅资料了解龙舟节的风俗和文化象征。

总结： 地方文化可以反映在各个方面。某地代表性的建筑、街道，甚至一草一木、一砖一瓦、一人一物，都可以是家乡文化的反映。关注当代文化生活，开展社区文化调查，搜集整理材料，对社区的文化生活方式、风俗习惯、思想观念、生活演变等进行分析讨论。通过各种传媒，关注当代文化生活热点，聚焦并提炼问题，参与调查整理家乡文化相关现状，掌握第一手资料，形成自己对家乡文化生活的认识和思考，拓宽、丰富和提升我们认识问题的思维；发展家乡文化，提升我们的主人翁意识，增强我们的归属感，让我们更好地维系人际关系，提高文化生活质量，增强弘扬社会主义核心价值观的自觉性。

弥新：建设最美家乡
——参与家乡文化建设

（一）专题解释

了解家乡的文化生活，主动参与家乡文化建设，是语文学习向课外的延伸，也是当代学生应该担负的责任。在对家乡文化生活调查的基础上，学生们肯定会发现家乡文化需要改善的地方，可以提一些可行性建议。

（二）学习任务

（1）主动参与家乡节假日活动，深刻体会其风俗习惯，结合新时代，宣传、传承家乡文化。

（2）积极参与家乡文化生活的发展建设，为丰富或改进家乡文化建言献策，增强适应社会、知行合一的实践能力。

（三）学习活动

活动一：拟写导游解说词

在前面两个专题的活动中，大家都搜集了自己家乡的优秀传统文化，比如，各类人物、历史建筑、多样景致和节假日独特习俗等，下面请大家分组展示自己的收获，同时选择一个场景，拟写导游解说词，简明扼要地展示自己的家乡，风俗人情、雅趣习俗。

如任选一项民俗活动，向游客介绍民俗活动的过程与意义。

（1）观看导游解说的视频，了解解说词的实用价值。

（2）阅读导游解说词范例，了解解说词写作的基本规范。

（3）选择自己感兴趣的民俗活动，进一步搜集资料。

（4）将自己搜集到的各类资料进行整合，写成一篇知识介绍全面、富有激情与哲理的导游解说词。

（5）在老师的指导下修改解说词。

活动二：举行班际导游解说大赛

（1）用合适的语速、语调反复朗读自己撰写的解说词，达到烂熟于心的程度。

（2）在学习小组或寝室内向其他同学做解说，提升解说技巧。

（3）举行班际导游解说比赛，评选年级优秀解说员。

活动三：家乡文化建设建议书

在实地访谈、调查的基础上，撰写一份家乡文化建设建议书，并在班上分享交流。

建议书相关知识：

1. 建议书概念

建议书是个人、单位和有关部门为了开展工作、完成任务、进行某项活动而提出意见时使用的一种文体，有的也叫意见书。写建议书要认真负责、严肃对待，内容要具体，语言要精练。

2. 建议书的写作格式

（1）在第一行正中写"建议书"三个字。

（2）第二行顶格写接受建议方的名称。

（3）正文：①建议的原因或出发点，便于对方考虑；②建议的具体事项。

（4）表达建议者的愿望。

（5）结尾写表示敬意的话，如"此致敬礼"等语言。

（6）落款写上建议者的名称或姓名，以及写建议书的日期。

【教学测评】

我们通过记录、走访、调查、访谈、撰写调查报告等形式，了解了家乡文化生活的现状，发现了家乡文化生活中的问题，加深了自己对家乡文化的认知，提升了发现问题、解决问题的能力。同时丰富了语文学习的途径，增强了语文实践能力。那么，在日常生活中，我们该如何参与家乡文化建设呢？

请从下列四个任务中任选一项你最喜欢的内容（也可自己选择其他活动），制订小组活动策划方案。

任务一：元宵节制作灯笼及猜灯谜活动。

任务二：端午赛龙舟比赛。

任务三：顺峰山公园文化墙建设。

任务四：社区广场舞比赛。

要求：

（1）活动前、赛前制订好活动计划方案；

（2）活动中、赛中进行文字、图片、影像资料的搜集与保存；

（3）活动后、赛后要有活动总结，包括活动简书、采风照片、采访录音、活动影像等。

第四节　整本书阅读：《乡土中国》的乡土性

——必修上册第五单元"梳理探究，文化传承"微专题设计

【单元解说】

《乡土本色》是《乡土中国》全书的开篇，是全书的基础和总纲。《文字下乡》和《再论文字下乡》分别从空间和时间的阻隔角度阐释文字的多余和乡土社会的特点。本专题通过对总纲的把握，引领同学们在自我阅读的基础上，建构板块间的逻辑关联。

【教学目标】

首先，快速阅读，勾画并理解前3个章节的相关概念。其次，建构3个章节间的逻辑关系。最后，探究论述技巧和语言特色。

【教学课时】

《乡土中国》教学课时整理表，见表4-4-1。

表4-4-1　《乡土中国》教学课时整理表

学习内容	课时
阅读并落实概念内涵	2课时
构建逻辑关联	2课时
探究论述技巧、品鉴语言特色	2课时

【教学过程】

任务一：预习

学生快速阅读《乡土本色》部分，完成任务清单。

任务二：理解概念内涵，初识乡土本色

翻开第一篇文章《乡土本色》，第一句话就开宗明义地提出了一个观点："从基层上看去，中国社会是乡土性的。"这句话是进入全书的一把钥匙，同学们要先把它抓住。可是怎么理解这句话呢？我们上节课说到，要理解学术著作，首先要读懂作者提出的重要概念。在理解概念的基础上才能进一步读懂作者的观点。"乡土社会"就是第一章中最为核心的一个概念。

下面我们一起对照一位同学的任务清单来梳理一下这篇文章的核心内容，见表4-4-2。

表4-4-2 《乡土本色》核心内容梳理表

问题	回答
中国的基层社会指的是什么人组成的社会？	乡下人。
乡下人的土气是怎么来的？	离不了泥土，种地是最普通的谋生办法；不流动。
中国人的乡土本色都有哪些典型的表现？	守着向土地讨生活的传统，世代以农为生；依赖和崇拜土地。
乡下人生活的常态和变态分别指什么？	世代定居是常态，迁移是变态。
中国人最常见的社区单位是什么？	村落。
中国乡下村落的特点有哪些？	村间有隔膜，村内熟悉。
作者用了哪些概念来指称这样的乡下社会？	熟人社会、乡土社会。
作者还提到了哪些社会概念？	礼俗社会、法理社会、现代社会。

经过这一番梳理，同学们一定能够感觉到，"乡土社会"这个概念是费孝通先生从乡下人身上的土气这个现象背后发掘出来的，是他的一个重大的发现，也是他提出来指称中国基层社会特性的一个最为重要的概念。"从基层上看去，中国社会是乡土性的"这个观点，也可以用这个概念转换为：中国的基层社会是一种乡土社会。乡土本色，也就是乡土性，就是中国基层社会的基本特性。正是这一特性，决定了中国基层社会在结构和秩序等其他方面的种种特

征。因此，第一篇《乡土本色》是全书的基础和总纲。

任务三：勾连篇章内容，厘清板块逻辑

阅读第二章、第三章的内容，同学们会看到，《文字下乡》这一章说为什么乡村没有文字，关键是人们不需要，因为他们身处的是一个不流动、面对面的熟悉社会，什么都可以当面说清。作者从文字的不必要，进一步论述了语言在面对面社群里也是不得已而采用的工具。费孝通先生在第二章里说，文字是在人与人传情达意的过程中受到空间和时间的阻隔才发生的。从空间角度说，面对面的熟人社会，人们有话可以当面说，文字是多余的。第三章则从时间角度来看，乡土社会里是不需要文字的，因为亲子之间可以通过语言传递世代的经验。见表4-4-3。

表4-4-3　乡土社会及其生活的特点

篇目	乡土社会及其生活的特点
乡土社会	乡土性：不流动，富于地方性；对人和物都很熟悉，终老是乡；法律无从发生，靠礼俗约束；因熟悉而信任，不太追求普遍的真理。
文字下乡	面对面的社群，不必通报姓名，不需要使用文字，连语言本身都是不得已而采用的工具。
再论文字下乡	语言足够传递世代的经验，不需要借助文字生活。

那么，结合这两章的标题和其他内容来看，这两章表面上是写文字下乡的问题，实际上是通过这个问题来分析乡土社会的特征，是对第一章《乡土本色》乡土性内容的进一步补充。作者告诉我们，乡土社会是一个熟人社会，人们熟悉到不需要使用文字就能满足种种客观的生活需要。当然，我们也可以理解为第二章、第三章在阐述乡土社会的文字使用状况，从而进一步指出了文字下乡的条件和可能性。理解了这一点，前三章的内容我们就算读懂了。在下一章中，费孝通先生就是在这样一个社会特性的基础上提出了"差序格局""礼治秩序"等新的概念，继续论述乡土社会的社会结构和秩序特征等方面的内容。可以说，"乡土社会"是此书最为基础的一个概念，只有理解了这个概念，才能理解这本学术著作立论的基础。

任务四：品读论述技巧，感悟语言特色

理解了前三章的核心内容之后，让我们再来品读一下这本学术著作的论述技巧和语言特色。学术性文章重在以客观、求实的论证来探求科学真理，与非学术性文章之间存在着一定的差异。但是费孝通先生这本《乡土中国》又比较特殊，因为是讲稿，所以采用的是非严格的学术写作手法和本土化的学术研究方法，从论述逻辑到所举事例材料，都非常具有亲和力。比如，为了论述"乡土社会是熟人社会，文字是多余的"这个观点，作者先从反驳"乡下人愚"这个问题写起。再比如，作者重在用比较研究的方法来观察中国社会及文化，通过客观地比较城乡的差异来论证"乡土社会是一个无须文字的社会"，案例材料典型，逻辑思路清晰，语言也较为通俗易懂。

下面就请同学们通过完成下面的三个学习活动，来体会这本书在论述技巧、研究方法和语言特色。

活动一：再次阅读《文字下乡》的第1段到第5段，针对很多人认为乡下人"愚"的观点，作者是如何反驳的？找出相关语句，完成下列填空题。

（1）界定"愚"的判断标准是_____，而不是_____。

（2）驳斥_____方面不及人。论据：_____。

（3）结论：_____。

（4）论证方法：_____。

活动二：细读《再论文字下乡》，圈画出体现城乡生活差异的句子，探究城乡两地的人们对文字的不同需求，填写表4-4-4。

表4-4-4　城乡两地的人们对文字的不同需求

社会类别	生活的差异	对文字的需求
城市社会		
乡土社会		

活动三：顾之川先生在《为什么读〈乡土中国〉》一文中指出：本书善于运用比喻、引用等修辞手法，语言质朴，通俗易懂，形象生动，也不乏幽默诙谐，引人入胜，读来兴味盎然，是语言运用的典范。

请你从前三章中挑选出几个能够体现本书论述语言特色的例子，分享给大家，说一说你推荐的理由。

通过这个活动，同学们可以感受到费孝通先生深入浅出的论述技巧和独特的语言风格。

【教学测评】

联系时代作品，认识乡土变迁。

请同学们通过查阅资料或阅读作品介绍，从鲁迅、赵树理、路遥、铁凝等人的作品中感受乡土社会的变化，完成表4-4-5。

表4-4-5　作品背景表

作品	创作年代	主要内容	乡土社会的变化
鲁迅《呐喊》			
赵树理《小二黑结婚》			
路遥《平凡的世界》			
铁凝《哦，香雪》			

通过这些作品介绍，同学们可以简单地了解到，中国的乡土社会在不断地发生变化。在《乡土本色》一文的最后，费孝通先生说："在我们社会的急速变迁中，从乡土社会进入现代社会的过程中，我们在乡土社会中所养成的生活方式处处产生了流弊。"希望同学们在读后面的部分时，能始终带着反思的心态去了解过去的这个乡土的中国对我们的意义。费孝通先生写的不是现在的中国，而是七十年前的乡土的中国。这个乡土的中国，对我们今天产生很多的影响。了解过去，是为了更好地认识我们的现在，创造更好的未来！

第五节　探寻语言秘密，体悟文化魅力

——必修上册第八单元微专题项目化学习设计

【单元解说】

本单元为高中语文统编版必修上册第八单元"词语积累与词语解释"，指向"语言建构与运用"的核心素养培养。《课标》中对"语言建构与运用"这一核心素养是这样解释的："语言建构与运用是指学生在丰富的语言实践中，通过主动的积累、梳理和整合，逐步掌握祖国语言文字特点及其运用规律，形成个体言语经验，发展在具体语言情境中正确有效地运用祖国语言文字进行交流沟通的能力。"即落实该核心素养的培养，需要积累一定的语言素材，建构语言素材库；通过梳理和整合，把握汉语的特点与运用规律，从感性认知提升到理性归纳；在具体语言情境中，通过语言实践，发展有效运用语言进行交际的能力。

而《课标》所提及的这几点，也恰恰于本单元教材的安排中得到充分体现：本单元"学习活动"部分的"丰富词语积累""把握古今词义的联系与区别""词义的辨析和词语的使用"正是围绕《课标》理念而设置的。

【教学目标】

1. 通过词语家族发展史的学习活动，在建构词语家族、成语积累、流行语积累中逐步充实词语库，并从中了解词语家族繁衍不息的原因。

2. 通过"一词多义""古今异义"梳理、研读材料等活动，学会辨析词义并把握词义变化的规律，认识古今汉语的联系与差异。

3. 通过鲁迅专题阅读沙龙活动，学会对词语进行比较、辨析，并根据表达需要精准选用词语,提升理解和运用词语的能力。

【教学课时】

本单元拟安排6课时,具体如下。

1."丰富词语的积累":了解词语家族发展史,3课时。
2."把握古今词义的联系与区别":回溯古今词义变迁路,2课时。
3."词义的辨析和词语的使用":探索词语选择运用,1课时。

【教学流程】

《探寻语言秘密,体悟文化魅力》的教学流程,见表4-5-1。

表4-5-1 《探寻语言秘密,体悟文化魅力》教学流程

教材板块	主题	学习活动	具体内容	教学目的
丰富词语的积累	了解词语家族发展史	活动一:家族建构,厘清词语的亲疏远近。	1.学生自主查阅字典,厘清"家族"含义。 2.了解词语家族的特点。 3.创作词语家族树。	通过建构词语家族,了解词语之间的内在联系,形成较系统的认知。
		活动二:含英咀华,体会词语的源远流长。	1.了解成语蕴含的古汉语特点。 2.挖掘成语背后的文化因子。	以成语为切入点,在丰富成语积累的同时,感受词语家族文化的博大精深、源远流长。
		活动三:积累新词,感受词语的时代活力。	1.制作"词语档案"。 2.投稿荐词。	以"年度十大流行语"为载体,感受词语家族持续发展的生命活力。
把握古今词义的联系与区别	回溯古今词义变迁路	活动一:追古察今,助力期末。	小组期末"一词多义""古今异义"复习资料汇编。	在落实梳理过程中探究词义引申与演变的规律,了解古今词语的联系。
		活动二:研读变化,精准翻译。	研读材料,观察古汉语单双音节的变化。	通过熟悉的课文节选感受古今词语的差异,将规律迁移运用于文言文翻译。

续 表

教材板块	主题	学习活动	具体内容	教学目的
词义的辨析与词语的运用	探索词语选择运用	活动一：咬文嚼字，品出无限精彩。	1.在细品中体会用词的精准。 2.在对比中感受作家的精益求精。	以文学社"小人物·大情怀——鲁迅的语言艺术魅力探微"鲁迅专题阅读沙龙活动为情境背景，通过四项学习活动的开展，探究词语表达中的选择艺术，提高理解和运用词语的能力。
		活动二：明辨褒贬，析出隐藏情感。	1.标题赏析。 2.文段赏析。 3.迁移运用。	
		活动三：把握语体，读出多彩风格。	"猜一猜"活动。	
		活动四：迁移运用，卷首创作。	为"小人物·大情怀——鲁迅的语言艺术魅力探微"报刊专题撰写卷首语。	

【教学过程】

了解词语家族发展史

（一）学习任务

1.阅读教材关于"丰富词语积累"部分的内容，提前思考相关问题。

2. 班内八个小组分别选定一个成语相关主题，探究成语中蕴藏的文化因子，收集资料、集体探究，并制作课堂展示的PPT。

3. 提前收集2022年上半年具有代表性的流行语，通过网络检索收集相关资料。

（二）学习活动

活动一：家族建构，厘清词语的亲疏远近

1. 学生自主查阅字典，厘清"家族"含义

家族：以婚姻和血统关系为基础而形成的社会组织，包括同一血统的几辈人。——《现代汉语词典》（商务印书馆，第7版）

2. 了解词语家族的特点

家族是建立在"婚姻"（姻亲关系）或者"血统"（血缘基因）基础上的，那么"词语家族"呢？具备哪些条件，若干词语就可以成为同一家族的成员？

141

由此可推出词语家族的特点：

（1）拥有同一"血缘基因"，如同一语素。

法：法律、法案、办法、法力、法理、法术、法网……

量：测量、量杯、量筒、量具、量规、量程、量器……

强：强大、强敌、坚强、强调、强国、强劲、强烈……

（2）拥有"姻亲关系"，如相关联的语义、语音、语法关系。

①语义相关。

同义关系：喜爱/喜欢、采用/采纳、聪明/聪慧、精致/精巧……

反义关系：美丽/丑陋、谦虚/骄傲、相信/怀疑、热闹/冷清……

同表家族成员：父亲、母亲、哥哥、弟弟、姐姐、妹妹、叔叔、阿姨……

同表红色：丹红、绯红、绛红、朱红、殷红、赭红、赤红、大红、粉红、玫红、橘红、火红……

②语音相关。

香、相、乡、襄、箱、湘。

③语法相关。

动人、清脆、晴朗、优雅（同形容词词性）。

活动二：含英咀华，体会词语的源远流长

成语是汉语的精髓，是中华文明的瑰宝。成语中蕴含着重要的文言现象和文化因子，我们亦可从中感受词语繁衍强大的文化根基。

1. 了解成语蕴含的古汉语特点

因不少成语是古汉语的遗存，因此成语常常保留着古代文言词义。下面请同学们尝试根据成语推测文言文字词的意思。

令四面骑驰下，期山东为三处。（《项羽本纪》）/不期而遇（约定）

谁为我临期成此大节者？（《梅花岭记》）/遥遥无期（期限）

夜雪初霁，荠麦弥望。（《扬州慢》）/弥天大谎（满、遍）

奉之弥繁。（《六国论》）/欲盖弥彰（更加）

是寡人之过也。（《烛之武退秦师》）/文过饰非（过错）

从此道至吾军，不过二十里耳。（《鸿门宴》）/过犹不及（超过）

交流环节：你还能举出相似的例子吗？

2. 挖掘成语背后的文化因子

语言是文化的重要组成部分，成语更是其中的"文化活化石"。通过了解蕴藏于成语之中的文化信息，我们不仅能感受到中国源远流长的文化命脉，还能从中了解现代汉语的内涵与源头。

探究展示：课前，班内八个小组分别选定一个主题，探究成语中蕴藏的文化因子，收集资料并集体探究，课上分组上台展示。

如探究成语中的动物文化。

"牛"在成语中多表褒义。有关牛的成语有一百多条，如牛刀小试、牛郎织女、九牛一毛、对牛弹琴、老牛舐犊、泥牛入海、多如牛毛等。成语中的"牛"，往往喻多、喻大，是一个忍辱负重、有爱心的形象。如"老牛舐犊"，是老牛用舌头舔小牛，比喻父母疼爱儿女；"牛刀小试"的"牛刀"比喻有才能的人；"牛鼎烹鸡"的"牛鼎"也比喻大才；"多如牛毛"极言牛毛之多。我国古代是个农业国，牛是农民的命根子，耕作生产要靠它。因此，人们对牛的敬慕心理自古以来就十分浓厚。现在汉语里"牛"依旧多传达正面的情感态度，如词语"牛市""牛人""老黄牛精神"等。

"狼"凶狠残忍，在成语中多表贬义。如"狼心狗肺""狼狈为奸""狼吞虎咽""狼子野心"等都反映了狼的这种凶残本性。"狼心狗肺"指心肠似狼，行为如狗，比喻贪婪凶狠，卑鄙无耻；"狼子野心"常比喻那些坏人凶残狠毒的用心；"狼狈为奸"讲的是狼和狈这两种食肉动物对古人所养牲畜的危害比较大，因而人们常将这两种动物放在一起，用来比喻坏人互相勾结做坏事。与狼有关的成语几乎都与美好、善良无关，成了狡猾、凶残、贪婪的代名词。成语中的"狼"文化延续至今，不过如今不少企业所提倡的"狼性文化"已将狼野性、残暴、贪婪、暴虐的特质变通为一种拼搏的精神运用到事业之中。

活动三：积累新词，感受词语的时代活力

1. 制作"词语档案"

从2008年开始，以语言文字记录时代特征的中国知名语文刊物《咬文嚼字》每年年底都会公布年度十大流行语。"流行语是时代的脚印，是时代在语言中留下的痕迹。"《咬文嚼字》主编黄安靖表示，年度十大流行语的评选，综合考虑了社会学价值及语言学价值，旨在反映时代特征、弘扬正能量、引导语文生活。请从2017—2021年评选出来的"年度十大流行语"中选出2~3个词语制作相关的"词语档案",探究词语来源、含义变化、体现的社会变迁与文化现象。作品将于班级宣传栏中展示。

2. 投稿荐词

《咬文嚼字》编辑部现正征集2022年上半年的流行语,请你投稿推荐2~3个具有代表意义的流行词语,并说明词语的来源、含义、反映的时代风貌,阐述推荐理由。

回溯古今词义变迁路

(一)学习任务

(1)阅读教材关于"把握古今词义的联系与区别"及"学习资源"部分。

(2)梳理课内文言文篇目的古今异义和一词多义现象。

(3)整理一词多义、词义演变的典型示例。

(二)学习活动

活动一:追古察今,助力期末

期末将近,语文老师正组织同学们对高一语文必修上册的文言文篇目进行复习资料的汇编,你们小组分到的学习任务是对该册教材文言篇目所涉及的"一词多义""古今异义"现象进行探究。

(1)梳理教材所涉及的文言文中一词多义、古今异义的有代表性的例子。

(2)根据这些有代表性的例子探究词义引申、词义演变的规律。

(3)请据此写一则文言文词义现象探讨的语言学习札记。

一词多义举例:

绝:"绝"是指事兼会意兼形声字。甲骨文从悬丝,一横指出将丝截断。金文复杂化,成了会意字。小篆简化,并另加声符"卪"(jié)。隶变后楷书写作"絕"。汉字简化后写作"绝"。

《说文·糸部》:"絕,断丝也。从糸,从刀,从卪。"(絕,用刀断丝为二。由糸、由刀、由卪会意。)"绝"的本义为把绳子弄断。

规律探究:

所谓词的引申义,指的是在语言的发展过程中,由词的一个意义产生另外一个或几个与之有关联的意义。词义引申主要有两种方式,第一是"辐射式的引申",即由一个意义向各个不同方向的引申。第二是"链条式的引申",即由甲义引申为乙义,又由乙义扩大引申为丙义,这样一环套一环地引申。然而这两种引申方式不是截然分开的,通常一些古汉语的词义发展是两种引申方式的综合。其引申规律如图4-5-1所示。

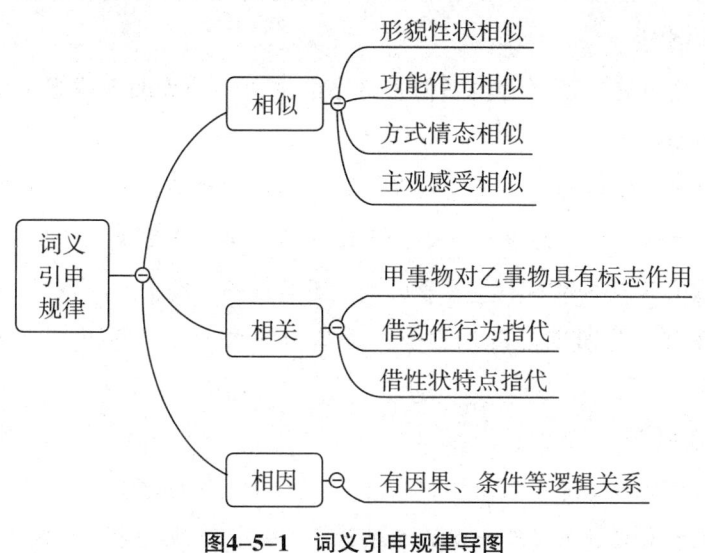

```
                    ┌─ 形貌性状相似
              ┌─相似─┼─ 功能作用相似
              │     ├─ 方式情态相似
              │     └─ 主观感受相似
              │
词义引申规律 ─┤     ┌─ 甲事物对乙事物具有标志作用
              ├─相关─┼─ 借动作行为指代
              │     └─ 借性状特点指代
              │
              └─相因─── 有因果、条件等逻辑关系
```

图4-5-1 词义引申规律导图

活动二:研读变化,精准翻译

1. 研读变化

阅读单元学习资源《语言的演变》及下面三则课文节选,观察不同时期在单双音节上用词有何变化。

先秦时期,用词以单音节词为主。例如:

《劝学》节选:吾尝终日而思矣,不如须臾之所学也。

到了唐代,用词仍以单音节词为主,但双音节词增多。例如:

《师说》节选:古之圣人,其出人也远矣,犹且从师而问焉;今之众人,其下圣人也亦远矣,而耻学于师。是故圣益圣,愚益愚。圣人之所以为圣,愚人之所以为愚,其皆出于此乎?爱其子,择师而教之;于其身也,则耻师焉,惑矣。彼童子之师,授之书而习其句读者,非吾所谓传其道解其惑者也。

到了清代,用词仍多单音节词,但双音节词使用频率大大提升。例如:

《登泰山记》节选:戊申晦五鼓,与子颖坐日观亭,待日出。大风扬积雪击面。亭东自足下皆云漫。稍见云中白若樗蒱数十立者，山也。极天云一线异色，须臾成五彩。日上，正赤如丹，下有红光动摇承之，或曰，此东海也。回视日观以西峰，或得日或否，绛皓驳色，而皆若偻。

2. 精准翻译

下面句子中加点字如何翻译？从中归纳出文言文翻译的注意事项，并收集其他相似的例句。

运用"切分法"翻译，将看似多音节的词语切分为两个或多个单音节词进行翻译。例如：

木直中绳，輮以为轮。（《劝学》。以为：以之为，把……当作……）

小学而大遗。（《师说》。小：小的方面。学：学习）

是故弟子不必不如师。（《师说》。不必：不一定）

生乎吾前，其闻道也固先乎吾，吾从而师之。（《师说》。从：跟随。而：而且）

收集其他例子。例如：

不过三十日。（《廉颇蔺相如列传》。不过：不超过）

今齐地方千里。（《邹忌讽齐王纳谏》。地：土地。方：方圆）

由是感激，遂许先帝以驱驰。（《出师表》。感：感动。激：奋激）

率妻子邑人来此绝境。（《桃花源记》。妻：妻子。子：儿女）

意气勤勤恳恳，若望仆不相师。（《报任安书》。勤：殷勤。恳：恳切）

探索词语选择运用

（一）学习任务

（1）阅读教材关于"词义的辨析与词语的使用"部分的内容。

（2）阅读《故乡》《藤野先生》《孔乙己》《药》《阿Q正传》《祝福》等鲁迅作品，关注作者用词，阅读过程注意圈点勾画。

（二）学习活动

情境背景：学校腾龙文学社计划以"小人物·大情怀——鲁迅的语言艺术魅力探微"为主题，开展鲁迅专题阅读沙龙活动。以下为其中的子活动项目。

活动一：咬文嚼字，品出无限精彩

1. 在细品中体会用词的精准

从鲁迅作品中几处与钱有关的用词中，你感受到小说人物各自有怎样的形象特点？请研读赏析，感受一下鲁迅先生用词的精准。

孔乙己一到店，所有喝酒的人便都看着他笑，有的叫道："孔乙己，你脸上又添上新伤疤了！"他不回答，对柜里说："温两碗酒，要一碟茴香豆。"便排出九文大钱。

——《孔乙己》

老栓看看灯笼，已经熄了。按一按衣袋，硬硬的还在……一个浑身黑色的人，站在老栓面前，眼光正像两把刀，刺得老栓缩小了一半……老栓慌忙摸出洋钱，抖抖的想交给他……黑的人便抢过灯笼……一手抓过洋钱，捏一捏，转身去了。

——《药》

但阿Q这回的回来，却与先前大不同，确乎很值得惊异。天色将黑，他睡眼蒙胧的在酒店门前出现了，他走近柜台，从腰间伸出手来，满把是银的和铜的，在柜上一扔说："现钱！打酒来！"

——《阿Q正传》

明确：在这三篇小说中，几处写到拿钱的动作，写孔乙己付酒钱，用"排"字，显现了孔乙己的穷困与寒酸。写老栓生怕人抢钱，用了"按"字，表现出老栓的胆小与谨慎；写老栓惧怕黑色人，拿钱用了"抖抖"两个字，更刻画了老栓的胆怯；而写黑色人收钱用了"抓"与"捏"两个字，表现出黑色人的凶狠与精明。与先前的不同，写阿Q付酒钱用了"伸"与"扔"两个字，逼真地表现出阿Q的可笑。同是摸钱拿钱，不同的人物，用排、按、抖、抓、捏、伸、扔这些不同的动词，不仅把人物的动作神态形象地表现出来，人物的心理与性格也都真实生动地跃然纸上。

2. 在对比中感受作家的精益求精

以下哪个版本是鲁迅修改后的定稿？请你做出判断并阐述理由。

《祝福》节选版本1：我这回在鲁镇所见的人们中，改变之大，可以说无过于她的了：五年前的花白的头发，即今已经全白，全不像四十上下的人；脸上瘦削不堪，黄中带黑，而且消尽了先前悲哀的神色，仿佛是木刻似的；只有那眼珠间或一轮，还可以表示她是一个活物。

《祝福》节选版本2：我这回在鲁镇所见的人们中，改变之大，可以说无过于她的了：五年前的花白的头发，即今已经全白，全不像四十上下的人；脸上瘦削不堪，黄中带黑，而且消尽了先前悲哀的神色，仿佛是木刻似的；只有那眼睛间或一轮，还可以表示她是一个活物。

明确：《祝福》最初在杂志上发表时用的是"眼睛"，后来收入集子时鲁迅改为"眼珠"。我们平常所说的眼睛除了眼珠，还包括眼皮、睫毛等。从生理学的角度来看，"眼珠间或一轮"比"眼睛间或一轮"要准确、严密得多。饱受打击、精神崩溃的祥林嫂在生命的最后时刻，仅剩"眼珠间或一轮"了，可见其已行将就木。

活动二：明辨褒贬，析出隐藏情感

鲁迅历来长于讽刺，但讽刺秉承公心，冷峭包裹热情，在一种"冰与火"共存的特殊风格中，隐藏着作者对大时代背景下的小人物微妙的情感态度。

1. 标题赏析

请结合小说内容探讨：《药》与《祝福》两篇小说如此命名有何用意？

明确：《药》标题用意：第一，用人血馒头来治病，批判了旧中国人民的愚昧落后；第二，革命者为拯救民众而牺牲，民众却用他的鲜血来做药引，可见革命者的悲哀，也反映了辛亥革命不能深入人心，不能为人民理解；第三，作者在探索真正使中华民族觉醒的良药是什么，虽然还没有答案，但作者提出了思考问题。

《祝福》标题用意：《祝福》起于"祝福"，终于"祝福"。作者以"祝福"为题是为了以故乡鲁镇的重大节日气氛来烘托主人公祥林嫂的悲惨命运，传达出作者对封建吃人礼教的深刻批判与对祥林嫂悲惨一生的深切同情。

2. 文段赏析

也有解散辫子，盘得平的，除下帽来，油光可鉴，宛如小姑娘的发髻一般，还要将脖子扭几扭。实在标致极了。——《藤野先生》

明确：对于清国留学生的这种丑态，作者说"实在标致极了"，"标致"在这里是反语，用副词"实在"加以强调，便增强了这一反语的讽刺力量，强烈表达了作者对清国留学生的鄙夷和反感。

3. 迁移运用

你能否参考上面的范例，举出鲁迅作品中其他巧妙蕴藏作者情感态度的例子并加以分析？

活动三：把握语体，读出多彩风格

"猜一猜"活动：请根据下面人物的话语，判断说话者分别是谁。

（1）"阿呀呀，你放了道台了，还说不阔？你现在有三房姨太太；出门便是八抬的大轿，还说不阔？吓，什么都瞒不过我。"

（2）"不是。走路的人口渴了摘一个瓜吃，我们这里是不算偷的。要管的是獾猪，刺猬，猹。月亮底下，你听，啦啦的响了，猹在咬瓜了。你便捏了胡叉，轻轻地走去……"

（3）"不多了，我已经不多了。"直起身又看一看豆，自己摇头说，"不多不多！多乎哉？不多也。"

明确：（1）是《故乡》里的杨二嫂，运用"阿呀呀""吓"等语气词，语言偏日常口语化，又带有尖酸刻薄的市井气息；（2）是《故乡》/《少年闰土》里的闰土，多短句，偏口语化，且有孩童的活泼气息；（3）是《孔乙己》里的孔乙己，多文言词汇，显得文绉绉的，体现出孔乙己式的迂腐。

活动四：迁移运用，卷首创作

学校槐榆文学社拟在沙龙活动结束后将本次活动的交流成果进行汇编，并于《槐榆文苑》刊登，现诚邀你担任本期杂志的特邀嘉宾，撰写一则简短的卷首语。

要求：

（1）围绕活动主题"小人物·大情怀——鲁迅的语言艺术魅力探微"展开撰写。

（2）用词准确，语言得体，于文字中传递你对鲁迅先生的情感态度。

（3）200字左右。

【教学测评】

（一）语文专题板报

班级现拟围绕"汉语的魅力"这一话题，出一期语文专题板报。现有四个板块面向全班同学征集稿件，请你根据本单元所学知识，选择其中一个板块，撰写一则约200字的学习札记。

  板块一：闲话词语家族。

  板块二：古今词语大不同。

  板块三：名家文笔赏读。

  板块四：说话的艺术。

（二）探究广告中的语言文化

  广告，即广而告之，通过图像、声音、文字等进行推广，而广告词的优劣对推广的效果有着至为重要的影响，其中也有着很多有趣的语言知识。请你尝试收集生活中的广告语，探究蕴藏于广告中的语言文化。

（三）链接高考

  请你根据2017—2022年全国Ⅰ卷的"语言与运用"真题，探究近五年对词语积累、解释、辨析、运用的考查要点与命题趋向，并以小组为单位，进行探究活动总结。

第六节 脚本设计彰显文学创意，项目演绎内化审美素养

——必修下册第一单元微专题项目化学习设计

一、主题项目化学习设计意图解说

跳出以语言材料为中心的教学组织形式，转向以"主题"为中心，以整体化的课程与教学组织形式、让学生在相对完整的情境和任务中自主建构、不断反思和调试中培育素养，因此笔者以"拍摄电影《本色英雄》"为项目主题，让学生创作"电影分镜头脚本"并分角色演绎脚本。学生在项目活动中充分结合文本教材，融入电影学知识，将文本设计成剧本，现场生动演绎项羽人物形象，在脚本设计中彰显了文学创意，内化了审美素养。最后教师以"新晋导演""最佳演员"等奖项作为成果评价方式，有效激发了学生的表演热情，在沉浸式体验角色过程中，学生更好地理解了人物形象，实现了文言文深度学习。

二、主题项目化学习目标解读

1. 以拍摄电影作为任务驱动，全面揣摩、分析项羽人物形象，在完成"电影分镜头脚本"创作项目活动中，实现跨学科知识融合。

2. 通过对历史人物进行理性评价与演绎创作，学生能够深度有效研读文言文篇目，传承了伟大历史人物身上的优秀品质。

三、主题项目化活动学习过程

（一）前置预习任务

开展群文阅读，学生认真阅读课文《鸿门宴》《项羽之死》及《项羽本纪》全文，找出能体现项羽人物形象的典型性句子或段落，进行深度研读。

在这一环节中，学生需要完成3个子任务：

1. 小组用平板接受教师推送的《史记》电子书与《项羽本纪》文言文全文及译文，以课文《项羽之死》为落脚点，通过群文阅读，初步了解项羽的整体人物形象。

2. 小组用平板接收教师推送的项羽的其他相关资料，可在教室希沃白板网络平台查找相关评论文章，开展用文言文给项羽写颁奖词活动。

3. 最后，以小组为单位，根据前期电影鉴赏课程上的相关知识及老师的示范，初步完成《〈本色英雄〉分镜头脚本》的表格内容。

（二）课堂项目化学习活动开展

活动一：项目驱动，群文阅读，立体把握形象

1. 发布项目活动

2022年3月5日，你接到通知，"明星工作室"需要招聘一名学生导演参加校际联盟，协助拍摄一部关于项羽的课本剧电影，请你查阅司马迁的《鸿门宴》《项羽本纪》及《史记》中的其他相关内容，并对项羽人物形象进行精准把握，完成一个场景片段，作为面试材料提交。

2. 项目活动资源支撑

（1）籍长八尺余，力能扛鼎，才气过人，虽吴中子弟皆已惮籍矣。——《项羽本纪》

（2）于是已破秦军，项羽召见诸侯将，入辕门，无不膝行而前，莫敢仰视。——《项羽本纪》

（3）项王曰："此沛公左司马曹无伤言之。不然，籍何以至此？"——《鸿门宴》

（4）范增数目项王，举所佩玉玦以示之者三，项王默然不应。——《鸿门宴》

（5）居数日，项羽引兵西屠咸阳，杀秦降王子婴，烧秦宫室，火三月不灭；收其货宝妇女而东。——《项羽本纪》

（6）汉之二年冬，项羽遂北至城阳，田荣亦将兵会战。田荣不胜，走至平原，平原民杀之。遂北烧夷齐城郭室屋，皆阬田荣降卒，系虏其老弱妇女。徇齐至北海，多所残灭。齐人相聚而叛之。——《项羽本纪》

学生通过研习，能准确得出项羽人物形象：英武过人、霸气凌人、狂妄、愚昧、刚愎自用、暴戾凶残、自矜功伐、残暴等。

此项目活动的设计意图重点在于利用群文阅读的方式，通过知识回顾，让学生初步把握项羽的人物形象。

活动二：教师示范，学生小组自主交流，初步完成脚本创作

教师分别选取《鸿门宴》《项羽之死》某片段作为依据，进行分镜头脚本填写示范，见表4-6-1。

表4-6-1 《鸿门宴》《项羽之死》分镜头脚本

镜号名称	景别	长度	画面内容	解说词	音乐	效果
1.王者较量	近景	30s	项羽与沛公对话： 沛公："臣与将军戮力而攻秦，将军战河北，臣战河南，然不自意能先入关破秦，得复见将军于此。今者有小人之言，令将军与臣有郤。"（沛公表现出愧疚、无辜之神态） 项羽："此沛公左司马曹无伤言之。不然，籍何以至此？"（项羽一边说一边嘴角上扬，声调渐高）	—	增强气氛紧张感的音乐。	愚昧、狂妄。
2.拒不听劝	特写	15s	范增一直看着项王，多次向项王使眼色并拿起玉佩提醒项王，项王斜眼看了范增一次，面不改色，不理会，继续饮酒畅言。	—	舞乐声。	刚愎自用。
3.慷慨悲歌	特写	15s	深夜，项王左手举起酒杯，右手举高，反复多次慷慨悲歌，高唱《垓下歌》。	《垓下歌》	伤感楚歌纯音乐。	失落、绝望。
4.霸王别姬	中景	18s	深夜，项王与虞姬两相依偎，四目对望，一歌一和。	—	分离纯音乐。	不舍、重情。

小组内选出一位组长，组织成员合作完成《本色英雄》分镜头脚本（初稿）填写，见表4-6-2。

表4-6-2 《本色英雄》分镜头脚本（初稿）

镜号名称	景别	长度	画面内容	解说词	音乐	效果

由于涉及跨专业知识，学生对电影分镜头脚本的认识尚不到位，因此教师需在预习环节以《项羽之死》第一部分为例进行电影分镜头脚本创作培训，在前期创作中解释各项目的具体填写要求，可以给学生起到很好的示范作用。如景别的选择共设有"特写（人体肩部以上）""近景（人体胸部以上）""中景（人体膝部以上）""全景（人体的全部和周围部分环境）""远景（被摄体所处环境）"五项。解说词是口头解释说明事物的文体。通过对事物的准确描述、渲染，感染观众或听众，使其了解事物的实情、状态和意义，力争收到宣传效果。此活动的重点是突出项羽的人物形象。通过举例及讲解，能让学生对电影分镜头脚本有进一步的认识。

活动三：学生小组作品成果展示及创作解说

1. 项目任务

你已经通过学生导演面试，2022年3月8日，"明星工作室"确定邀请你作为导演，以《鸿门宴》《项羽之死》为剧本拍摄一部名为《本色英雄》的微电影，时间大约为5分钟。

请你组织班级各小组同学写好简单版分镜头脚本，谈谈切分理由，并做现场表演，进行班级评选。

2. 活动要求

（1）各小组利用智慧课堂多媒体展示平台对分镜头脚本进行展示，每小组共3分钟。

（2）各小组成员选择其中一个分镜头进行现场表演，每小组共3分钟。

（3）表演结束后由老师针对电影分镜头脚本或现场表演进行点评，每组不超过1分钟。

（4）学生以个人为单位，以评分准则为依据，分别对电影分镜头脚本及演员表演进行评分，最后从8组中分别选出3份优秀电影分镜头脚本及3位优秀演员，分别授予"新晋导演"奖及"最佳演员"奖。

本环节要求各小组通过智慧课堂展示平台对分镜头脚本进行展示并选择一个分镜头进行现场表演，每小组共3分钟。表演结束后由老师针对电影分镜头脚本或现场表演进行点评，每组不超过1分钟。本环节设计体现了积极倡导自主、合作、探究的学习方式，为学生创设良好的自主学习情境，帮助他们树立主体意识等。分镜头脚本展示的目的在于观察学生是否能以文本为依据进行深度解读，挖掘能体现人物形象的素材。现场演绎的设计目的在于激发学生的表现欲，让学生在表演中融入英雄人物角色，进一步把握英雄人物形象，提高学生对文本的学习兴趣。奖励机制中的"新晋导演""最佳演员"，要求所有在场学生观众对导演及表演同学进行评分，奖励机制不仅能肯定优秀表演者、优秀"导演"，更能调动学生的参与积极性。要对分镜头脚本及演员表演有准确评价，就要求学生自身对文本有深入把握，对演员的神态、语言等方面有足够的揣摩，如此活动课程也能成为人人参与的、有意义的活动。

活动四：展示文言文颁奖词，深度评价脚本人物

工作室希望在电影最后设计一个彩蛋，内容是以对项羽的评价作为本部影片核心人物的颁奖词。工作室准备参考《项羽本纪》的"太史公曰"形式，尝试用文言文的方式写下自己对项羽的评价，150~200字。

本环节的设计目的在于让学生学有所思，读、演、写结合，通过对文本的把握，脚本创意设计，角色课堂演绎，学会全面、客观、真实地评价历史人物。这项活动很有挑战性，学生兴趣盎然，能很好地激发学生对文言文的阅读兴趣，进一步培养学生的语文学科知识应用能力。

学生作品展示：

项羽者，力拔山兮气盖世，英雄也。巨鹿之战，以寡敌众；江边围困，以一敌百；楚汉战争，破田荣，救彭城，救荥阳，夺成皋。王一生骁勇善战，英勇无敌。世人皆曰帝王无情，然四面楚歌，虞姬起舞，垓下相拥，怎敌铁汉柔情？王一生爱恨分明，重情重义。众人笑君太狂妄，本可东山再起，偏偏于乌江自刎。怎知王一生宁可天下人相负，亦不愿有负于人，傲气也。虽生性狂、心性坚，然生当作人杰，死亦为鬼雄，余以为此乃大丈夫也。（王同学）

人曰西楚霸王，力能扛鼎，才气过人，英勇善战，乃千古绝唱。余以为籍历尽春秋三十，杀敌无数，功不可没。然自矜功伐，暴戾凶残，不得民心，一惜也；鸿门设宴误失杀机，良谋无用，籍拒不听劝，有妇人之仁，二惜也；天欲助之，东渡乌江，位高莫屈尊，亡于东城，三惜也。将军翘楚，籍当之无悔，帝王之位，差矣。（林同学）

活动五：学习测评（任选一题）

1. 千百年来，项羽短暂的一生常常成为诗人、词人创作的材料，如李清照的《夏日绝句》、杜牧的《题乌江亭》、王安石的《叠题乌江亭》等。请你查阅相关的诗句进行模仿，以项羽为创作素材，创作一首绝句或律诗。

2. 在本次电影脚本创作活动中，你认为同学们创作与表演过程做得好与不足之处在哪些方面？请你写一份观察报告，谈谈你的看法。

四、项目化活动课堂情境呈现与项目活动评估

（一）项目活动前期的示范与准备

学生在预习环节中已经对电影分镜头脚本进行了第一轮设计，在课堂上，教师以第一自然段为例进行电影分镜头脚本的梳理与创作设计，给学生起到了示范作用。根据老师所讲授的例子，学生以小组为单位对分镜头脚本进行修改后展示，大大地激发了学生的创作积极性。

（二）项目活动实施驱动文本深度研读

现场表演环节让课堂气氛走向高潮，导演对分镜头脚本的认真分析、演员生动形象的演出带动学生投入到角色中，领悟项羽形象。学生作为"新晋导演"及"最佳演员"的评委，必须对文本有深入的了解，对表演者的语言、神态有细心的观察，这样的做法实际上是让素养在无形中获得。学生在进行分镜头脚本创作或表演时，可能会出现错误，这时学生或老师可用一分钟时间进行点评，指明问题所在，对分镜头脚本创作及现场表演做出准确评价，助力学生进一步完善创作。

（三）学生充分成为项目活动的主人

在本次活动过程中我们发现，每个小组都能根据例子完成电影分镜头脚本的创作，大部分小组能找到至少6个分镜头，最多的可以找到8个分镜头，最少的也能找到5个分镜头。

本活动个别小组对镜头的把握不到位，如第4小组的分镜头中有"四面楚歌"，此镜头并不能正确反映项羽人物形象，最后通过台下观众评委的点评分

析，让"导演"意识到问题所在。在第2小组的展示中演员在表演项羽拒绝渡江时，没有留意到项羽之笑，台下就有评委点出这个问题，学生还说，笑是项羽形象的一大重要体现，此处的笑是项羽知耻重义、本色英雄的体现。

（四）项目活动推进深度学习

我给项羽写颁奖词是本次课堂最有挑战性的环节，大部分学生都能结合《项羽本纪》《鸿门宴》《项羽之死》做到全面看待历史英雄人物，既有对英雄人物的惋惜痛心，又有赞美崇拜，学生结合自己的人生观、价值观对项羽的不同态度与评价最为动人。

五、学生个人评价与反思

不少学生在课后主动前来与老师讨论，有的"导演"分享自己的剧本创作经验，有的同学沉浸在角色扮演中反复打磨，力求完美。同学们表示，这样的课堂太让人难忘了。

第4组组长陈同学获得了本次活动的"最佳导演"奖，她说，一开始做预习的时候是很拒绝的，为了一节课，要花这么长的时间去阅读那几篇文本，并且文本又长又难读，感觉很是吃力。但后面听到可以自己动手写分镜头脚本，马上就有兴趣了。她喜欢看电影，也看过一些相关的书本，但是真正这样自己动手创作剧本拍电影，还是第一次。虽然只是写了一个脚本雏形，但她确定自己喜欢这个工作，觉得"在斟酌镜头选择几个画面的时候特别有意思"。

刘同学以第一名的成绩被评选为"最佳演员"。刘同学是班里有名的"戏精"，他说这是15年里为数不多印象深刻的语文课。"平日里我就模仿一些经典人物。我之所以喜欢当演员，是因为我喜欢这份职业。当演员就可以演不同的角色，是同一个人，却又不是同一个人，好像是在有限生命里活了无限次。很多经典作品中的人物我都喜欢，但在现实生活中却没有什么机会可以表演，我希望有更多这样的语文课（大笑），不仅是为了满足我自己的表演欲，而是我觉得如果大家亲自扮演角色，定能比单纯从文字上分析来得更透彻，也更有趣。"

六、教师设计创作感想

将群文阅读、项目活动、跨学科知识融合在一起是一次试验性挑战。学生通过完成真实可行的项目化活动，在创意脚本设计中做到了全方位深度剖析项羽人物形象性格的多样性。除此之外，课程教学必须在充分考虑学生需要和特点的基础上设计，在与学生的交流过程中了解到，有部分学生在校本课程中接触过《电影鉴赏》，对电影基础知识有一定了解，在日常课前演讲中经常能感受到学生对影视作品的创作与评价有浓厚的兴趣，因此我决定以电影拍摄为主题活动，以脚本创作、角色演绎、文言文评价进行项目任务驱动，激发学生对文本的深度阅读兴趣，做一次跨学科教学实践。尽管举办一次类似的项目活动学习比常规旧式教学所用的精力要多出一倍，但我相信学生在这一系列的项目活动课程中必定有体验感、收获感、幸福感。

第七节　戏剧微专题学习：品读戏剧语言，体悟悲剧之美

——必修下册第二单元微专题项目化学习设计

【教材分析】

统编版必修下册第二单元为戏剧单元，隶属于"文学阅读与写作"学习任务群，其人文主题为"良知与悲悯"。单元课文节选自三部戏剧名作：《窦娥冤》是中国传统戏曲（元杂剧）的代表作品，《雷雨》是中国现代话剧的名作，《哈姆莱特》则是西方戏剧史上占有重要地位的经典剧作。三部剧作都是悲剧，且根据悲剧成因划分，《窦娥冤》为社会悲剧，核心冲突来自个人与社会的冲突；《雷雨》为命运冲突，核心冲突来自个人与他人的冲突；《哈姆莱特》为性格悲剧，核心冲突来自个人与自我的冲突。

三部戏剧均有着深厚的思想、情感意蕴和高超的艺术成就，而又分别呈现出不同时代、地域的风格特点，能够启发学生更好地认识戏剧这一体裁独特的艺术表现方式和一般规律，学会"从语言、构思、形象、意蕴、情感等多个角度欣赏作品，获得审美体验，认识作品的美学价值，发现作者独特的艺术创造"。

【设计理念】

当前戏剧教学存在的问题主要集中体现在以下两个方面。

1. 忽视体裁文本个性化特征，如将剧本当作小说文本，从小说的"三要素"维度鉴赏文本；侧重主题、人物的分析，却忽略对戏剧特点的关注与戏

审美教育的引导。

2. 重文学性轻舞台性，将剧本当作纯粹的书面文本，侧重于知识的讲授与内容的鉴赏，忽视戏剧文学的实践体验。

为解决以上两个问题，本单元教学主张从戏剧的体裁特点入手，带领学生由表及里、由浅入深、由读到演，感受悲剧文学的魅力。单元教学一是侧重引导学生抓住戏剧独有的语言形式（包括人物的台词语言与戏剧的舞台提示），去感受戏剧内容上的特点（包括戏剧的冲突与角色的真实）；二是注重戏剧文学学习过程的读演结合，通过撰写台本、排演剧目、舞台表演等语文学习实践活动，促使学生在沉浸式的体验情境中体悟戏剧的魅力，激发心中的良知与悲悯情怀。

【教学目标】

1. 通过品读戏剧人物语言，把握三部戏剧作品各自凸显的矛盾冲突，了解戏剧冲突集中的特点。

2. 通过探究戏剧舞台语言，在舞台说明中抓住角色演绎的关键之处，深入解读角色形象。

3. 通过校园戏剧节海报设计、讲座沙龙、戏剧表演等情境活动，深入认识悲剧，领略悲剧的艺术魅力，获得审美体验。

4. 在整体学习过程中感受悲剧人物在困境面前勇于抗争的崇高精神，激发良知与悲悯情怀，健全人格培养。

【教学重难点】

1. 通过品读赏析戏剧语言，逐步了解戏剧的体裁特点与文学魅力。

2. 通过撰写台本、排演剧目、舞台表演等语文学习实践活动，沉浸式理解戏剧作品，把握悲剧意蕴，激发心中的良知与悲悯情怀。

【教学课时】

8课时。

【教学过程】

（一）课前任务

（1）阅读《窦娥冤》《雷雨》《哈姆莱特》，了解戏剧情节的前因后果。

（2）绘制人物关系图：根据戏剧情节，分别梳理三部作品的人物关系，并绘制人物关系图。

（3）绘制戏剧科普宣传海报：课下收集资料，了解中国古代戏曲、现代话剧与西方戏剧相关知识，并以小组为单位绘制一份戏剧知识科普海报，于班级"戏剧知识宣传栏"进行展示。

（二）研读人物语言，把握戏剧冲突

活动一：鉴赏《窦娥冤》古典唱词，感受个人与社会的冲突

1. 初读感知，把握情感

古代戏曲离不开唱词。第三折是全曲的高潮部分，其中窦娥的唱词也十分精彩，初读唱词，请你谈谈唱词主要都围绕着哪两个核心词展开。

怨，冤（直接，间接）。

（1）顷刻间游魂先赴森罗殿，怎不将天地也生埋怨。

（2）前街里去心怀恨，后街里去死无冤。

（3）可怜我孤身只影无亲眷，则落的吞声忍气空嗟怨。

（4）没时没运，不明不暗，负屈衔冤。

（5）有一事肯依窦娥，便死而无怨。

（6）不是我窦娥罚下这等无头愿，委实的冤情不浅。

（7）若窦娥委实冤枉，身死之后，天降三尺瑞雪。

（8）你便有冲天的怨气，也召不得一片雪来。

（9）若果有一腔怨气喷如火，定要感的六出冰花滚似绵。

（10）我窦娥死的委实冤枉，从今以后，着这楚州亢旱三年！

（11）那其间才把你个屈死的冤魂这窦娥显！

窦娥反复提到"冤""怨"二字，可见她是受了多大的冤屈，心里藏着多深的怨愤。

2. 书信倾怀，痛陈冤情

请你根据事件的前因后果，以窦娥托梦口吻，给窦娥父亲写一封简短的

信，倾诉自身所受冤屈。

父亲大人膝下：

女儿含冤负屈，三年来冤情始终未雪，望父亲替女儿做主，还我清誉。

孩儿窦娥拜上

明确：书信内容需讲明窦娥所受冤屈：非主动招亲，却反被逼嫁；非恶意杀人，却反被诬陷；信任官府，却被逼认罪。书信语言表达得体即可。

3. 品析唱词，聚焦怨情

（1）请你根据自己对文本的理解，反复有感情地诵读第三折窦娥的唱词。

（2）结合诵读，基于文本赏析唱词中所蕴含的怨愤之情，体会窦娥之冤。

教师示范："为善的受贫穷更命短，造恶的享富贵又寿延。"

窦娥原本以为善有善报、恶有恶报，但悲惨的命运却颠覆了她原本的认知：哪知善的人会遭受贫穷和死亡的威胁，恶的人反而享福、长寿。一个"更"字、一个"又"字，不仅唱出了窦娥冤屈悲剧的处境，也唱出了窦娥对上天不公、正义不存现象的怒斥之声与怨愤之情。

4. 深挖冤源，厘清根因

（1）合作探讨：窦娥之冤是由哪些人共同造成的？请结合文本分析。

直接原因：张驴儿陷害、贪官昏庸、窦娥自身的道德观。

间接原因：婆婆的怯懦软弱、赛卢医的铤而走险。

（2）倘若窦娥当初选择顺从张驴儿的要求，或者不因婆婆而屈从，宁死不认罪，其命运走向是否会有所不同？请你结合原戏剧创作的时代背景，为窦娥改编另一个故事版本，要求符合基本逻辑、时代背景。

明确：在张驴儿父亲被毒死后，窦娥面临两种选择：一是私休，一是官休。倘若私休，窦娥选择顺从张驴儿的要求改嫁，那么一方面，张驴儿流氓无赖、横行霸道的性格可能难以让窦娥与婆婆日子过得安稳幸福；另一方面，事实上元朝对妇女再嫁问题十分严厉，甚至在蒙元统治的元文宗时期，政府还专门立法，命妇夫死不许再嫁，民间对改嫁也颇有微词，窦娥可能因此会遭遇与近代祥林嫂相似的命运。倘若官休，窦娥如出于保护婆婆的角度被迫认罪，则将遭受冤屈，陷入绝境；如宁死不认罪，则蔡婆婆将被屈打成招，甚至会被活活打死，因流氓、贪官的联合作恶，窦娥还可能被判作帮凶，同样蒙冤。

从故事改编中我们可以看到，倘若有别的路走，善良的窦娥最终的命运也终归是不幸的，甚至是走向死亡的。当然，从窦娥的性格逻辑角度考虑，窦娥实际上不会选择顺从改嫁，也不会狠心不顾婆婆，倘若有重来的机会，窦娥大抵也是会坚持原来的选择。由此更可见其本性之善，也更让读者同情其遭遇之悲。

（3）为何善良的窦娥不管选择哪条路，最终都难免遭遇不幸？导致窦娥悲剧命运的根源是什么？

明确：窦娥的不幸，来源于个人与社会的矛盾冲突。在元代初年动荡不安的社会里，人民不但生活贫困，面临倾家荡产、卖儿鬻女的威胁，而且流氓横行霸道、谋财害命，官吏昏庸无能、是非不明，人们的生命安全丝毫没有保证。社会的黑暗导致了一个又一个的窦娥悲剧。窦娥所遇到的矛盾冲突具有一定的普遍意义，其冤狱不是个人的悲剧，而是时代的悲剧。

活动二：挖掘《雷雨》潜台词，体会个人与他人的冲突

1. 比对剧本，研读形象

《雷雨》历经多次修改，存在多个版本。原人教版选用的是人民文学出版社1978年版的《曹禺选集》中的《雷雨》，现统编版选用的是人民文学出版社2004年版的《曹禺选集》。两个版本均出自作者曹禺之手，后者为"原版"，前者为"改版"。

为何统编版最后又选回原来版本的《雷雨》呢？比较阅读两个版本教材选文的差异之处，交流探讨：两个版本的鲁侍萍形象有何不同？

相认前，见表4-7-1。

表4-7-1　比较阅读两个版本教材选文中鲁侍萍形象的差异之处

统编版（原版）	原人教版（改版）
鲁侍萍：如若老爷想打听的话，无论什么事，无锡那边我还有认识的人，虽然许久不通音信，托他们打听点事情总还可以的。	无该句。
鲁侍萍：老爷，没有事了？（望着朴园，眼泪要涌出）老爷，您那雨衣，我怎么说？	鲁侍萍：老爷，没有事了？（望着朴园，泪要涌出。）
周朴园：（惊愕）梅花？ 鲁侍萍：还有一件绸衬衣，左袖襟也绣着一朵梅花，旁边还绣着一个萍字。还有一件——	周朴园：（惊愕）梅花？ 鲁侍萍：旁边还绣着一个萍字。

续表

统编版（原版）	原人教版（改版）
周朴园：你——侍萍？（不觉地望望柜上的相片，又望侍萍） 鲁侍萍：朴园，你找侍萍吗？侍萍在这儿。 周朴园：（忽然严厉地）你来干什么？	周朴园不觉地望望柜上的相片，又望侍萍。半晌。 周朴园：（忽然严厉地）你来干什么？
鲁侍萍：（叹一口气）现在我们都是上了年纪的人，这些傻话请你也不必说了。	鲁侍萍：（叹一口气）现在我们都是上了年纪的人，这些话请你也不必说了。

活动探究：北京人艺首版《雷雨》于1953年开始排演。在《雷雨》刚刚开始排练的时候，鲁侍萍扮演者朱琳曾一度感到困惑："我对这个人物不能理解。周朴园曾经抛弃她，她应该十分恨他，并立刻离开他的家。但剧本中的鲁妈却没有走，她似乎对那里还有许多留恋。这一点我是无论如何也想不通的。"请你在比较研读统编版（原版）与原人教版（改版）鲁侍萍台词的基础上，揣摩鲁侍萍与周朴园三十年后再次见面时的心理，为扮演者朱琳解惑。

相认后两人的心理，见表4-7-2。

表4-7-2　揣摩鲁侍萍与周朴园三十年后再次见面时的心理

统编版（原版）	原人教版（改版）
鲁侍萍：好，我希望这一生不至于再见你。	鲁侍萍：好，我希望这一生不要再见你（周朴园）
周朴园：（由衣内取出皮夹的支票签好）很好，这是一张五千块钱的支票，你可以先拿去用。算是弥补我一点罪过。 鲁侍萍：（接过支票）谢谢你。（慢慢撕碎支票）	周朴园：（由衣内取出支票，签好）很好，这是一张五千块钱的支票，你可以先拿去用。算是弥补我一点罪过。 鲁侍萍接过支票，把它撕了。

思考探究：在认清周朴园残忍的资本家面目、幻想破灭之后，此刻的鲁侍萍又表现出怎样的应对态度？

总结：在现统编版（原版）所选用的版本中，曹禺赋予鲁侍萍更多的人性内涵。既坚强、善良、自尊，又单纯、软弱、多情，这才是真实的侍萍，真实的人性。

过渡语：鲁侍萍为何会有这样的态度转变？我们不妨来探究鲁侍萍态度变化的原因……

2. 探究潜台词，挖掘潜藏信息

潜台词分析卡：导演斯坦尼斯拉夫斯基曾多次说过："请记住，观众来到剧院是为了潜台词，台词可以在家里阅读。"虽然这话是对表演者说的，但这也道出了戏剧欣赏的一个实质性要点：潜台词。潜台词是潜藏在台词下面人物的思维、希望和意图，是台词的真实含义。深入探究对话中的潜台词，更能把握人物的内心想法。

请以小组为单位，合作探究周朴园在与鲁侍萍相认过程中的对话，研读出话语背后的"言外之意""弦外之音"，完成"潜台词分析卡"，从而理解鲁侍萍前后态度转变的缘由，了解二人之间的矛盾冲突所在，见表4-7-3。

表4-7-3 《雷雨》潜台词分析卡

情节阶段	台词	潜台词含义
认出侍萍前	周朴园：你——贵姓？ 鲁侍萍：我姓鲁。	你为何这么熟悉周公馆的环境、动作如此熟练？你是谁？
	鲁侍萍：她不是小姐，她是无锡周公馆梅妈的女儿，她叫侍萍。 周朴园：（抬起头来）你姓什么？ 鲁侍萍：我姓鲁，老爷。	你怎么知道这么多？
	周朴园：那个小孩呢？ 鲁侍萍：也活着。 周朴园：（忽然立起）你是谁？ 鲁侍萍：我是这儿四凤的妈，老爷。 周朴园：哦。	你和她是什么关系？为什么知道这么多内幕？
认出侍萍时	周朴园：（忽然严厉地）你来干什么？① 鲁侍萍：不是我要来的。 周朴园：谁指使你来的？② 鲁侍萍：（悲愤）命！不公平的命指使我来的。 周朴园：（冷冷地）三十年的工夫你还是找到这儿来了。③	①你找到这儿来是不是有什么企图？ ②你幕后是不是还有别人共同参与，打算敲诈我？ ③不出所料，你三十年来都没有打算放过我。
认出侍萍后	周朴园：你静一静。把脑子放清醒点。你不要以为我的心是死了，你以为一个人做了一件于心不忍的事就会忘了吗？①你看这些家具都是你从前顶喜欢的东西，多少年我总是留着，为着纪念你。②	①当年把你和孩子赶出家门，我也是被逼无奈、迫不得已，这些年我始终没有忘记你，忘记这件事。

续表

情节阶段	台词	潜台词含义
认出侍萍后	周朴园：你的生日——四月十八——每年我总记得。一切都照着你是正式嫁过周家的人看，甚至于你因为生萍儿，受了病，总要关窗户，这些习惯我都保留着，为的是不忘你，弥补我的罪过。③	②③我对你是有真感情的，三十年来心心念念，心怀愧疚。
	周朴园：那更好了。那么我们可以明明白白地谈一谈。① 鲁侍萍：不过我觉得没有什么可谈的。 周朴园：话很多。我看你的性情好像没有大改，——鲁贵像是个很不老实的人。② 鲁侍萍：你不要怕。他永远不会知道的。	①既然如此，我们坦诚点，直奔主题。 ②你不要多嘴告诉鲁贵，他知道了会来敲诈，对我没好处。
	周朴园：（忽然）好！痛痛快快的！你现在要多少钱吧？① …… 周朴园：好，好，好，那么，你现在要什么？②	①你不用遮遮掩掩你的真实目的了，直接说你要敲诈多少钱。 ②你肯定是有目的的，说吧，你到底要什么？
	鲁侍萍：（泪满眼）我——我——我只要见见我的萍儿。 周朴园：你想见他？ 鲁侍萍：嗯，他在哪儿？ 周朴园：他现在在楼上陪着他的母亲看病。①我叫他，他就可以下来见你。不过是—— 鲁侍萍：不过是什么？ 周朴园：他很大了。② 鲁侍萍：（追忆）他大概是二十八了吧？我记得他比大海只大一岁。 周朴园：并且他以为他母亲早就死了的。③ 鲁侍萍：哦，你以为我会哭哭啼啼地叫他认母亲吗？我不会那样傻。我明白他的地位，他的教育，不容他承认这样的母亲。这些年我也学乖了，我只想看看他，他究竟是我生的孩子。你不要怕，我就是告诉他，白白地增加他的烦恼，他自己也不愿意认我的。 周朴园：那么，我们就这样解决了。我叫他下来，你看一看他，以后鲁家的人永远不许再到周家来。④	①现在他的母亲是另外一个人，不是你。 ②③他二十多年来都不知道你的存在，以为你已经死了，你不要轻易暴露真相，不可与他相认。 ④我满足你的心愿，但三十年前的恩怨就让它从此掩埋，我们以后不要再有任何联系，你们也不要再来威胁我。

角色扮演：请学生扮演周朴园与鲁侍萍，重现上面的对白，要求充分传递出人物语言背后的潜台词信息。

3. 举一反三，迁移运用

（1）对比研读统编版、原人教版第二幕鲁大海与周朴园斗争部分的台词差异之处，把握二人之间的矛盾点，见表4-7-4。

表4-7-4　统编版、原人教版第二幕鲁大海与周朴园斗争部分的台词差异之处

统编版（原版）	原人教版（改版）
周朴园：（打量大海）你叫什么名字？ 鲁大海：（大笑）董事长，您不要同我摆架子，您难道不知道我是谁吗？ 周朴园：你？我只知道你是罢工闹得最凶的工人代表。	周朴园：（打量大海）你叫什么名字？ 鲁大海：你不要同我摆架子，难道你不知道我是谁么？ 周朴园：我只知道你是罢工闹得最凶的工人代表。
周朴园：（给大海电报）：这是昨天从矿上来的电报。 鲁大海：（拿过去读）什么？他们又上工了。（放下电报）不会，不会。 周朴园：矿上的工人已经在昨天早上复工，你当代表的反而不知道吗？ 鲁大海：（惊，怒）怎么矿上警察开枪打死三十个工人就白打了吗？（又看电报，忽然笑起来）哼，这是假的。你们自己假造的电报来离间我们的。（笑）哼，你们这种卑鄙无赖的行为！	周朴园：（给大海电报）这是昨天从矿上来的电报。 鲁大海：（拿过去读）什么？他们又上工了。（放下电报）不会。 周朴园：矿上的工人已经在昨天早上复工，你当代表的反而不知道么？ 鲁大海：（怒）怎么矿上警察开枪打死三十个工人就白打了么？（笑起来）哼，这是假的。你们自己假作的电报来离间我们的。你们这种卑鄙无赖的行为！
鲁大海：（笑）你不要骗小孩子，复工的合同没有我们代表的签字是不生效力的。 周朴园：哦，（向仆人）合同！（仆人由桌上拿合同递他）你看，这是他们三个人签字的合同。 鲁大海：（看合同）什么？（慢慢地，低声）他们三个人签了字。他们怎么会不告诉我，自己就签了字呢？他们就这样把我不理啦。 周朴园：对了，傻小子，没有经验只会胡喊是不成的。	鲁大海：（笑）你不要骗小孩子，复工的合同没有我们代表的签字是不生效力的。 周朴园：合同！ 仆人进书房把合同拿给周朴园。 周朴园：你看，这是他们三个人签字的合同。 鲁大海：（看合同）什么？（慢慢地）他们三个人签了字？（伸手去拿，想仔细看一看）他们不告诉我，自己就签了字了？ 周朴园：（顺手抽过来）对了，傻小子，没有经验只会胡喊是不成的。

167

续表

统编版（原版）	原人教版（改版）
鲁大海：（对仆人）你们这些混账东西，放开我。我要说，你故意淹死了两千二百个小工，每一个小工的性命你扣三百块钱！姓周的，你发的是绝子绝孙的昧心财！你现在还—— 周萍：（忍不住气，走到大海面前，重重地打他两个嘴巴）你这种混账东西！ 大海立刻要还手，但是被周宅的仆人们拉住。 周萍：打他！ 鲁大海：（向周萍高声）你，你！（正要骂，仆人一起打大海。大海头流血。侍萍哭喊着护大海） 周朴园：（厉声）不要打人！	鲁大海：你故意淹死了两千二百个小工，每一个小工的性命你扣三百块钱！姓周的，你发的是绝子绝孙的昧心财！你现在还—— 周萍：（冲向大海，打了他两个嘴巴）你这种混账东西！ 大海还手，被仆人们拉住。 周萍：打他！ 鲁大海：（向周萍）你！ 仆人一起打大海。大海流了血。 周朴园：（厉声）不要打人！
鲁侍萍：（大哭起来）哦，这真是一群强盗！（走至周萍面前，抽咽）你是萍，——凭，——凭什么打我的儿子？ 周萍：你是谁？ 鲁侍萍：我是你的——你打的这个人的妈。 鲁大海：妈，别理这东西，您小心吃了他们的亏。 鲁侍萍：（呆呆地看着周萍的脸，忽而又大哭起来）大海，走吧，我们走吧。（抱着大海受伤的头哭）	鲁侍萍：（大哭）这真是一群强盗！（走至周萍面前）你是萍……凭——凭什么打我的儿子？ 周萍：你是谁？ 鲁侍萍：我是你的——你打的这个人的妈。 周萍：妈，别理这东西，小心吃了他们的亏。 鲁侍萍：（呆呆地望着周萍的脸，又哭起来）大海，走吧，我们走吧！

（2）赏析第二幕第二部分周朴园、鲁侍萍两个人物富有言外之意的话语，以旁批的方式写出其背后蕴藏的潜台词。

活动三：研读《哈姆莱特》独白，理解个人与自我的冲突

情境背景：顺德区第一中学戏剧大赛即将开始，班级决定组织表演《哈姆莱特》第三幕第一场参赛。得知消息，你计划报名竞选本剧主角哈姆莱特这一角色。为了更准确传神地演绎哈姆莱特的形象，你需要下一番苦功夫——

1. 复述故事情节，了解现实困境

根据课前所绘制的《哈姆莱特》人物关系图，简要复述故事情节，厘清第三幕中哈姆莱特面临的现实困境。

2. 把握人物状态，演绎疯癫外在

阅读教材第三幕第一场的内容并思考：此时此刻，在周围人眼中，哈姆莱特的精神状态如何？请结合文本分析。

国王：你们不能用迂回婉转的方法，探出他为什么这样神魂颠倒，让紊乱而危险的疯狂困扰他的安静的生活吗？

罗森格兰兹：他承认他自己有些神经迷惘，可是绝口不肯说为了什么缘故。

吉尔登斯吞：他也不肯虚心接受我们的探问；当我们想要引导他吐露他自己的一些真相的时候，他总是用假作痴呆的神气故意回避。

奥菲利娅：哎哟，天哪！救救他！

奥菲利娅：天上的神明啊，让他清醒过来吧！

疯癫/假装疯癫。

3. 研读经典独白，深入矛盾内在

（1）戏剧观摩，合作研讨：观摩哈姆莱特"生存还是毁灭"这一段人物独白的戏剧表演视频，并在合作探讨中完成表格任务。

哈姆莱特看似疯癫，实则清醒，一句"生存还是毁灭，这是一个值得考虑的问题"（To be or not to be—that is the question）流传至今，也足见此刻哈姆莱特内心的挣扎与痛苦。请结合本段独白，探讨其在"生存"与"毁灭"背后实际面临的抉择和矛盾有哪些？见表4-7-5。

表4-7-5 "生存"与"毁灭"背后实际面临的抉择和矛盾模板

背后考虑的问题（The question）	生存（To be）	毁灭（Not to be）
（教师示范）是否报仇	报仇，但可能死亡	不报仇，苟且活着

明确：在"生存"与"毁灭"背后实际面临的抉择和矛盾完整表，见表4-7-6。

表4-7-6 "生存"与"毁灭"背后实际面临的抉择和矛盾完整表

背后考虑的问题（The question）	生存（To be）	毁灭（Not to be）
（教师示范）是否报仇？	报仇，但可能死亡。	不报仇，苟且活着。
是否马上报仇？	马上报仇，但未必成功。	继续等待，忍受煎熬。
选择生还是死？	生存，久困于患难之中。	死亡，但死后是不可知的。
选择怎样的人生？	默然忍受命运的毒箭。	挺身反抗人世的苦难。

（2）人称研读，破解奥秘：在尝试演绎该段独白过程中，你提出了自己的一大困惑：这段独白明明是哈姆莱特自己个人在纠结复仇与否、求生还是择死的问题，可为何台词里屡屡提及的却是"我们"而不是"我"？

① 要是在这一种睡眠之中，我们心头的创痛，以及其他无数血肉之躯所不能避免的打击，都可以从此消失，那正是我们求之不得的结局。

② 因为当我们摆脱了这一具朽腐的皮囊以后，在那死的睡眠里，究竟将要做些什么梦，那不能不使我们踌躇顾虑。

③ 倘不是因为惧怕不可知的死后，惧怕那从来不曾有一个旅人回来过的神秘之国，是它迷惑了我们的意志，使我们宁愿忍受目前的磨折，不敢向我们所不知道的痛苦飞去？

④ 这样，重重的顾虑使我们全变成了懦夫，决心的赤热的光彩，被审慎的思维盖上了一层灰色，伟大的事业在这一种考虑之下，也会逆流而退，失去了行动的意义。

明确：独白里多次出现了"我们"，说明哈姆莱特思考的已经远超复仇本身，远超个人层面，他在与自我对话，也在与你、与我、与我们每一个普通的"人"对话，他所深思的是人类面对生存的意义、生的痛苦与死的疑惧、思与行的矛盾等共通的人生问题。这也充分体现了哈姆莱特的人文主义思想。

（3）联系对白，进阶探索：与此同时你还有一个新的发现：除了自我独白过程中多处用"我们"一词外，其在第三幕第一场与奥菲利娅对话过程中，明明对话对象只有奥菲利娅一人，但哈姆莱特却屡屡提及"你们"。这里的"你们"指的又是谁？

① 因为聪明人都明白你们会叫他们变成怎样的怪物。

② 我也知道你们会怎样涂脂抹粉；上帝给了你们一张脸，你们又替自己另

外造了一张。你们烟视媚行，淫声浪气，替上帝造下的生物乱取名字，卖弄你们不懂事的风骚。

明确：哈姆莱特此刻虽是在与奥菲利娅对话，但又不单纯将话题指向奥菲利娅，他借着这对话控诉他不贞洁的母亲、心肠恶毒的叔父，以及一切把美好品性毁灭掉的人类。

PPT链接：

此前哈姆莱特是如此评价人类的：人类是一件多么了不得的杰作！多么高贵的理性！多么伟大的力量！多么优美的仪表！多么文雅的举止！在行动上多么像天使！在智慧上多么像一个天神！宇宙的精华！万物的灵长！（第二幕第二场）

明确：哈姆莱特个人与自我的冲突，不仅仅是源于生存与毁灭的矛盾痛苦，更是源于人文主义美好理想与残酷现实之间的对立割裂。

4. 撰写内心独白，体悟伪中之真

综观哈姆莱特的独白与对白，两者刚好形成了"真话"与"伪话"的反差。阅读文中哈姆莱特与奥菲利娅的对白，根据上节课所学，揣摩哈姆莱特话语背后的潜台词，理解其"伪话"背后真实的想法。同时请你结合两人的对话，在对话结束后补充一段哈姆莱特的内心独白，更好地走进哈姆莱特的精神世界。

（三）研读舞台语言，演活人物角色

活动一：初识提示，简要介绍

舞台提示说明书制作：戏剧的一大特色在于它不仅是书面阅读的作品，还是舞台展现的作品，戏剧的舞台提示是戏剧重要组成部分之一。请你认真品读本单元三部作品的"舞台提示"，以说明书形式简要介绍舞台提示的样式和作用。

明确：舞台提示又称"舞台说明"，是剧作者根据演出需要，提供给导演和演员的说明性文字，是剧本语言不可缺少的一部分。舞台提示包括剧中人物角色提示，剧情发生时间、地点、服装、道具、布景，以及人物的表情、动作、上下场等。这部分语言一般简练明确，出现在每一幕（场）开端、结尾和对话中间，一般用括号括起来。中国传统戏曲剧本中的科介也属于舞台提示，多用于标示人物动作、表情以及艺术效果。

活动二：研读提示，模仿撰写

在周朴园与鲁侍萍越来越深入的对话之中，周朴园越来越吃惊，而鲁侍萍则强忍愤恨一点点透露着自己三十年来悲惨的际遇与自己的身份,情节一步步推向高潮,双方矛盾越来越剑拔弩张。

1. 于细节处读懂周朴园

在多次询问鲁侍萍身份的过程中,作者对周朴园的表演有较多的舞台提示,请你结合文本片段的舞台提示揣摩周朴园内心的情感波澜,并给予相应的表演提示。

2. 于空白处还原鲁侍萍

此部分对话中鲁侍萍的舞台提示相对较少。请你合理设想鲁侍萍多次回应自身身份时的语气、神态或动作各有何不同,模仿原剧本,以舞台提示形式进行还原,并给出相关的表演提示,见表4-7-7。

表4-7-7 剧本内容提示表

剧本内容	周朴园表演提示	鲁侍萍表演提示
鲁侍萍:哦。——老爷没有事了? 周朴园:(指窗)窗户谁叫打开的? 鲁侍萍:哦。(很自然地走到窗前,关上窗户,慢慢地走向中门) 周朴园:(看她关好窗门,忽然觉得她很奇怪)你站一站。(侍萍停)你——你贵姓? 鲁侍萍:(　　)我姓鲁。 …… 鲁侍萍:她不是小姐,她是无锡周公馆梅妈的女儿,她叫侍萍。 周朴园:(抬起头来)你姓什么? 鲁侍萍:(　　)我姓鲁,老爷。 周朴园:(喘出一口气,沉思地)侍萍,侍萍,对了。这个女孩子的尸首,说是有一个穷人见着埋了。你可以打听到她的坟在哪儿吗?		
周朴园:那个小孩呢? 鲁侍萍:也活着。 周朴园:(忽然立起)你是谁? 鲁侍萍:(　　)我是这儿四凤的妈,老爷。 周朴园:哦。		
周朴园:(徐徐立起)哦,你,你,你是—— 鲁侍萍:(　　)我是从前伺候过老爷的下人。 周朴园:哦,侍萍!(低声)怎么,是你? 鲁侍萍:(　　)你自然想不到,侍萍的相貌有一天也会老得连你都不认识了。		

3. 于试演中理解角色

组内交流后，请同学根据自己所填表格信息，上台试演文本片段，并结合所补充的舞台提示简要阐述自身对角色的理解。

活动三：迁移运用，填补空白

（1）《窦娥冤》《哈姆莱特》中的角色各有鲜明的性格，选出其中最能凸显某一角色性格特点的精彩片段进行赏析。

（2）与《雷雨》相较而言，《窦娥冤》《哈姆莱特》的舞台提示极为简洁，甚至很多地方完全省略。为更好演活角色，请你参考《雷雨》剧本，为你所赏析的片段补充人物表演的舞台提示，并于班级的品鉴沙龙中分享交流。

（四）把握悲剧内核，领略悲剧魅力

情境背景：校园一年一度的戏剧节即将来临。继去年的喜剧专题后，今年学校戏剧社拟围绕中西方古今悲剧经典代表作《窦娥冤》《雷雨》《哈姆莱特》开展"良知与悲悯——悲剧魅力探微"主题专项交流活动。

活动一：海报设计——探究悲剧内核

为了更好地宣传本次戏剧节，戏剧社拟设计一张关于中西悲剧文化宣传的海报。社团美编决定分别选择窦娥、鲁侍萍、哈姆莱特作为海报主角。

（1）请你在海报上为每个角色配上一句最能凸显其人格魅力的唱词/台词，并阐述你的理由。

（2）组内合作交流：探索窦娥、鲁侍萍、哈姆莱特人生遭遇与人格魅力的共通点，尝试总结悲剧的内核要素有哪些。在此基础上为海报设计一个标题，展现悲剧的艺术特点。

明确：以别林斯基为代表的学者认为，"人是戏剧的主人公，是人支配事件，而不是事件支配人"。就悲剧性戏剧而言，按照悲剧成因可以划分为性格悲剧、命运悲剧、社会悲剧，但归根结底悲剧是人的悲剧，以人的毁灭与反抗构成悲剧性，以人的同情与沉思宣扬悲剧精神。因此悲剧的内核要素包括冲突、抗争、毁灭，学生可将此融入海报标题设计中。

活动二：沙龙讲座——理解悲剧审美

为了让同学们对悲剧有更多的了解，本次戏剧节还结合戏剧节主题开设了"悲剧审美探微"沙龙讲座活动，诚邀你担任本次活动的分享嘉宾。

（1）请你结合主题"良知与悲悯"及下面材料，从《窦娥冤》《雷雨》

《哈姆莱特》三部作品中选一部谈谈你阅读时在精神上获得了怎样的"审美自由"。

"任何一位观众只要真正被悲剧人物的行动及其崇高精神所吸引，他一定会沿着悲剧的作品所设置的方向，将自己的思想情绪和道德判断倾注其中。当你在为之哀伤为之悲痛的同时，你的思想感情就会出现一个瞬间超越的感觉，你就会在精神上获得自由，而且是使内在情感和整个精神状态受到净化的审美自由。悲剧审美价值的本质就在于这种超越性。"

——《文学价值导论》

（2）请你结合三部作品谈谈中西方悲剧、中国古今悲剧在人物形象设置、冲突设置、结局设置等方面有何异同。这背后分别反映了中西方以及中国古今怎样的戏剧审美追求？

活动三：舞台演绎——体悟悲剧魅力

鉴赏戏剧如仅停留于阅读层面，始终是残缺的体验。实践体悟，你将于台前幕后切身感受戏剧真正的魅力。为了迎接戏剧节的重头戏——舞台展演，请你加入剧组团队，共同参与本次活动——

1. 创建剧组，确定分工

学生根据个人意愿可选择报名《窦娥冤》《雷雨》《哈姆莱特》中的任一个剧组，同时各剧组导演根据人员特长进行剧务分工。

2. 撰写台本，推敲细节

台本指专供演出使用的剧本。在舞台演出过程中，需要使用台本而不是剧本，台本规定并明晰演员上下场顺序、时间、灯光变化、音效、道具迁换等。剧组可精选剧本演绎片段，允许适当改编、删减，在此基础上合作探讨，推敲细节，形成台本。

3. 团队排练，不断完善

剧组内部自行组织排练，不断修改、完善台本，中途邀请语文老师给予适时的指导。

4. 戏剧会演，演评结合

以剧组为单位正式上台表演，每个学生既是戏剧演出台前幕后的参与者，也是台下的评委之一，可根据演出质量进行打分与点评。所有剧组表演结束后进行班级互动点评，并根据观众的评分与投票为表演团队与"最佳演员"颁奖。评分表见表4-7-8。

表4-7-8 戏剧大赛评分表

表演剧目		表演团队	
评分项	评分要求		打分
剧本编排（30分）	选材合适，内容充实，主题鲜明。（10分）		
	突出戏剧冲突，内容编排具有创意与吸引力。（10分）		
	情节安排合理，整体连贯、流畅、富有感染力。（10分）		
演员表演（40分）	语言清晰，台词熟练，能通过语言塑造角色。（10分）		
	举止大方，演绎自然，充分突出角色性格特征。（20分）		
	演员配合得当，团队合作默契。（10分）		
现场效果（30分）	整个舞台表演过程中内容充实，主题鲜明紧凑。（10分）		
	演员服装得体，节目道具、场景安排符合剧情。（10分）		
	现场气氛热烈，充分调动台下观众的热情。（10分）		
总分（100分）			
"最佳演员"投票			
评委点评			

第八节　媒介素养："信息时代的语文生活"微专题活动

——必修下册第四单元微专题项目化学习设计

【单元解说】

本单元为统编版必修下册第四单元——信息时代的语文生活，单元主题契合多种传播媒介并存的信息时代背景。人们在信息时代借助各种传播媒介来了解信息，与他人沟通，进行理性决策。使用媒介获取的信息也影响着人们的语言运用和思维方式。

【教学目标】

本单元要求教师引导学生进行跨媒介语文活动，认识多媒介的现状，恰当使用多媒介，涵养媒介素养。

【教学课时】

活动前期准备、问卷调查、搜索查询、实验记录等由学生自主完成，在课堂上分享交流活动的结论体会，1课时。

任务一由学生自主完成，任务二和任务三在课堂交流中完成，2课时。

【教学过程】

共享多媒介，自由跨媒介

（一）专题解释

本专题为实践活动专题，学生调查人群使用媒介的特点，亲身参与"飞鸽传书"的不同方式，了解通过不同媒介与他人沟通的不同特点。

（二）学习任务

1. 设计调查问卷

主要针对同学、家人、朋友和老师进行调查，调查他们使用媒介的特点。

2. "飞鸽传书"活动

学生分别采用传统书信、学校广播、网络发帖、微信朋友圈、小视频等方式发起"飞鸽传书"书籍漂流活动宣传，比较使用这些媒介的原因和带来的结果。

（三）学习活动

活动一：问卷调查，初步了解

1. 设计调查问卷

对不同年龄与职业身份的人使用媒介的习惯及原因进行调查。

高一下学期往往是学生选科分班的时期，请同学们根据选科分班过程中学校（老师）、家长和学生了解选科信息的媒介情况，进行问卷调查，由此了解不同年龄与职业身份的人使用媒介的习惯与原因，见表4-8-1。

表4-8-1　不同年龄与职业身份的人使用媒介的习惯与原因调查

您的职业身份	您的年龄	常用媒介	觉得最有效的媒介	认为其有效的原因

提示：可设置纸质调查问卷，也可利用问卷星等软件展开调查。

2. 小组汇总调查结果，进行总结

提示：每位同学均要进行调查，收集资料，小组内进行分析总结。

3. 每个小组请一名成员上台分享

提示：按照要求，分析不同年龄和不同职业身份的人在了解信息的过程中体现出来的媒介选择倾向特点和原因。分享时建议使用一定的电子媒介（PPT或资料投影），逻辑清晰，表达得体。

预设：根据生活实际情况，不同年龄与职业身份的人在常用媒介上会有以下特点，见表4-8-2。

表4-8-2　不同年龄与职业身份的人在常用媒介上的特点

您的职业	使用媒介	觉得最有效的媒介	认为其有效的原因
学生	互联网、微信（即时交流媒介）	微信	方便、快捷
教师	文件、互联网、微信（即时交流媒介）、短信、广播电视	文件	权威
家长	出版物、互联网、微信、短信、电话、广播电视	微信+短信	即时、可反复
您的年龄	使用媒介	觉得最有效的媒介	认为其有效的原因
50岁以上	出版物、互联网、微信、短信、电话、广播电视	微信	方便
20~50岁	文件、互联网、微信（即时交流媒介）、短信、广播	微信、互联网	丰富
20岁以下	互联网、微信	微信	快捷、丰富

总结：由此可见，在网络信息时代，不管他们是哪一个年龄阶段、哪一种职业身份的人，可供选用的媒介都是非常丰富的，他们习惯使用的媒介也是非常丰富的，这是信息时代发展的馈赠，让我们获取信息的方式媒介更加多样化；不过不同年龄和职业身份的人在选择媒介的时候还是体现出各自的倾向。

活动二：飞鸽传书，观察媒介

1. 采用口头传播的方式，为期一周，观察前来报名的人的数量和了解信息的准确度。

2. 分别采用传统纸质宣传、学校广播、网络发帖、微信朋友圈等多种方式联合发起"飞鸽传书"书籍漂流活动宣传，为期一周。

3. 统计前来咨询或参加书籍漂流活动的对象是通过何种媒介得知这个活动信息的。

4. 分析不同媒介的使用效果。

预设：

口头传播——传播速度慢，范围呈多个散发波纹图。

传统纸质宣传——本校师生至少有一半了解，外校学生会有少量关注到。

学校广播——校内有效媒介，90%左右的学生会接收到信息。

网络发帖——比如校园贴吧，只有少量学生会关注。

微信朋友圈——不少学生周末刷朋友圈转发关注。

总结：生于信息技术时代，长于信息爆炸时代，学生获取信息的媒介非常丰富。

5. 分析单一媒介和多媒介使用的不同效果。

单一传统媒介不如多媒介。

单一新型媒介传播效果接近多媒介传播效果。

提示：选择新型媒介的重要性。

活动三：跨媒介使用，多样化体会

请根据前面两个任务，谈谈自己对多媒介的认识，对其成因、使用情况进行分析，并说出自己最喜欢的媒介和理由。

预设：新型互联网媒介（比如微信朋友圈、微信群）对于个人或者特定群体在网络上的信息传播比较有效，人们基于一定的信任，会选择接受或相信信息，人们在与同事、朋友、家人联系时往往选择微信这个即时通信媒介，而且传播的语音、文字、图片等信息可打破时间限制，可以长时间保留，有利于人们检索。

传统广播媒介在一定区域内即时传播是有效的，广而告之，清晰明了，对象是一个明确的范围，因为其特定场合播放、控场能力强，所以用于紧急或即时信息的传播。

而网络上也有一些媒介形式是不受欢迎、濒临淘汰的，很多贴吧、论坛无人问津。即使互联网是信息时代的主力与新宠，但是仍然不能否认它也有不合理甚至畸形要截去的某些零碎部分。

【教学测评】

我们通过学习，了解了多媒介各自特点和功能，对如今风靡的网络媒介文化现象进行检索、观察、交流，提高了自己认知，提升了媒介素养。那么，具体在学习中如何跨媒介呢？请以第五单元人文主题词"抱负与使命"为关键词，检索、整理与此相关的人物和事例，并总结自己对"抱负与使命"的认识，作为小组学习第五单元的预习资料之一。

要求：先阐释内涵（20分），后分条举例（不少于3条，每条20分），再总结认识（20分）；可以打印或手写；条理清晰，信息真实。

第九节　比较阅读：异化后的"变"与"不变"专题探究

——必修下册第六单元微专题项目化学习设计

【单元解说】

本单元采用大单元统筹下微专题式，选择原因：本单元选取了《祝福》《林教头风雪山神庙》《装在套子里的人》《促织》《变形记》这五篇古今中外小说。虽然创作背景不同，但都能通过小说这一体裁，借助多变的叙事手法，引导学生去感受、体会、思考不同的人物在不同的时代背景下的人生命运。因此，借助不同的微专题的设计，整合具有主题上异曲同工、手法上又有区别的小说，可以引导学生进一步了解情节、人物、环境等小说要素，理解它们的作用和相互关系；感受古今中外小说多样的创作风格。如通过以探究社会环境的作用为主题的微专题，整合《祝福》和《装在套子的人》，可以让学生思考社会环境和人物命运的关系。而通过探究小说结尾的作用的微专题，整合《促织》《装在套子里的人》《林教头风雪山神庙》，可以让学生在对比中掌握不同的结尾对小说主题的影响。总之，在大单元的视角下，借助单元下的文章的不同组合，在各尽其妙的微专题的引领下，可以很好地引导学生去学习、领略不同风格小说的艺术魅力。而在合适的微专题下，鼓励学生融入自己的生活经验进行积累和创作，又可以让学生在读与写的结合中提升对社会人生的观察、判断、分析能力，提升他们的审美品位。

本单元微专题是"异化——小人物的生存困境"，本专题通过精读《促织》和《变形记》，以及比较阅读"人化为虫"的异化故事，探究其中的

"变"与"不变",引导学生思考小人物的生存困境。在梳理、分析、探究中进一步掌握小说的叙事视角对叙事效果的影响。

【教学目标】

1. 梳理全文情节,概括《促织》和《变形记》中人物异化的原因,总结他们的生存困境。

2. 对比阅读,探究主人公异化后的"变"与"不变",加深对作者创作意图的理解。

3. 比较两篇小说在异化情节处理方式上的不同,掌握不同的叙事视角对叙事效果的影响。

4. 以读促写,完成一篇以"小人物"为主题的作文,思考小人物的生存困境及突围方式。

【教学课时】

2课时。

【教学准备】

1. 梳理与概括:阅读《促织》和《变形记》两篇小说,梳理概括主人公的生存困境。

2. 比较与探究:比较阅读,完成表格,总结主人公异化后的"变"与"不变",探究作者的写作意图。

3. 讨论与演绎:以小组合作的方式,讨论如果让你把两篇小说的场景分别拍成微电影,你会采用哪种方式,并谈谈理由。(比较二者在异化的艺术化处理中的不同点,思考不同的叙事角度对叙事效果的影响。)

4. 阅读与写作:查阅有关"小人物"的文章,联系时代特点,结合本单元中的小说人物,完成一篇以"小人物的困境与突围"为话题的作文。

【教学过程】

(一)导入

"满纸荒唐言,一把辛酸泪。都云作者痴,谁解其中味?"曹雪芹如是说。为了更好地表达满腔的"辛酸",一些作家会采用看似"荒唐"的情节去实现,如蒲松龄和卡夫卡。他们是不同时代不同国度的两位奇才,一个是中国清初文人,一个是20世纪法国作家,时代相隔数百年,本不可相提并论,但他们的名作《促织》和《变形记》却不约而同使用了荒唐的情节——人变成了虫。这样荒诞的异化情节,到底表现了怎样的生存困境?又抒写了作者怎样的"辛酸泪"?今天,就让我们走进两篇名作,透过看似荒唐的情节,去感受小人物的生存困境。

(二)聚焦人物,梳理成名和格里高尔的生存困境

阅读《促织》和《变形记》,梳理全文,概括成名和格里高尔的身份、生存困境及性格特点,见表4-9-1、表4-9-2。

表4-9-1 《促织》梳理表

身份	生存困境	性格
童生	久不售——没考上功名。	为人迂讷:被报充里正。
里正	被责征促织,家产累尽,被打得脓血流离。好不容易捕获一只,又因儿子好奇不小心把促织弄死了,而被追责的日期将日益逼近,死期将至。	善良本分:宁愿累尽家产、被打也不伤害别人。
父亲	差点痛失儿子。儿子因不小心弄死促织后畏惧跳井。虽然儿子半夜复苏,但也心智不明,只能暂时置于榻上。	爱家人:虽然儿子不小心弄死了促织,但还爱孩子。

表4-9-2 《变形记》梳理表

身份	生存困境	性格
家庭支柱	为了还清父母欠老板的债和维持家庭的开销,长年累月在外奔波。	善良孝顺:为了家庭甘愿牺牲自己的自由,每天像机器一样活着。但他悲哀地意识到由于自己的变形,给家庭带来了巨大的灾难,他的内部感官所感受的都是罹难的痛苦。 孤独寂寞:没有朋友和自己的生活,为家庭而活着。变成大甲虫被家人嫌弃,同人的世界已经完全隔绝了,甚至连最后死亡都不被人所知。
雇员	起早贪黑、忍气吞声、谨小慎微,唯恐被老板开除。吃的是劣质饭,交的是虚伪朋友,整天浑浑噩噩,承受来自职业习惯势力的歧视。	
家庭累赘	被嫌弃,遭到父亲的驱逐、妹妹的厌弃。	

总结：两篇作品叙述了两个善良本分的小人物所承受的来自各方面的重压，尽管两部作品诞生于不同的时代、地域及文化背景之下，但在看似荒诞不经的叙事中都折射出深沉的悲剧精神，表达出对重压下人的命运的思考。

（三）聚焦主题，分析主人公面对困境的突围

通过比较其异化后的"变"与"不变"，加深对作者创作意图的理解。

1. 谈谈你对"人变成虫"的理解。由学生对"人变成虫"的理解进行延伸，解释何谓"异化"。"异化"从广泛的意义上是：在环境的压力下，人失去自我，失去价值、尊严、地位乃至躯体，成为非人。按照马克思的表述就是"物对人的统治，死的劳动对活的劳动的统治，产品对生产者的统治"。其含义是指人被"物"（如金钱、机器、产品、生产方式等）所驱使、所胁迫、所统治而不能自主，成为"物"的奴隶，进而失去人的本性，变为非人。

2. 比较成名儿子和格里高尔异化后的"变"与"不变"，理解作者借此要表达的创作意图，见表4-9-3。

表4-9-3 成名儿子和格里高尔异化后的"变"与"不变"梳理表

人物	变	不变	创作意图
成名儿子	生理特征（形态上）——变成蟋蟀。思维方式：会应节而舞，会讨好、献媚。	心理特征——人的思维。（为了挽救家庭而努力去表现）	1.反映社会现实——人不如虫：虫价值连城，人一文不值，弱小的促织掌握着成名一家人的命运。 2.劝诫统治阶级：天子一跬步，皆关民命。小人物的旦夕祸福，完全由统治者的喜怒哀乐来决定。 3.揭示了小人物的生活困境：在封建专制制度下，广大被压迫被剥削的劳动人民受到多么可怕的心理摧残，人在强大的社会现实面前的渺小与无力，只能通过幻变成虫去解决。
格里高尔	生理特征——变成大甲虫；饮食习惯——爱吃腐败的食物。会关注自己的内心世界：从原来的工作机器慢慢开始关注自己的内心感受。	对待家人的态度：变形前的奔波劳碌和变形后尽管恐惧，但只要一想到自己深爱的家人，心里又充满温暖。	1.亲情被异化，变成赤裸裸的功利主义。他变成甲虫，不能挣钱维持家计，他不但失去了曾经的地位与尊严，连继续活下去的机会与权利也一并失去。他遭到父亲的驱逐、妹妹的厌弃，被视为累赘。最终被家人无情地抛弃。

续表

人物	变	不变	创作意图
			2.反映小人物的生存困境，个体在不堪重负的社会压榨下的自我崩溃。 3.抨击资本主义社会生存环境对人性的摧残，使人变为非人，而披着甲虫外壳的格里高尔的结局则是重压之下人性主体意识的回归。

总结：格里高尔和成名都是社会中的小人物，都善良而美好，但在现实中却把握不了自己的命运。面对不可改变的外界力量，两位作者都采用了异化的方式，通过人变成虫的变形，让读者感受在异化世界里人悲惨的生存状态，表现了作者对现实的思考。不管是《促织》中统治者沉溺玩乐，以致朝政黑暗、民不聊生，还是《变形记》中人沦为生产的机器及人与人关系的异化，都表现了作者通过看似荒诞的艺术化处理对现实进行的一种批判。

（四）拍微电影的设计方法

聚焦叙事视角，以小组讨论的方式思考，如果让你把两篇小说的场景分别拍成微电影，你会如何设计，并谈谈你的理由。

1. 学生写下他们的设计方案，并分析设计理由。

2. 两篇小说，一篇采用全知视角，强化故事情节，通过一波三折的故事反映人变成虫的无奈与悲哀。一篇采用双重视角，除了人物关系的交代，还重点通过内视角的写作角度，弱化故事情节，通过细腻的心理描写，表现格里高尔变成大甲虫以后对曾经生活的思考。以本单元的小说为例，思考不同的叙事视角对叙事效果的影响，见表4-9-4。

表4-9-4　不同的叙事视角对叙事效果的影响

叙事视角	叙事效果	本单元的例子
全知视角	优点：自由自在，在不同人物、事件中自由切换；客观全面，让读者能够了解到所有的真相。 不足：降低文本的真实度和可信度。	《促织》《林教头风雪山神庙》情节曲折发展，多次设置悬念，跌宕起伏，波澜丛生，读来乍喜乍忧，且哀且怒，扣人心弦。
内视角（包括主人公视角和见证人视角）	用"我"的视角来观察、讲述整个故事，并参与到故事之中。	《变形记》不太重视事情的来龙去脉，也不以悬念推动情节的发展，而是以格里高尔的心理活动展

续 表

叙事视角	叙事效果	本单元的例子
内视角（包括主人公视角和见证人视角）	优点：可信、亲切、真实。便于揭示人物的深层心理，让读者身临其境。 不足：叙事受叙事者本身条件（如年龄、性别、教养熏陶、思想性格、气质、智商等）的限制。	开情节。作者通篇没有做出任何评论，只是客观地描写人物内心的意识活动，让读者在阅读中结合自己的生活经历来感受。
外视角	优点：客观、真实、极富戏剧性。 不足：不利于全面刻画人物形象。	补充：海明威的《杀人者》。
多重视角	既能聚焦人物的内心世界，又能客观冷静、不动声色地叙述。	《祝福》：开头和结尾，采取内视角，通过良心未泯的"我"的视角来叙述故事，增加真实性；回忆祥林嫂的生平，采取鲁镇人整个群体的限知视角来叙事，鲁镇的生活略去不说，因为鲁镇人都知道；祥林嫂离开鲁镇的生活，包括被卖进山里的情节，由卫婆子的限知视角来叙述。

总结：叙事要引人入胜，就要找到一个好的立足点，从这个立足点去观察和叙述，也就是要选择合适的叙述视角。这两篇小说，一篇是典型的传统小说，采用传统的全知视角，作者善于促使情节曲折发展，文中多次设置悬念，事情发生了多次变化，跌宕起伏，扣人心弦。一篇是表现主义小说，采用内视角，不重视事情的来龙去脉，侧重表现人物的心理世界，让读者在阅读中结合自己的生活经历来感受和体会。

（五）完成以"小人物"为话题的作文

聚焦主题延伸，查阅有关新时代"小人物"的文章，联系时代特点，结合本单元中的小说人物，完成一篇以"小人物"为话题的作文。

时代不同，地域不同，小人物的命运也不同。此任务希望通过查阅资料，去拓展了解有关小人物与时代的关系，让学生进一步理解小说中人物异化背后的原因，感受重压下人的生存困境。同时，通过时代的变化，去感受小人物的命运变化，从而更好地立足时代，培养青年的责任和担当。

【教学测评】

阅读废名的小说《桃园》，思考其中的叙事视角并分析其作用。

第十节　整本书微专题项目化学习：《红楼梦》阅读指导

——必修下册第七单元微专题项目化学习设计

【单元解说】

作为文学经典，《红楼梦》的研究视域极其宽广；进入语文课程，作为教学文本，《红楼梦》的教学内容需要服从课程设计与《课标》要求的相关规定，需要参考学生实际发展的需求。《课标》在整本书阅读与研讨学习任务群的教学提示里提出："阅读整本书，应以学生利用课内外时间自主阅读、撰写笔记、交流讨论为主，不以教师的讲解代替或限制学生的阅读与思考。教师的主要任务是提出专题学习目标，组织学习活动，引导学生深入思考、讨论与交流。教师应以自己的阅读经验，平等地参与交流讨论，解答学生的疑惑。"这句话明确了该学习任务群的三个导向：自主阅读、撰写笔记、交流讨论。第一个导向，重在"自主"，其次才是"阅读"，故后文提出不以教师的讲解（尤其是教师个人见解）代替或限制学生的阅读与思考。第二个导向，是学生生成的重要步骤。第三个导向，旨在引导学生通过交流而了解异质观点，打破自己的思维局限，求同存异，在观点碰撞中再次深化对作品的理解。

【教学目标】

1. 梳理小说主要情节，厘清各人物关系，绘制人物关系图谱。
2. 理解和赏析人物形象，探究小说人物的精神世界，共情人物的悲欢离合。
3. 整体把握小说的思想内容和艺术特色，建构阅读长篇小说的经验和方法。

4. 学会撰写读书笔记。

5. 学以致用，将读书笔记抄写到班级读本（由教师或班费承担费用）上，班内传阅，达到交流与讨论的目的。

【教学形式】

从信息的角度看，阅读行为应该包括信息的输入和观点的输出，由在逻辑上一前一后的这两部分形成的完整链条才是真阅读。而反观当下大部分人的阅读状态，基本上都以后半部分的缺失为常态。因此，从教学设计的角度看，"整本书阅读"教学任务应该包括两个部分，即教学和教学评价。前者对应的是学生阅读整本书的学习活动和教师在学生阅读前、过程中发挥的指导作用，后者对应的则是学生将书读薄，逐渐形成自己见解的过程——而使得这一过程的功效达到最大化的方式就是撰写读书笔记。

因此，《红楼梦》整本书阅读大单元设计应包括两个主体，一是阅读指导，二是读书笔记的写作指导——此谓以写促读，通过读书笔记的写作最大限度地深化对文本的理解。

【教学过程】

（一）阅读指导

1. 读前指导

本环节设置2课时，鉴于《红楼梦》篇幅较长，人物较多，关系复杂，学生容易有畏难心理，教师应从以下几个方面进行导读，破除学生的阅读心理障碍：

（1）背景导读，可引入作者生平及其时代背景，介绍曹雪芹"生于繁华，终于沦落"的人生际遇和创作动机。告诉学生在阅读时应进入作品描绘的封建时代，在具体的环境中品评人物语言、揣摩人物心理，进而理解人物遭遇。

（2）语言导读。介绍小说口语与古典书面语交杂的语言特点，描写不避讳、不避琐细的现实主义特点。

（3）手法导读。介绍小说的草蛇灰线（宝玉梦游太虚幻境、书中各种诗词）、谐音象征（贾雨村、甄士隐）等艺术手法。

（4）回目导读。《红楼梦》是章回体小说，其每一章的题词可看作本章的文眼，简练工整，概括了本章的内容。在阅读整本书之前，可以引导学生梳理回目内容以大致掌握章节脉络和小说主线，如家道中落的主线，如人物聚散的主线，抑或以某个人物的命运为主线（可以选择宁国府、荣国府内的人物，也可以选择其他人物）。

2. 阅读过程指导

（1）任务概述。本书前五回具有纲领作用。前五回以"通灵宝玉"的来历为中心，扼要地描写了天上的太虚幻境和尘世的荣国府、宁国府二府，既勾勒出贾府百年的兴盛，又预示了贾府末世的衰败。全书一百二十回的故事走向，在前五回就已定下，因此，读懂了前五回，才能更好地理解后面发生的故事。

（2）情节梳理。第一回：写了"无材补天"的石头的故事，写了神瑛侍者与绛珠仙草的故事，还写了两个主要人物的登场：甄士隐和贾雨村。特别值得注意的是，通过石头与空空道人的对话，作者明确发表了自己对小说创作的主张，这或许正是全书的总纲。第二回：写了冷子兴"演说荣国府"，这在结构上是极其重要的安排。作者要给我们讲述的贾府，人物多、头绪乱，难以一言两语说清，而恰恰通过冷子兴的介绍，读者可在第三回"正式进入"贾府之前对其有总体的了解。第三回：是前五回的经典，也是全书的经典一幕，浓墨重彩地描写了全书主要人物的出场。通过林黛玉的视角，写了贾母、迎春、探春、惜春、李纨、王夫人、邢夫人、王熙凤和贾宝玉等人。第四回：作者把笔锋一转，写了薛家的故事。这既是写《红楼梦》中另一个重要人物——薛宝钗——的出场，更是通过"葫芦僧乱判葫芦案"故事，展示了社会的黑暗，为贾府日后发生的事提供了社会背景。第五回：写贾宝玉梦游太虚幻境。这与全书第一回出现的"石头"和"灵河岸边"的神话联系起来，并通过贾宝玉看到的"判词"，听到的"仙曲"，预示了《红楼梦》中众多女性的命运，即"千红一窟（哭）""万艳同杯（悲）"。

（3）趣味性阅读。为提高学生阅读兴趣，可选《脂砚斋全评石头记》（上海三联书店2011年版）（以下简称"脂评本"）作为读本。"脂评本"在重现原著风貌的基础上，穿插大量古人批语，类似于今日在年轻人中间流行的"视频弹幕"。学生读之，打破了时空的界限，似在与古人进行对话，交流阅读感受。如读到贾母史太君初见林黛玉，将她抱在怀里痛哭时（第三回），学生难免被感动，再当读到侧批"此一处文字，是天性中流出，我读时不觉泪盈双袖",即使读原文时无感,读罢批语也会有所触动。彼时彼刻,阅读并不孤单。这样的阅读方式,也在一定程度上达成了本学习任务群的第三个学习导向:交流讨论。

(4)课后任务。

① 绘制前五回出现的所有人物的关系网,以荣国府、宁国府为总纲。如表4-10-1所示。

表4-10-1 荣国府、宁国府人物关系表

荣国府	宁国府

② 利用课余时间,在下学期到来之前读完一百二十回。

(二)撰写读书笔记

1. 构想

书是由他人写就的,读一本书,最重要的是将书读成"自己的"。这就是我们如此强调读书要下笔的重要原因。针对文本内容进行创作等于对文本的二次阅读,而写作读书笔记,能在发挥读者创造性的前提下,最大限度地保留读者对原文的记忆——不至于抛弃文本的灵魂而使创作成为脱离文本内容的"自说自话"。

读书笔记是个人在阅读书籍、杂志等书面资料的过程中或于事后记录下的与所读内容相关的文字材料。它的形式多种多样,可以是一本著作、一篇论文,也可以是不成篇的段落或句子(古有"眉批""侧批""双行夹批"等),甚至可以是几个不成文的字符——仅供记录者自己参考。一般认为,读书笔记分为三种类型:摘录式,是将触发感悟与共鸣的,或符合自己当时阅读心境的句子、段落,附上作者、书名及章节、页码等信息,摘抄在个人笔记本上的做法;批注式,是在个人私有书籍(包括电子书)的正文内容上圈点、勾画并于空白处附上即时感想的做法;心得式,即针对整本书或书中某个章节、段落所阐发的、能够成文的感悟。从描述上看,这三种类型在能力要求的层级上呈递进形态。

本教学设计选取读书笔记三种类型中的"批注式读书笔记",主要从以下

两个方面考量。

一方面，"批注式读书笔记"适用于课内与课后自主阅读学习辅助。

另一方面"批注式读书笔记"在形式框架上大体贴合该学段写作教学的目标与要求，而在内容的内核上，它发端于阅读教学，有以读促写的功效。读书笔记的写作建立在对文本内容的内化之上。读书笔记教学设计虽定性为写作教学，但在内容上不宜与阅读教学中的某些要素（尤其是它的评价）割裂开来。读书笔记的写作只是手段，促进学生的阅读才是最终目的，即所谓以写促读。

在阅读教学部分，已选择阅读"脂评本"，而书中各种评语实际上等同于古人在阅读时所作的"批注式读书笔记"，在此因势利导，就地取材，将"脂评本"作为本次教学设计的课程资源。

综上所述，选择"脂评本"第三回"托内兄如海酬训教　接外孙贾母惜孤女"作为写作读书笔记教学的课程资源。

2. 课时安排

1课时。

3. 教学设计

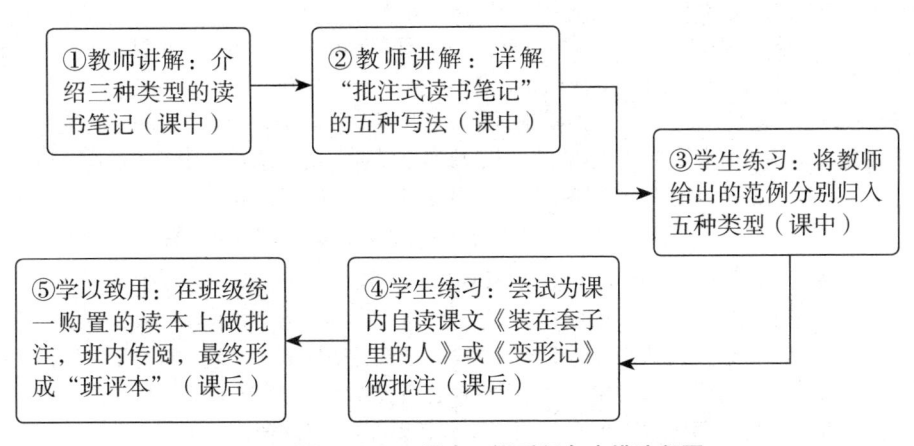

（1）任务安排，如图4-10-1所示。

图4-10-1　课中、课后任务安排流程图

① 教师讲解并举例说明读书笔记的三种类型。

② 教师讲解"批注式读书笔记"的五种类型，见表4-10-2。

表4-10-2 "批注式读书笔记"的五种类型

类型	描述	示例
概述内容类	对选文内容进行概括或缩写。	原文：夏天的雨也有夏天的性格，热烈而又粗犷。天上聚集几朵乌云，有时连一点儿雷的预告也没有，你还来不及思索，豆粒大的雨点就打来了。（出自刘湛秋《雨的四季》） 批注：这是夏季的雨的特点，来得急、雨势大。
人物形象类	评价选文中某个你感兴趣的人物。	原文：她也笑了，坐在我身边，絮絮叨叨地说着："看完菊花，咱们就去'仿膳'，你小时候最爱吃那儿的豌豆黄儿。还记得那回我带你去北海吗？你偏说那杨树花是毛毛虫，跑着，一脚踩扁一个……"她忽然不说了。对于"跑"和"踩"一类的字眼儿，她比我还敏感。她又悄悄地出去了。（出自史铁生《秋天的怀念》） 批注：通过对母亲语言和动作的描写，可以看出母亲为了提起瘫痪后喜怒无常的"我"的出游兴致，费尽了心思。她多么希望"我"能够重拾生活的信心啊！母亲对"我"的爱是何等的深啊！
写作技巧类	对选文的修辞手法、表现手法等做出评价。	原文：看吧，由澄清的河水慢慢往上看吧，空中，半空中，天上，自上而下全是那么清亮，那么蓝汪汪的，整个的是块空灵的蓝水晶。（出自老舍《济南的冬天》） 批注：运用比喻的手法，将济南冬天的天空比作蓝水晶，写出了天空蓝得透彻、干净。
援疑质理类	对不理解之处表达疑惑。（适用于阅读教学的课前预习阶段）	原文：我想找一个两全的办法，找不出；我想拆散一家人，分成两路，各得其所，终不愿意。我决定委屈儿子了，因为我伴同他的时日还长，我伴同母亲的时日已短。我说："走大路。"但是母亲摸摸孙儿的小脑瓜，变了主意："还是走小路吧！"（出自莫怀戚《散步》） 批注：为什么"我"的母亲突然改主意了呢？
联想共鸣类	对文章某处，或进行描述与评价，或表达个人感受。表达个人感受时，可联系个人生活实际，也可联系其他文学作品或母题。（如爱情、亲情）	原文1：扫开一块雪，露出地面，用一枝短棒支起一面大的竹筛来，下面撒些秕谷，棒上系一条长绳，人远远地牵着，看鸟雀下来啄食，走到竹筛底下的时候，将绳子一拉，便罩住了。（出自鲁迅《从百草园到三味书屋》） 批注1：哇，似曾相识。我小时候也这么玩过！ 原文2：母亲啊！你是荷叶，我是红莲。心中的雨点来了，除了你，谁是我在无遮拦天空下的荫蔽？（出自冰心《荷叶·母亲》） 批注2：母亲永远是孩子最信任的人，她永远都是孩子最温柔的港湾！

注意事项： 第一，学生在做"联想共鸣类"笔记时易脱离语境，以致表达漫无边际。教师应当指出做此类笔记时应时刻结合原文、选段，不跑偏、不离题。第二，批注是自由的，并无严格的类型限制，某一处批注的写作可能会采取并列的切入角度，如上表中对史铁生《秋天的怀念》的批注或存在"人物形象类"和"联想共鸣类"的交叉。教师应教学生从单个切入角度开始，逐步向融合多角度的方式推进。

③学生尝试对"脂评本"第三回的某些批语进行归类，见表4-10-3。

表4-10-3　"脂评本"第三回原文与脂砚斋评

序号	第三回原文与脂砚斋评（按原文顺序排列）	类型
1	却说雨村忙回头看时，不是别人，乃是当日同僚一案参革的号张如圭者。他本系此地人，革后家居，今打听得都中奏准起复旧员之信，他便四下里寻情找门路，（蒙藏本侧批：此仕途宦境，描写得当。）忽遇见雨村，故忙道喜。	概述内容类①
2	（对黛玉语）"汝父年将半百，再无续室之意。且汝多病，年又极小，上无亲母教养，下无姊妹兄弟扶持，今依傍外祖母及舅氏姊妹去，正好减我内顾之忧，何反云不往！"［蒙藏本侧批：此一段是不肯使黛玉作弃父乐为远游者。以此可见作者之心，保（宝）爱黛玉如己。］	写作技巧类① 或联想共鸣类①
3	有日到了都中，进入神京，雨村先整了衣冠，带了小童，拿着宗侄的名帖，（甲戌本侧批：此帖妙极，可知雨村之品行矣。）至荣府门前投了。	人物形象类①
4	不上两个月，金陵应天府缺出，（雨村）便谋补了此缺。雨村辞了贾政，择日到任去了，不在话下。（甲戌本侧批：因宝钗故及之，一语过至下回。）	概述内容类②
5	这林黛玉常听见（甲戌本侧批：三字细。）母亲说过，他家外祖母与别家不同。	写作技巧类②
6	这林黛玉常听见母亲说过，他家外祖母与别家不同。他近日所见的这几个三等的仆妇，吃穿用度，已是不凡了，何况今至其家。因此步步留心，时时在意，不肯轻易多说一句话，多行一步路，生恐被人耻笑了去。（甲戌本侧批：写黛玉自幼之心机。）	人物形象类②
7	又行了半日，忽见街北蹲着两个大石狮子，三间兽头大门前列坐着十来个华冠丽服之人。正门却不开，只有东西两角门有人出入。正门上有匾，（蒙藏本侧批：以下写宁国府第，总借黛玉一双俊眼中传来。）匾上大书"敕造宁国府"五个大字。	写作技巧类③

续表

序号	第三回原文与脂砚斋评（按原文顺序排列）	类型
8	台阶上坐着几个穿红着绿的丫头，一见他们来了，便忙都笑迎上来，说："才刚（刚才）老太太还念呢，可巧就来了。"（甲辰本双行夹批：有层次。）	写作技巧类④
9	于是三四人争着打起帘栊，一面听得人回说："林姑娘到了。"黛玉方进入房时，只见两个人搀着一位鬓发如银的老母迎上来，黛玉便知他外祖母，方欲拜见时，早被他外祖母一把搂入怀中，心肝儿肉叫着，（蒙藏本、戚序本双行夹批：写尽天下疼女儿之神理。）大哭起来。（蒙藏本侧批：此一段文字，是天性中流出，我读时不觉泪盈双袖。）	联想共鸣类②
10	一时众人慢慢解劝住了，黛玉方拜见了外祖母，此即冷子兴所云之史氏太君，贾赦、贾政之母也。（甲戌本侧批：书中人目太繁，故明注一笔，使观者省眼。）	概述内容类③
11	一语未了，只听后院中有人（王熙凤）笑声，说："我来迟了，不曾迎接远客。"（甲戌本眉批：另磨新墨，搦锐笔，特独出熙凤一人。未写其形，先使闻声，所谓"绣幡开，遥见英雄俺也"。）	人物形象类③
12	一双丹凤三角眼，两弯柳叶吊梢眉。（蒙藏本侧批：非如此眼，非如此眉，不得为熙凤，作者读过《麻衣相法》。）身量苗条，体格风骚，粉面含春威不露，丹唇未启笑先闻。	联想共鸣类③
13	贾母笑道："你不认得他，他是我们这里有名的一个泼皮破落户儿，南省俗谓作辣子，你只叫他'凤辣子'就是了。"黛玉正不知以何称呼，（蒙藏本侧批：想黛玉此时神情，含浑可爱。）只见众姊妹都忙告诉道："这是琏嫂子。"	联想共鸣类④
14	众小厮退出，方打起车帘，邢夫人搀着黛玉的手，进入院中。黛玉度其房屋院宇，必是荣府中花园隔断过来的。进入三层仪门，果见正房厢庑游廊，悉皆小巧别致，不似方才那边轩峻壮丽，且院中随处之树木山石皆有。（甲辰本双行夹批：为大观园伏脉。）	概述内容类④
15	黛玉亦常听得母亲说过，二舅母生的有个表兄，乃衔玉而诞，顽劣异常，极恶读书，（甲戌本眉批：这一段是反衬章法。黛玉心用"猜度蠢物"等句对着去，方不失作者本旨。）最喜在内帏厮混，外祖母又极溺爱，无人敢管。	写作技巧类⑤或联想共鸣类⑤
16	当日林如海教女以惜福养身，云饭后务待饭粒咽完，过一时再吃茶，方不伤脾胃。（甲戌本侧批：夹写如海一派书气，最妙！）	写作技巧类⑥

续表

序号	第三回原文与脂砚斋评（按原文顺序排列）	类型
17	（贾宝玉）细看（林黛玉）形容，与众各别：两弯似蹙非蹙笼烟眉，（甲戌本侧批：奇眉妙眉，奇想妙想。）一双似喜非喜含情目。（甲戌本侧批：奇目妙目，奇想妙想。）	人物形象类④
18	宝玉道："《古今人物通考》上说，西方有石名黛，可代画眉之墨。况这林妹妹眉尖若蹙，用取这两个字，岂不两妙。"探春笑道："只恐又是你的杜撰。"宝玉笑道："除《四书》外杜撰的太多，偏只我是杜撰不成。"（甲戌本侧批：如此等语，焉得怪彼世人谓之怪？只瞒不过批书者。）	援疑质理类①
19	（贾宝玉）又问黛玉有玉没有，众人不解其语。黛玉便自忖度着因他有玉，故问我有也无，因答道："我没有那个。想来那玉亦是一件罕物，岂能人人有的。"宝玉听了，登时发作起痴狂病来，摘下那玉，就狠命摔去，骂道："什么罕物！连人之高低不择，还说通灵不通灵呢！我也不要这劳什子了！"吓得地下众人一拥争去拾玉。贾母急的搂了宝玉道："孽障！（甲戌本侧批：如闻其声，恨极语，却是疼极语。）你生气，要打骂人容易，何苦摔那命根子！"	人物形象类⑤
20	贾母因溺爱宝玉，生恐宝玉之婢无竭力尽忠之人，素喜袭人心地纯良，恪尽职任，遂与了宝玉。宝玉因知他本姓花，又曾见旧人诗句上有"花气袭人"之句，遂回明贾母，即更名袭人。这袭人亦有些痴处，（甲戌本侧批：只如此写又好极！最厌近之小说中，满纸"千伶百俐""这妮子亦通文墨"等语。）（蒙藏本侧批：世人有职任的，能如袭人，则天下幸甚。）伏侍贾母时，心中眼中只有一个贾母；今与了宝玉，心中眼中又只有一个宝玉。	联想共鸣类⑥
21	是晚宝玉、李嬷嬷已睡了，他（袭人）见里面黛玉和鹦哥犹未安歇，他自在卸了妆，悄悄地进来，笑问："姑娘怎还不安歇？"黛玉忙笑让道："姐姐请坐。"袭人在床沿上坐了。鹦哥笑道："林姑娘正在这里伤心，自己淌眼抹泪的，（甲戌本眉批：前文反明写宝玉之哭，今却反如此写黛玉，几被作者瞒过。这是第一次算还，不知下剩还该多少？）说'今儿才来了，就惹出你家哥儿的狂病来。倘或摔坏了那玉，岂不是因我之过'。因此便伤心。我好容易劝好了。"	援疑质理类②

④ 学生尝试为普通高中《语文必修下册》中的自读课文《装在套子里的人》和《变形记》做批注。（课后，这一任务同时可作为这两篇课文的预习任务）

⑤ 班级统一购置"脂评本"，数量视学生数量而定。学生在今后的阅读中

可尽情在书上做批注。（课后，持续至学期结束）

【教学测评】

（1）从以下四题中任选一题，写一段150字左右的文字。

① 文学名著中常有一些让人心生遗憾又给人启迪的人物。请从《红楼梦》中选择一个人物，谈谈他（她）为何令你感到遗憾，又带给你怎样的启发。要求：写明作品和人物，言之有理。（改编自2021年高考真题北京卷）

② 在《红楼梦》中，谁是"心清如水"的人？写一首诗或一段抒情文字赞美他（她）。要求：写出赞美对象的姓名和特点。（改编自2019年高考真题北京卷）

③ 从《红楼梦》中选择一个既可悲又可叹的人物，简述这个人物形象。要求：符合原著故事情节。（改编自2018年高考真题北京卷）

④ 请从《红楼梦》中的林黛玉、薛宝钗、史湘云、香菱之中选择一人，用一种花来比喻她，并简要陈述这样比喻的理由。要求：依据原著，自圆其说。180字左右。（改编自2017年高考真题北京卷）

（2）有一篇题目为《××，你听我说》的文章用续写《红楼梦》的方式虚构了红楼梦里的几位人物进行网购的故事。该文在第四届"新少年中小学生作文大赛"的决赛中获得了高中组一等奖，大赛评委认为该文"所有人物的口气和原著很相近，非常到位"。

以下为选段：

《薛宝钗好心忙代购　王熙凤讨巧赚欢笑》：话说宝玉于潇湘馆中正与黛玉谈笑间，只见宝钗款款地走了进来，宝玉见宝钗进来，笑道："宝姐姐，你也来看看，林妹妹近日也不似从前那般哭丧着脸惜春伤时的，只是捧着个手机傻笑。我道元春姐姐从宫里赐下各人的手机，也真真是有了妙用罢。古人有'烽火戏诸侯，千金买一笑'之说，况且又是林妹妹的笑，哪怕万金，也是值得的。"宝钗笑道："又杜撰了，前一句倒是有的，后一句只怕是你房间里的晴雯闹出的'撕扇子作千金一笑'罢了。林妹妹有福了，将来是有个林妹夫要万金买你一笑的呢。"黛玉听宝钗如此打趣她，羞得双颊绯红，扑上去拧宝钗的嘴，道："看我不撕烂你的嘴。"

阅读上面的选段，联系《红楼梦》原著，请思考黛玉"扑上去拧宝钗的嘴，道'看我不撕烂你的嘴。'"这个情节合理吗？请尝试设计一个更合理的情节。

设计说明：《红楼梦》因篇幅长、人物多、内容丰富、意蕴深刻成为师生最难开采的"矿山"。首先，要提前导读，充分认识《红楼梦》的阅读价值，了解阅读长篇小说的基本对策，然后前置预任务，通过师生共读、化整为零、抓大放小等策略，指导学生通读《红楼梦》全书。其次，要依据单元学习任务，循序渐进地设计专题内容，并把感受人物形象、鉴赏语言艺术作为专题学习的重点。最后，鉴于《红楼梦》的博大精深，可以根据班情和学情选择合宜的专题内容，引导学生探究有意思的学习专题。学生自学为主，教师指导为辅；课外阅读为主，课内教学为辅；项目任务高一就要布置，课外阅读拉长为四个学期；形式上以学生喜闻乐见的活动为主，规模上扩大为校园文化活动。

第五章

绝知此事要躬行

——单元主题微专题项目化学习教学实录点评

第一节　有效关联，关注生命

——《赤壁赋》教学实录暨课例分析

一、教学实录

师：同学们，上节课我们梳理了文言常识，今天我们来讲文本的内容，昨天我记得有同学提出了一个问题："苏子愀然"对不对？"苏子愀然"，"愀"很诡异。这个"愀"是不是悲伤的意思呢？

生：不是，容色改变。

师：那为什么改变呢？我们看这个词，竖心旁加一个秋，把这个心放到下面就是愁啊。为什么课文注释要特别注明是"改变"，而不是悲伤？那我们不妨就从前面看，这文章在这之前是什么样的情感？

生："快乐""于是饮酒乐甚"……

师：不对，我们要看看关联最紧的文本，在"苏子愀然"之前，他说的是"其声呜呜然，如怨如慕，如泣如诉"对不对？如果我们紧接着这一段去解析的话，我们很容易就把这个"愀"理解成悲伤，很简单，受到了音乐的感染，逻辑上好像是通的，对不对？可是我们不能满足于此。再往前问，为什么会吹奏起这样的音乐？再往前就到了这个"望美人兮天一方"了，"美人"象征着理想和美好，对不对？想想雨巷里那个徘徊的姑娘，当一个人有所求而不可得，就像心有所爱却天各一方，就自然会感到悲伤对吗？

生：嗯。

师：可是哪里不对呢？

生：太突然了！

师：对！为什么莫名其妙会出来一个有所求呢？但在文中确实有这样的

表述，我们怎么理解它？简单，再往前走，我们从第一段开始，能不能读出来他心里矛盾的地方？在第一段至少有两个文化的密码，如果你不懂，你就很难真正进入这个文本。我们先把它读一遍（学生集体朗读第一段）。读完一遍你们感觉有什么矛盾的地方吗？哦，有一份孤独，有一份茫然，对不对？在这个广阔的世界里面好像不知道要去哪里，这是我们对文本最初的感觉，但感觉不能当证据，我们是要尊重自己阅读的第一感受，尊重阅读第一感受最好的办法就是在文本里找到能够支撑它的证据。我们来看看，"诵明月之诗，歌窈窕之章"，好像没有什么问题对不对？看注释！他所歌咏的内容是什么呢？

生：《诗经·陈风·月出》。

师：这是文本的第一个密码。"月出皎兮，佼人僚兮。舒窈纠兮，劳心悄兮。"月亮出来多明亮，美人仪容真漂亮。身姿窈窕步轻盈，让我思念心烦忧。其实这里已经表达出有所求的意思了。第二个呢？"浩浩乎如冯虚御风"，你们能想起另一个人吗？

生：庄子……列子……

师：对，同学们很棒。"夫列子御风而行，泠然善也。旬有五日而后反。彼于致福者，未数数然也。"苏轼一出场就是一个列子的形象，是什么样的形象呢？天人之间。庄子怎么评价列子？"彼于致福者，未数数然也。"不耽溺在俗世表象的计较，浮华的势利上，但是呢？"此虽免乎行，犹有所待者也。"既有人性，又有仙性，天人之间的纠葛，看得开，但放不下，就是最开始他那一份在景物描写中透出来"茫然"的心理依据。试上高峰窥皓月，偶开天眼觑红尘，可怜身是眼中人。读到这里有没有一点儿明白，苏轼在愁什么了？为什么在宴饮游乐时会透出这种奇怪的情绪？为什么会突然间悲伤起来？好，再把第一段读一遍。同学们发现没有，到了第二段，这个乐和哀的对立，就变得特别明显，我们就要问，这个"客"究竟是什么人？有人说是苏轼自己，为什么这样觉得？这个问题，你靠百度解决不了，你看文献是解决不了的，从文献看，这个人可能是秦观，可能是黄庭坚，但没有一份文献能够确凿地指证是哪一个与苏轼有关系的具体的人。但这重要吗？当苏轼在进行深度的哲学思辨的时候，不管他身边有没有人，他都是在跟灵魂深处的自己进行对话。当他"饮酒乐甚"，并且"扣舷而歌之"的时候，这是什么样的情绪？

生：不懂……

师：不懂，好，读一遍，从"于是饮酒乐甚，扣弦而歌之"读到"望美人兮天一方"，预备起。（学生朗读）世俗的快乐，发现了没有，歌唱、会友、饮酒、赏景，然后呢，望美人，这个美人如果把它引申成是帝王，是入世的理想，都可以，对不对？就像昨天老师给大家介绍苏轼黄州生活的那两段话一样，"遇事有可尊主泽民者，便忘躯为之"。可是这个时候，灵魂里的另一个声音响起来了，它是一段凄美的箫声，它是怎么出现的？

生："倚歌而和之"。

师：欢乐和悲伤紧紧地纠缠在一起，用一句古乐府来说就是"欢乐极兮哀情多，少壮几时兮奈老何？"到这里，我们就要问一个问题啊，这个"愀然"，解读到这里，能不能把它理解成悲伤呢？

生：不能，很多情绪杂合在一起。

师：首先是情绪的丰富。其次呢？苏轼对这样的情感所表现出来的态度是"正襟危坐，而问客曰"，我们先关注苏轼为什么要正襟危坐，这是一个什么样的状态？如临大敌，因为要讨论到一个人生中最深刻的问题了，这个"愀然"是有一点点悲伤的意思，但更多的是庄严肃穆。我问的不是你为什么要演奏这一曲令人哀伤的乐曲，我问的是你为什么不满足于世俗的快乐！客怎么说的？朗读一遍。曹孟德离苏轼将近一千年了，他在这里是古人，一个时间的标志。"西望夏口，东望武昌，山川相缪，郁乎苍苍"说的是空间的特质。"孟德之困于周郎者乎。"人物，为什么这里讲的是人？前面更多的是时间的标志呢？因为人的存在只有在社会关系中才能得到确证，回顾历史，回想你们脑海中有关的知识，没有周瑜的曹操，还完整吗？

生：不完整了。

师：人一出场，就有了事件，什么事件？从"方其破荆州，下江陵"一直读到"固一世之雄也"，预备起。（学生朗读）时间，空间，人和事加在一起，就成了历史！所以你们就知道，他为什么不满足于世俗的快乐。因为只要一回首，都是尘埃。"一世之雄也"意味着人世间功业的顶峰，可是又怎样呢？"而今安在哉？"知道他为什么要演奏那一首哀伤的箫曲了吗？一切都是暂时的，那么伟大的曹孟德，他是暂时的，我们呢，我们怎样？我们看他怎么形容自己，"渔樵于江渚之上"，预备起。（学生朗读）你们觉得"侣鱼虾而友麋鹿"的这两个人，比曹孟德低级吗？曹孟德是九万里高空的鲲鹏，他们是无知的蜩与学鸠吗？他们至少是"泠然善也"的列子，对不对？他们不庸俗、有最高级的情怀，曹孟德有世间最伟大的功业，可是呢？"知不可乎骤得，托遗响于悲风"，到了这里，我们就知道他求什么了，求被后人记住吗？如果是的话，他为什么还要"侣鱼虾而友麋鹿"呢？他所求的是人对于自身的存在最终极的确证，永恒的意义，所以"挟飞仙以遨游，抱明月而长终"。月就是永恒的代表，《天问》就说"夜光何德，死则又育？"它是不灭的象征，它是可以跨越生死的，是可以与世长存的，我想要跟月永远地拥抱在一起，可是呢？不可骤得。到了这里，这样的问题同学们可以想想如何回答，也许你们会觉得这和自己没什么关系，即使从未想过，可以有一份好的工作，可以有一份好的世俗的生活，这跟我有什么关系？可是在你们说出这样的话之前请你们想一想，你的人生有没有某一个时刻，像被贬到黄州的苏轼一样，感受到了巨大的孤独？同学们的人生才刚刚开始，也许还未遭遇什么真正的挫折，这是你们的幸运，也是你们的不幸，因为漫漫人生总有失意，如果有一天，你真的从世俗里挣脱出来，偶尔一现的灵光就像王国维说的"偶开天眼觑红尘"的时候，你怎么回答这个问题？怎么去正视自我的存在？这不是愚蠢的快乐能消解的，愚蠢的快乐不是一种好的状态，这是一种诱惑，说白了什么都不想的人最开心；但这个问题横亘在每一个人的面前，同学们，我是真的在问你们，不是在给一个答案，你想过这个问题吗？想过？好，来。

生：人终究是会泯灭的。这么多的名人，实际上，真正能认识和记住他们的人有多少呢？他们只是精神层面、知识层面的存在了，虽然他们的名字还是会被提起，成就会被记住，但实际上已经泯灭了。你活这一回，你身为一个人，你有自己的思考能力。我让自己记住自己，不管我这一生过得如何，志忐也好，贫困也好，起码我在生命终结的时候，我认为我应该让自己感到满足，回望这一生，我觉得它不是平白无味的，它不是一杯白开水，它曾有过起伏，是珠穆朗玛峰也好，不是也没有关系，只要这一生是我独特的一生，我自己记住就好。没有必要说所有人都记住你。人活着的意义不是一种外在的存在感。

师：其实刚刚同学说得不错，已经有那么点看开的意思了。但当你被老师或他人粗暴地否定的时候，是不是难免也会有些难过？一时的感悟不代表真的看开了，更不代表能够真的做到了，苏轼自己也犯过这样的错，他写诗给佛印说"八风吹不动，端坐紫金莲"。佛印回他两个字"放屁"，他很生气地渡江去找佛印理论。佛印说，你不是八风不动吗？怎么一句放屁你就打过江来了？所以发现没有，这问题你很难用语言来解决，也不可能用一时一地的感悟来永远地安顿自己的人生。事实上这个问题关系到我们人生的尺度的问题。懂得那么多道理，还是过不好这一生，因为日子是一天天过的，是你，是我，是桌椅板凳，是柴米油盐，是一切具象的东西累积起来的，是1加1等于2，这是人类社会的生活。人类是在无法理解客观世界的基础上，为了自己的生存创造了一套规则，可是1加1根本不等于2（拿起两根颜色不同的粉笔），因为你找不到两片一样的叶子，完全相同的东西只存在于理想的世界里，那些我们曾经认为放之四海而皆准的规则很多时候是不成立的，三角形的内角和是180度吗？不对，只有在平面上才是180度，在凹面上就小于180度，在凸面上就大于180度，所以随着对客观世界的了解，我们一次又一次地修改着对世界的认识，相对论的公式就是最好的证明（板书：$E=mc^2$），当一个物体的速度接近光速时，它的体积和质量就会变得无穷大，这意味着它周围的空间都将发生扭曲，就像滚动在一张绷紧的网上的一颗巨大的球，它周围的空间不可能不发生改变。这意味着什么？意味着这个衡量物质世界的最终标准只剩下一个——时间！明白了这些，你就会明白为什么当苏轼回答这个有这么丰富背景的人生的终极问题的时候，他一开口，就谈到了水和月。水和月在我们的文化里就是时间和永恒的象征。逝者如斯出自何处？

生：《论语》。

师："子在川上曰：'逝者如斯夫，不舍昼夜。'"去哪里了？没了吗？

生：水循环（哈哈哈）。

师：是啊，如果你们只是把它看成水分子，那它当然只是在我们这个狭小的生物圈里循环而已；但如果你把它看成时间——它去哪儿了？哦，"未尝往也"，这个往是什么意思？是消失成虚无。作为一个尺度，它始终存在并且贯穿过去未来，这就是中国古代的宇宙观。什么是宇宙？宇宙这个词不是舶来品，"往古来今谓之宙，四方上下谓之宇。"这是《淮南子》里的话，我们古人的时空意识远比大家想象的更加博大精深。我们再来看看，既然是集中到了时间，什么叫"自其变者而观之，则天地曾不能以一瞬"？不要离开问题的中心。"以"什么意思？停止。什么都不是永恒的，只有变化是永恒的，天地宇宙与我同在，我们就在这时空中与天地同在。那"自其不变者而观之"呢？面对未来我们与时空同在。面对过去呢？"则物与我皆无尽也"，我们的过去也和历史一样永垂不朽。那这也是一个问题，你又回到这个世界里了对不对？这个逻辑的终点居然是你又回到这个世界了，那比较就有了意义。曹孟德就比我们都厉害多了！对不对，他占有了更多的资源，影响了更多的人，而你只是沧海一粟而已，难道我们讨论天人宇宙之后，回到世俗的比较里了？所以苏轼立刻说什么？"且夫天地之间"预备起。（学生朗读）他就告诉我们以什么样的态度，在这个漫长的时间里去安放自己？是占有吗？"圣人外其身而身存，后其身而身先"是什么意思？当你张开怀抱，放开双手，你拥有的就是这个世界了。所以读到这里你们能不能感受到苏轼真的是一个很伟大的人？他不知道相对论，不知道马克思，但他就是能凭借天人般的敏锐，把自己生活的尺度放在时间长河里面去审视。你们再回头看第一段"击空明兮溯流光"的时候，你再看看他在赤壁的江上泛舟的时候，好像驾着一叶小舟在时光的长河里遨游，直到一千年之后，我们还从他的小船上汲取力量。深刻的哲思不是他一个人独有，老子也有，庄子也有。可是苏轼是独一无二的，等你们再回到文本的时候你会发现，在他给出了答案之后，"客"怎么了？

生：客喜而笑。

师：在他张开怀抱的时候，他终于跟自己、跟这个世界和解了，这意味着什么？苏轼是在什么情境下写的这篇文章？

生：被贬。

师：所谓的被"贬"在你们的嘴里只是一个字，在苏轼那里，却是从世界的中心到世界的边缘，从高高在上到低落尘埃。这种情境下的乐观旷达，那背后是人类最深沉的智慧。能够出世又能够入世，在天人之间真正往来无碍的，千秋之下，只此一人！我们再读一下这最后一段。（学生朗读）他终于和那个不停追问的灵魂一起"相与枕藉乎舟中"。人会在什么地方睡得这么踏实？

生：在感受到安全感的地方。

师："不知东方之既白"，天亮了，新的一天又开始了，滚滚红尘又要把我们裹挟进去了，然后呢？他是什么样的态度？

生：不知。

师：这个"不知"什么意思？

生：无所谓，不在乎……

师：是无所谓，是不在乎，世界与我无关了吗？当一个人不停地说不在乎的时候，他心里还是在意的，而真正的放下，是遗忘。文章读完了，当你们在漫漫人生里遇见过不去的沟坎时，你们能想得起来在黄州赤壁下泛舟的那个大胡子吗？再从头朗读一遍，"壬戌之秋"预备起。

二、课后作业

（1）背诵全文。

（2）写作有关苏轼和《赤壁赋》的感悟随笔，在第三节课后分享。

（3）用下一周的时间自主阅读林语堂《苏东坡传》，观看莫砺锋《苏东坡的现代意义》等演讲视频，写作不少于800字的苏东坡专题阅读感悟。

三、教后自评

在《赤壁赋》教学中，对文本的深入解读是我建构整个课堂的基本依据，而其中最大的难点在于如何让学生理解"苏子"与"客"的问答这一文本最精彩也是最为难解的段落，在这一过程中有三个难点是我在进行教学设计时颇为踌躇的。

（1）如何让学生准确地理解"客"所提出问题的来龙去脉和核心所在？

（2）如何将"客"的提问和"苏子"的回答在学生的思维上打通？

（3）如何将学生的思维从具象引向抽象，从天人宇宙的角度来审视自身存在的问题？

在本文中，"客"的提问是最长的段落，其内容涵盖了包括构成历史的各个角度和作者生活状态、精神志趣、精神追求，这样直面人生最终价值的提问不要说回答，要让高一的学生真正明白其问题的本质和激发其进行思考的热情都是有着相当的难度的。

在处理第一个难点时我采用了解构"客"所提出问题的方式，从"时间""空间""人""事"四个角度对问题本身的前半段做了梳理并将其统合在历史的维度之下，而后半段的理解则主要从对比的角度进行，通过"曹孟德"和"吾与子"所选择的不同生活方式的对比以及二者在"时间"这一维度下的"而今安在哉？"疑问，基本使得学生明白了这一问题的内涵，并且将思维集中在"时间"和"自我存在的价值"这两个问题的核心概念上，从学生在课上回答的情况来看，应该说是基本达到了预期的效果。

学生需要超出日常的思维方式，以更为广博的视角真正开始思考这一问题，同时还要使学生保持思考的热情，不因问题的艰难而"坐以待毙"。经过再三考虑，我最终选择了通过"1+1""三角形内角和""相对论公式"这样一个由浅到深的知识序列，将学生思维的角度从日常生活逐渐引入时空宇宙的层面。之所以选择这样的方式，首先是考虑到学生本身的学情较好，作为整个顺德区优中选优的尖子生，许多同学在此前就已接触过一些相对论的知识，对于物理和数学尤为敏感，不会产生无所适从的茫然；其次，在语文课堂上引入理科知识，这种对比和反差所形成的效果能够给学生带来与平时课堂不同的新鲜和刺激感，从而激发学生思维。

从课堂实际的效果、听课老师的反馈和课后学生进行思考、写作和分享的成果来看，学生确实受到了触动，主动进行了思维的发展和提升，确实达到了发展学生核心素养的效果。

但这样的做法也并非尽善尽美，首先表现在对于学情的挑剔上，跨越性如此之大的知识讲授，不仅需要学生有一定的知识基础，更需要学生始终保持高度的注意力，虽然可以通过教师调动课堂氛围进行一定的弥补，但事实上教师终究不能代替学生成为课堂的核心，如果学生出于认知发展水平的不足"执意"走神，那么教师能做的事情是极为有限的。其次，在实际课堂讲授时，在空间改变的方面忽视了这一方面的经典文本，事实上我国幅员辽阔的地理条件促使历史上出现了数不尽的表现空间变换所带来的幻灭感而造就的经典文本，思乡、思亲、思友、宦游、漂泊、送别……可谓不胜枚举，从这个角度出发将学生的思维向"时间"这一尺度进一步集中，不仅合乎作者被贬黄州、千里漂泊的真实处境，而且使得课堂更有"语文味"，促进学生文化传承与发展这一语文核心素养的提升。

  综上所述，在语文课堂中适当引入理科知识，在适当的情况下，确实能够起到特别的作用，但必须基于学情、文本、学科这三条基本的思路，才能真正促进学生核心素养的提升。

第二节　如何让细节生动起来

——必修上册写作微专题教学记录

师：今天我们要讲细节描写，或者说是讲记叙文。大家的作业呢？两次的作业老师都很认真严谨地看过，进步有，不足也有。比较严重的一个问题，大家写的不全是记叙文，总有一些地方要特别直白浅露地讲讲道理，发发议论，如国家民族大义各种各样的东西，特别浅白地讲出来了，读起来有种看老年间文明戏的感觉。你们可能不知道什么叫"文明戏"，是不是？老年间是大概在"五四"那个时候，出于社会运动的需要，话剧演员演到一半，突然就给观众来一场演讲，这个就是为了抨击某种社会现象，刚刚我们演出来的这个东西就是这个现象，在我们生活里面经常有的大家要抵制，要反对。为什么这种艺术形式最后没有诞生出什么经典来？作品需要读者自己观察自己体会，什么东西都讲了，你所表达的终究是有限，对不对？我记得在上阅读课的时候给大家讲过接受美学的观点，一个文本一定要有读者参与之后才最终完成，才有它的经典性，对不对？

建构场景选取细节不是像大家想象的那么简单的，也不是大家写作文的时候写完一点不够，搞一点议论，拼上去凑个800字，完了这就叫记叙文。文体的清晰和纯粹是需要功夫的。夹叙夹议这种东西是一种艺术的手法，但不是大家文体不清的理由。

今天我们要弄清楚的第一个问题是什么叫记叙文，大家认为是什么呢？就是写一件事，光是写事吗？哦，又写事又写人，没有人的事好像也不成立，还有呢？人、事、物在一个什么样的范围里面一起呈现呢？环境，我们通常是针对一个客观的东西去描述的，有主体参与进去之后，我们叫它什么？

生：场景。

师：场景。对，场景的建构，或者说核心场景的产生是我们写记叙文必须要做的事情。

有同学的场景建构得不错，语言也不错，也很宏大，画面感也很强。西天的晚霞，东边的日出，大漠的孤烟，远去的驼铃……可是这种东西读多了，整篇都是这个东西，就有点像西餐里的浓汤，还是土豆做的，淀粉特别足，喝两口是挺好喝的，一顿下来都是这个，一是很腻歪，二来它也不顶饱，关键是它没内容，不实在。怎么样才能实在起来？

生：内涵、情节……

师：这些东西建构在什么东西之上？

生：立意。

师：立意。也就是说你内在要有东西，不是光去堆砌语言，对不对？场景由两个东西来建构，一是内在的情志。

你要清楚你想要表达什么，你不能先写出一个场景来，写着写着语言匮乏，描述不下去了，然后来看刚刚写了什么东西，然后发段议论，凑到800字。哈哈，有同学笑了，有这个情况是不是？从这个角度上来讲，记叙文和议论文都有相似的地方，谋篇布局、成竹在胸，心里有数了，你才去动笔去写你想要的东西。不要开始的时候不太清楚想写什么，或者说写到最后才发现跟想好的不一样，那就失败了。不管别人怎么认为，至少你骗不过自己，你知道你想说的不是这个话，你传达的作用没有发挥出来，对不对？好，内在的情志来构建你的核心，还有呢？外在呢？

生：场景。

师：本来就是场景了，外在又是场景？语言？

生：细节。

师：对嘛，没有细节的场景，就像吃饭不给饭，总之是缺少了基础性的东西，对不对？真的，这种大而化之的东西看多了，就好像缺少了一点细致的调味。大菜吃多了要有小菜来调剂，但这个比喻又有点不恰当，为什么？因为大菜和小菜之间是割裂的，但是细节和整体之间可不是这样。好。舌尖上的英雄（第一次细节描写作文题目），对吧？好好好，怎么写呢？为什么要写？已经很清楚了。我们记叙文为什么要写、写什么，已经出来了，你要有核心场景，核心场景由内在出来，要有外在支撑，怎么写？

生：用笔写。

师：哈哈哈，怎么写好像是个很复杂的问题，从哪里学呢？

生：从写得好的文章来学习。

师：对，老师已经给大家分享了经典细节描写的段落，对不对？今天肯定是要有大家来分享的环节。但是在分享之前，老师先带你们看看怎么从一个文本读出它细节的地方和场景的构建好不好，给打个样，大家应该分享到一张图片。对不对，是书法（老师在课前用毛笔抄录了内容，拍照发给同学们）（如图5-2-1所示），不过这个是次要的，关键是内容，因为我特别喜欢这段《二十四诗品》的第六品《典雅》，所以抄写下来表达一种尊重。

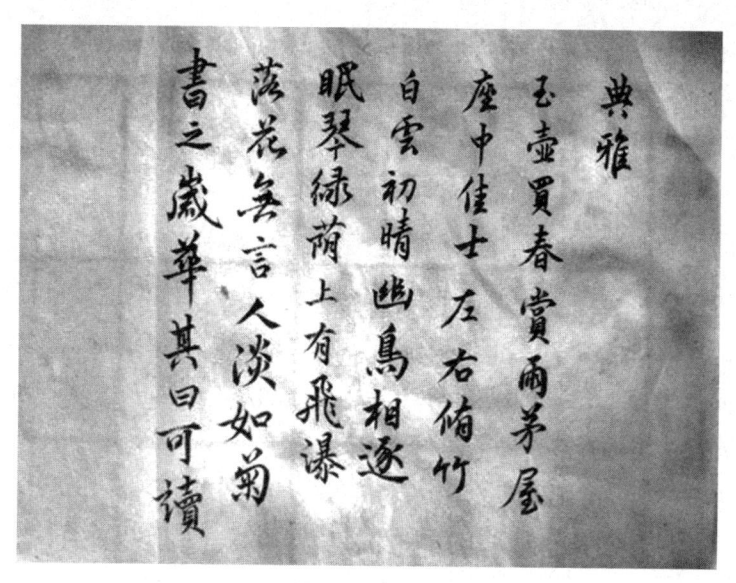

图5-2-1　《典雅》书法作品

这段《典雅》不仅是整个中国文学史上特别少有的场景描写的精彩段落，而且由于作者身份的特殊性，它的审美价值是特别纯粹的。

生：它的作者是谁？

师：他是书画家，《二十四诗品》作者学界基本上认为是司空图，但是我的导师考证出来是李嗣真。对大家来说只是两个名字而已，大家有兴趣课后再找我了解吧。大家打开了吗？大家认识繁体字吗？我们一起把它读一下。好，大家都看过了，只有短短48个字，大家细看进去会不会发现……每四个……

生（小声）：排版不齐。

师：排版……哦，对不起，可能我的书法配不上这样优美的文字，所以我下次不写了。

生：写……

师：哈哈哈，好，我们进入这个文本。（《典雅》：玉壶买春，赏雨茅屋。坐中佳士，左右修竹。白云初晴，幽鸟相逐。眠琴绿阴，上有飞瀑。落花无言，人淡如菊。书之岁华，其曰可读）大家想想看，每四个字一句的类似四言诗的结构里面，是不是每一句都构建了一个场景，对不对？可是有一些东西不对，刚刚才讲要构建核心场景，怎么一句一个场景呢？

生：不，它是一个场景。

师：你们认为它是一个场景，对不对？

虽然写了很多的东西，写了不同的东西，有很多的内容，但你们觉得它浑然一体，为什么？因为内在的情志是统一的，"典雅"这两个字是不是在每一句的场景里都能让大家感受到的？因此当你把自己的情绪真的了解清楚，选用了合适的东西去建构的时候，你就会发现哪怕你的场景变化，或者说它必然要产生变化，也不会给人凌乱破碎的感觉，情感上的逻辑把它串联在一起，是不是这样？这就是为什么写了很多东西，写了很多画面，但是给人的感觉是和谐，这就是第一点，也是最重要的一点，根据你内在情志去选择细节。第二点，大家数数这里面多少个动词？

生：买、赏、逐、眠、飞、修……

师：修！等等，这个修不是，修是长的意思，不是去修理竹子。"坐中佳士，左右修竹"可不是大家一起对着竹子动剪刀啊。（学生笑）

师：48个字里面，几乎是每一句都有动词，但"坐中佳士，左右修竹"这一句，没有什么动词，对不对？可是画面不是僵死的。动态的感觉和动词，有时候还真不是同一回事，对不对？写的是人，写的是佳士，不是蜡像，不会坐那里不动。"谈笑有鸿儒，往来无白丁"，我们不需要怎样去脑补，就会知道他们一定美滋滋，过得非常好，他们在进行更深刻的交流，而这个就是留给大家去脑补或者说想象的地方。你写也好，不写也好，它就是那么好。（学生笑）所以第二点，动词的使用。动词的选用方面有没有什么特别要注意的地方？要连贯要有情感，还要符合你所要表达的东西。大家有没有看过给大家分享的经典的文本，有的看过，有的没看过。举个例子，丰子恺写小姐太太们嗑瓜子，细腻的感觉对不对？尖端圆端怎么嗑怎么分开，抓住它的细端把它抽出来，那么细腻的动作，他怎么不写她们啃西瓜？（学生笑）为什么不行？那不是我们要描写的对象要去做的事情，对不对？或者说如果他要写，她们吃西瓜也绝对不会是啃着的。选取的动作一定要契合你所要表达的人物的特点，和你要说的东西契合好！还有没有？还有一点可能比较深刻，大家不一定读得出来，有那么一段，他说，"白云初晴，幽鸟相逐。眠琴绿阴，上有飞瀑"，对不对？古琴里有一首曲子叫《黄莺吟》，这首曲子是所有学古琴的人基本上开始阶段的第一首曲子，描述的是春光灿烂里的一对黄莺自在飞舞的画面，我开始学的也是它。所以当我读到它的时候，我就会回忆起我在琴社里弹琴，外面春光灿烂，然后鸟语花香的感觉。这些场景的建构，有的时候还不仅仅来源于你的观察，文化也可以作为展现的素材，但需要有人读得出来才行，比较难，但是我希望同学们也可以去尝试。你们未必要做得这么含蓄，但是你们平时阅读和积累的东西，能不能在你的场景里面表现出来？

生：也可以。

师：也可以，对不对？好，读了这个文本，我们读出这三点来。大家是不是差不多也有一点找到路径去分析，怎么样看待这个文本？

生：没有（玩笑）。

师：没有就对了。（学生笑）语文这个东西奇怪就奇怪在这，我说出来了，给你们了，你们哪怕眼下懂了，还不是你的。你们没试过，没写过，没分析过，没输出过就不是你的，那怎么办？还给你们找了那么多经典的文本，拿出来看，分析，分享，分享完一定会比原来懂得更多。对不对？拿出来找一个你们最有感觉的，以前读过的，也可以是刚刚读过的，也可以找出它的方法，找出它最打动你的地方！分享一下。几分钟合适？两分钟好吧？

（老师巡场观察）如果之前已经读过了，而且有感觉有思考，可以直接说。大家看看这些细节文本有一定的共性。比如说选取的场景往往不大，观察到的细节往往很深。语言简练修饰，一定要分清楚什么叫细节、什么叫细致。有没有同学来分享？还是那句话，有感觉就可以，不要期待，也不要犹豫。觉得要到自己想清楚了，完全有把握了才开口。语文是在沉默里死亡的！怎么样？我们找一个细节描写，同学们交上来的作文里面还比较不错的，好不好？好，××。就在下面说好不好？大声一点。

生（.××）：我看描写片段，比较有感觉，就是《孔乙己》，特别是那句"不多不多，多乎哉？不多也"。

师：经典语言。

生（××）：因为鲁迅在描写孔乙己的时候，他的形象就是一个醉心于科举，又没有什么出息的落魄的书生，他也很迂腐。然后从这看就特别清晰。从"多乎哉？不多也"虽然很短，但是"哉"啊，"也"啊，都是在文言文里面比较常用的结尾的一个语气词。然后就很生动地表现出他这种人迂腐的个性，就是他……

师：咬文嚼字是不是？

生（××）：对，然后还有一点就是因为孔乙己很穷困，生活很潦倒，所以他这个人的个性也是很小气、很吝啬。然后当那些孩子赶热闹围住孔乙己，他给他们茴香豆，一人一颗，给完之后，那些孩子看着他的碟的时候，他伸开五指将碟子罩住。

师：动作也很经典，是不是？

生（××）：嗯，然后这个动作就表现出他就这么一点小小的豆子，就能让他就这么紧张。

师：好，分析得不错。不过，大家想想一个人都穷到这个份上了，还肯给一人一颗，这个人不是特别小气对不对？但是大家想想，整篇下来鲁迅有没有一开始就说孔乙己这个人一辈子没考上，穷得要死？

生：没有，是通过细节展现出来的。

师：所以读者心里的人物，或者说有些东西是通过你的描述让他领会出来的，对不对？这一碟豆子就可以展现出这么多东西来。所以这些感受，从生活里来，经过你的加工，又要再回到读者的生活里去唤醒他的生活体验，让他感受到，哦，对，确实这样。所谓的到位要到读者那里才算完成。明白吧？还有没有？

生（××）：我想讲的是余秋雨的道士塔，就是他的《文化苦旅》的第一篇。我读这一篇《道士塔》的时候，觉得心里特别难受，王道士毁了那些文物，他把莫高窟的大量的文物盗卖给冒险家斯坦因。

师：嗯，这是事情，它的细节在哪里呢？

生（××）：细节主要是……从它的开头我不知道什么细节，我想讲一下结尾，"不止（只）是我在恨，在敦煌研究院的专家们，比我恨得还狠。他们不愿意抒发感情，只是铁板着脸，一钻几十年，研究敦煌文献"。"铁板着脸"，然后我觉得是读出来一种，他们一钻几十年钻到那里去，钻到文献里面去，钻到这种对莫高窟的热情里面去，还是钻到那种对以前愚昧无知的民族的恨里面去。正是因为恨，所以才会"越是屈辱越是加紧钻研"。文献的胶卷要从国外买来，所以这就是他们钻的理由。因为以前的愚昧导致了现在这种结果，所以他们在敦煌学国际学术讨论会上得到了最高的赞扬之后，默默地离开了会场，走过王道士的圆寂塔前。他们走过的不仅仅是圆寂塔，走过的也是我们曾经的历史，走向了未来的。

师：很好，铁板着脸，像铁一样的沉重！你们能够感觉到语言的质感吗？一班有一个同学叫欧阳×，他写《荆轲刺秦王》。细节描写的时候，里面有一句话，他说，"太子丹用像尸体一样惨白的手捧起了樊将军的头"。尸体是惨白的，很正常，对不对？他的手也是惨白的，活着的人和死去的人在某一点上达成了一致。过去的人和未来的人和现在的人，在一个点上，我们可以找到共通的地方，然后产生这种语言的质感。这种质感来源于准确的形容，来源于陌生化，也来源于什么？来源于你所写的东西本身的沉重意蕴。对不对？生和死也好，历史现实这些东西，你的文字能不能承担得起你的思想？你的思想有没有足够的分量，让文字来承担？问问自己好不好？"默默"在最高的荣誉面前沉默，有没有一点对比的意味？

生：有。

师：但他有没有明确写出两个很明显的东西，互相对称？没有对不对？这就是手法的成熟的应用。化有形为无形。我不需要再去拿出一黑一白两个东西来，很明显让你看出它的颜色，但是这种差异和张力能够传达给读者，这是大家要去模仿和追求的一种程度了。好，当然这个细节描写的其他手法非常多，肯定不止大家读出来的这几种，也不止老师给你们概括出来，写在文本里的那几个。所谓的细节描写，大家知道它是怎么定义的？细节描写是指抓住生活中细微而又具体的典型情节，加以生动细致的描绘。它具体渗透在对人物景物或场景描写中。选取经典的细节，用各种各样你所掌握到的修辞手法去描绘，然后渗透。抓住这个词——"渗透"，不要硬来，不要让你的细节在你的场景里显得特别生硬和不合理，这是大家要注意的好吗？好，最后给大家一个了解细节的建议，刚刚也提到过了，不要写太大的场面和太大的事件，这样会有很多语言让你难以叙述。有些同学写顾维钧那个就很典型，对不对？太大了，故事里原本的语言都说了一大堆，哪有空管细节。

教后自评：

记叙文是高中阶段的学生必须掌握的一种文体，而场景和细节描写的能力是写作记叙文所必备的能力，这两种能力的欠缺往往使得学生采取回避描写，选择用临时组织的议论来凑足写作要求的字数，从而造成文体不清的问题，这种问题在学生前两次作文《舌尖上的英雄》和《荆轲刺秦王》的细节扩写中暴露无遗。

针对前两次作文所表现出来的问题，在实习老师的指导下，我采取了从明晰概念和逻辑入手，提供分析路径和文本，进而让学生直面教师选出的经典细节描写文本，总结细节描写方法，积累细节描写素材的思路来设计本次写作指导课。核心的思想是让学生直面自身写作中的问题，给予学生自我学习、自我发展的路径。首先明确记叙文的概念和由此引申出的写作要求，通过教师提供路径和指导实践，在学生自主探究、深入文本的过程中发展学生阅读和写作的能力，通过课后与学生以及听课老师的交流讨论，我认为本节针对记叙文细节描写的写作指导课基本达成了课前预设的教学目标。

从教学过程来看，教学环节的过渡较为自然，这得益于学生在看到教师的评语之后，已经关注到了自己写作中的问题，同时产生了对自身写作能力进一步发展的期待，并且学生本身的思维和学习热情都较为活跃，使得课堂进展十分顺利。

在学生自行分析经典文本的环节，虽然经过教师的示范讲解，但学生对于独立面对文本仍然缺乏经验，由于课堂时间有限，我在本教学环节开始之前没有将细节描写的有关知识更加系统地向学生讲授，经过课后思考，我认为细节描写的概念讲解应该放在学生分析文本之前，以提供更多独立分析文本的依据。应该说这一环节超越了学生的最近发展区，学生差强人意的表现，是基于其本身较为活跃的思维和学习热情而产生的。

本节课后，我让学生在第二天再次进行细节描写的写作活动，计划在作文评讲课上基于学生所建构的具体文本来讲解更多有关细节描写的具体技巧，在学生具有一定直接经验的基础上进一步提升其写作记叙文细节场景的实践能力。

附录

单元主题活动微专题项目化学习学生作品（部分）

一、创意文言文写作

语言建构与运用、逻辑思维与提升、文化传承与发展之项目化学习。

读《六国论》，掩卷而思，假如某一个书院要举行一次学术研讨会，请用文言文写一篇发言稿，可以适当拓展借鉴其他文献资料。

活动意图：训练整合梳理文本能力、有效建构非连续性文本能力，提升逻辑说理能力，习得文言文写作素养，传承与发展文化。

要求：小组合作，组长负责统筹安排。

提交材料：策划案、《六国破灭，_____之过？》文言发言稿、活动收获、反思。

项目成果：

六国破灭，_____谁之过？
高二（2）班　妙蛙呱呱出品

一、名称
初拟本次活动的名称为"六国破灭，_____之过也"。

二、主题
通过本次主题活动，研究六国灭亡的原因，并汲取其中的教训。

三、背景
高中语文项目化学习作业要求。

四、目的及意义

（一）目的

（1）完成"六国破灭，_____谁之过？"文言发言稿。

（2）深化小组内部合作，拓宽语文学习渠道。

（二）意义

重大。

五、小组成员

本小组成员包括：邓同学、王同学、何同学、陈同学、蒋同学、骆同学。

六、人员分配

策划书：骆同学。

材料：邓同学、何同学。

文本撰写：邓同学、何同学、骆同学。

七、前期策划

通过线上线下等多种方式拟定活动的名称、主题、背景、意义以及人员分配，在此基础上，能够明确本次活动的基本内容并各司其职。

八、文本撰写

前期：整合材料，确定立意。

中期：根据收集的材料撰写《六国破灭，六国之过也》。

九、文本大纲

先从唯物史观的角度阐述文章立意，再分别从经济、政治的角度来剖析六国灭亡的原因，最后回归当下总结全文。

后期：进行文本白话文转文言文翻译，进行文本汇总，审核。

末期：撰写心得体会。

十、后期工作

根据成品进一步完善策划书及文本文案的内容，在一切全部完成后提交作业。

十一、其他

制作时间：2021年1月10日。

成本：暂未计算。

事件应急突发处理：无。

六国破灭，六国之过也

妙蛙呱呱组

六国破灭，从其本而言之，非秦之罪，其过在六国矣。

马克思有言："经济为基成其广厦，而厦复反于用财也。"史亦必有相似之理，六国之破灭，亦顺乎此道。

秦始用商鞅之法，废井田，固小农，维君主专制；而后秦制郡邑，以官僚政治代贵族政治，而为中央集权；抑或秦收兵揽将，制反间之计，逐一破而一天下……凡秦所为无外乎自强求富，使财、政合以固国，唯此而已。

或云："六国所以灭，秦之政施行也。"然此尤为表，其本者犹在乎六国自身也。下将从财、政以见六国破灭之本。

"贤圣之君，经济之士，必始富其国焉。"国之昌盛，经济为之大。国既富，其强兵又何难之有耶？

吾等尤察七战国之财力行及变为先。于国势长之前期，次第略：齐楚赵韩燕魏秦。齐以产盐称，又桓公尤以为重，齐数年超前。而楚以民众地广，贸货比隆。其余各国或先自胜，或商往来大同，计至较昌；而天下之后主秦，反是蹜数，财力稍弱。以王之祖但一大夫，名位不高，后以保周平王功，乃封诸侯，加之秦地甚僻，是故秦之国力不及上述六者焉。然后秦尤远胜六国，何也？

兵，乃致诸生产力水平翻转之要也。

六国相侵，及六国与秦之频战，为六国壮夫之多死，使生产力大坏。据史记，惟韩、赵、魏为秦杀者乃有数百万。仅秦赵长平之战，为秦所坑杀之赵人则有四十余万。六国之兵，致死者亦不少。兵之数，人之赋敛，使万民于涂炭，民穷国衰。

公元前242年，魏急转直下，在蒙骜之击下沦为五百里之中诸侯。前241年，赵之于齐大张。此时，齐之五都已失三座，且鱼盐之地始为战国侵。至此，七战国中惟秦、楚、赵尚有余力，而于地上之先天不足济赵，使其不得过一时攻齐或攻燕，则与秦楚抗衡。天下之所属，在乎秦楚之终决也。

楚之势在制淮下城群，有布广之道统。秦之利在据河中流水，且原天下市中魏之衰，必致秦东郡以其代。是时，最要者四物——盐、铁、铜、酒。在楚国末，铜之产已不明，铁产较良，至于盐、酒业不大。然秦以战国之末盐、铁、铜之产已甚明，而酒亦秦占优。

由此观之，秦以战国之末之经济水平应当远超过楚国，更兼楚幽王时楚乱，楚当尽能与秦抗，更不言余五国乎。

国际财力易，六国策之败益引大其间。

魏李悝变法废世袭，依法治；楚吴起变法，"明法审令"，振纲纪，肃官场；齐邹忌讽谏，使齐"战胜于朝廷"；韩申不害变法，言"术并行"；赵国武灵王"胡服骑射"；燕高筑黄金台，招贤纳士……其始皆著成效，然或不久，或计不敷、改不尽。而秦，商鞅变法之意中，始有"一""尚本"也。战国中末，器之用亦促生产力也，周时制已不用于当世之所需。自秦商鞅变法而破井田之生产关系，保税定；同度量，免无形中失——于经制，六国始完败于秦。

然后，六国势大沮。秦灭巴蜀后，又据巴郡、蜀郡、郢等能多粟者。六国于物质基础上不胜。至是，经济之导向之性始见，亡始。

一事必由多因发之。六国之生产力与生产关系相之不合，是其亡之本也。而其不应时流之计决矣其上层筑基，谓其生生不健者。其重者，阶级隙也。总之国之隙、王与贵族之隙、统治阶级与被统治阶级之隙。此隙稍激化，又引作百也，是所谓牵一发而动全身，由局部之量变起乎终之质变。

先是国之隙。六国初能结契，合兵拒秦。其始也，歃血为盟，汹汹然而攻秦。此本为良策，而遽自掘坟墓，"合纵"之谋自破。何也？是以国与国隙。国与国相猜疑，利、位分之争，各相倾。国与国大小之兵数，谓：内国力亏，外"合纵"败。国运衰颓，其败也必。

于是王与贵族隙。一为王与其亲戚之间，或辄危以法，或任人唯亲。有信陵君为客诬所杀，亦有楚王朝堂客皆戚。二皆曰怀才不用。六国招贤，诸大思想家、大学问家及于政治外交军事之人才不可胜数。而韩有韩非而不用，楚有吴起而卒，赵有李牧而杀之。国之亡矣，可知矣。

又为统治阶级与被统治阶级之隙。世之史为民众动也。民力为推史进之力。兵之数，君之虐，民之活之望不塞，烦苛、虐使民嗷嗷。民贫而国衰，民富而国强。六国之民，食不饱饮不足。民与国隙屡激化，此自内致其国之不固，亦六国灭因之一也。

此外，六国破灭，又各有其过。是以：施术亡韩，乱政亡赵，迁政亡燕，失乃亡魏，分治亡楚，偏安亡齐。

申不害以术治韩，虽旦夕有"劲韩"之称，然申不害死后，韩渐弱矣。术乃权谋之术，治下之术，其为国之吏治重器，非强之也。韩不思变法强军，而欲以术求存，盖舍本逐末乎。

赵亡于乱。谓之乱政者有赵以兵夺之法、有后宫干政之后、有宦官干政之文。赵武灵王为子何兴兵围于沙兵行宫，饿死矣。赵庭常干政，赵之亡卒与转胡太后之淫有甚大关。终军心溃，秦轻灭赵。

燕以王族居，处处守礼，战国初则附齐。至，且贪小利。燕于战国之最出彩者，乐毅灭齐也。然王一死，燕复续矣，遂欲以刺客存国。魏处中原之腹，灼灼，然皆与秦养才去。

魏不识乃以方，故致魏渐衰矣。卫鞅为魏失之第一才，然非末后一，后者如仪、范雎、尉缭皆为魏之才，然魏弃之如草。公子为魏国公子，终身不用，竟郁郁死。无人才，国何以强？失人才，国家必亡。

楚地大。楚之大大于他国之总。楚行族分制，故国力不能凝。国法不尽，人心思变，而内治甚，竟渐衰微，并于秦矣。

齐本最有力之，然田氏代自姜后去，田氏徐之为狂，偏安一隅，无了姜齐时之情。秦灭五后，齐国孤立，本非其敌。齐朝无贤，野无精兵，人思自溃，不战而降。

若六国能修生产力，调经济制，能自持其制本上；若六国能唯才而用，励精图治，政之乱与暇即免；若六国以民为本，行群众路，心能随之而安，国能随定；若六国能防患于未然，治之于未乱，以上者种种而不生。而今六国灭，追其所由，便是三者之隙也。

秦一天下

今天下之大，革与发展如火如荼之行而。为之于未有，治之于未乱，是防未然之良法也。

妙蛙呱呱小组出品

策划：骆同学。

资料：骆同学、何同学、邓同学。

撰写：骆同学、何同学、邓同学。

翻译：何同学。

整理：邓同学。

幕后：陈同学、王同学、蒋同学、王同学。

感想：

感想1：一开始学历史的时候单纯觉得秦灭六国是秦国的国力强盛，是大势所趋，是历史的必然；学完《六国论》之后才开始关注六国自身的问题，也略微学会如何全面地去理解、评价史实。再通过组内对六国被灭原因的整理、分析、成稿的过程，对唯物史观有了更深一层的了解。当然，对信息的收集、整理、归纳能力也有提高。

感想2：《六国论》主要讨论了六国贿赂秦国是其灭亡的主要原因，我们也袭承老苏的观点，从六国自身的原因出发对六国破灭的原因进行了一定程度的探讨。面对头绪纷繁的众多角度，我们在讨论后决定了从政治、经济等方面着手，温习了一遍"八大史观"，阅读了相当多的论述，最终总结归纳出了组内统一的观点。

感想3：一开始看到这个课题的时候觉得是无从下手，或者说"棘手"。但是在经过一番对历史的回顾整理之后，我慢慢对"秦灭六国"这一事件有了更为全面客观的认识，对六国破灭的原因也有了一些自己的观点。并在小组合作的过程中交换意见、达成统一，促进了小组内的合作交流，也提高了文学素养、语文能力。

感想4：小组合作密切！分工明确！在完成资料整理—总结分析—分工写点—串联成篇的"流水线作业"过程中高效地完成了任务。收获良多！

二、校庆对联征集活动

顺德区第一中学国庆节语言文字建构与运用作业：

百十年风雨兼程，百十年共铸辉煌。创办于1911年的顺德区第一中学，2021年12月18日将迎来110周年华诞。多年来，一中人凭着"崇尚一流，追求卓越"的一中精神，砥砺奋进，求实创新，不断取得新成果，创造新辉煌，书写新历史。

为庆祝顺德区第一中学建校110周年，营造隆重、热烈、和谐的校庆氛围，特面向全校开展校庆对联征集活动。

一、参加对象

顺德区第一中学全体在校师生。

二、作品要求

（1）作品要立意高远，格调高雅，对仗工整，寓意深刻，符合楹联规则，字数不限。

（2）内容要体现学校建校110周年的悠久历史、办学理念、文化特色、发展成就和精神内涵。

（3）亮点突出，感召力强，体现学校加快建设广东省一流名校的精神风貌和理想追求。

三、评选方式

由学校领导、语文科组组成评审团对来稿进行评审，评选出的优秀作品将邀请顺德书法家、一中校友李良晖和中国书法艺术最高奖兰亭奖得主谢扬科等书法名家书写，并在多家平台及顺德区第一中学校园内展示。

四、提交方式

国庆节返校前，每位同学的作品请提交到各班语文老师，以Word文档提交，文件内容为"对联+创作意图解说+活动感受"，字数不限。邮件标题请命名为："校庆对联投稿+年级/班级+姓名+联系方式"。

平板投票复评：

顺德区第一中学校庆对联征集作品（节选部分），见附表1。

附表1 顺德区第一中学校庆对联征集作品

序号	班级	对联
1	高三（21）班	沐改革春雨，崇尚一流，钟灵毓秀焕师风飒飒； 浴时代甘霖，追求卓越，鸾翔凤集炳晚生萧萧。
2	高三（21）班	旧学新知，又育百年桃李； 今礼古韵，还迎万里芝兰。
3	高三（20）班	果硕花繁，桃李三千呈异彩； 龙腾虎跃，教坛百年谱新篇。
4	高三（16）班	勇担复兴大任，一中学子追求卓越； 延续百载辉煌，南国水乡源远流长。
5	高三（10）班	万树繁华迎盛典； 百年老校焕青春。
6	高三（18）班	笃行求真，学子三朝追梦梦想皆现； 尚志求美，黉宫百年树人人才辈出。
7	高三（18）班	十载春秋，凤城桃李满天下； 百年光阴，南粤少年壮中华。
8	高三（18）班	荡湍流，平八川，吾等力创一流校； 挥风尘，历沧桑，尔辈应承百年名。
9	高三（18）班	一方杏园精耕细作传古韵； 百年岁月桃李芬芳誉凤城。

续表

序号	班级	对联
10	高三（18）班	百年传厚德，崇尚一流明礼心，良师善教导； 一世求博学，追求卓越笃行人，学子乐勤学。
11	高三（18）班	百年建校华诞共贺一流顺德名校； 三年寒窗苦读勇做卓越一中人才。
12	高三（16）班	追求卓越，百年风华正茂； 崇尚一流，千秋伟业当承。
13	高三（16）班	崇尚一流，立德树人初心不改； 追求卓越，摘星赶月步履未停。
14	高三（19）班	知行合一，一心一意创一流佳绩； 初心不二，再接再厉握再起晨曦。
15	高三（20）班	一脉人文，崇尚一流弘大雅； 百十盛象，腾龙骧凤鼎中华。
16	高三（16）班	德育存斯，百年老校展新颜； 南国有幸，一中英才竞风流。
17	高三（16）班	崇尚一流，一中英才辈出； 追求卓越，古校风雨弥坚。
18	高三（16）班	百十春秋，千锤百炼立华夏； 万千桃李，意气风发破苍穹。
19	高三（19）班	建校百年初心不变； 立德树人四会为先。
20	高二（17）班	焕百十荣光，南粤名黉声华丕著，四会为宗赉志振铎育英才万子，薪火熠熠； 创一流学府，一中灵地长续弦歌，卓越是则丹心育人报社稷九州，教泽绵绵。
21	高二（17）班	崇尚一流立德树人百年名校尚志求美； 追求卓越敬业育才一中学府求实创新。
22	高二（17）班	云兴霞蔚，龙跃四海，百年黉宫争卓越； 水泮钟灵，凤翔五洲，千载奋进创一流。
23	高二（20）班	笃行求真勤学善思千百学子秀意气； 尚志求美好学敬业百年名校展风华。
24	高二（12）班	春秋复冬夏，教书育人，桃李四海遍； 百年又十载，继往开来，盛名万代垂。

续表

序号	班级	对联
25	高二（8）班	百年风华立德树人创名校； 万千学子奉献社会兴中华。
26	高二（4）班	忆往昔百年风雨岁月峥嵘恩师洒心血； 看今朝世纪变迁沧海桑田学子谱新篇。
27	高二（2）班	立德树人知行合一四会为宗树教育标杆为人生奠基百年奋斗； 尚志求美初心不二卓越是则创品牌学校扬一中精神千秋传承。
28	高二（17）班	十一载弦歌不辍知行合一成就一中学子梦想； 百余年木棉常青初心不二共创卓越高中荣光。
29	高二（17）班	崇尚一流，教学相长奔赴远大理想； 追求卓越，桃李共荣谱写崭新华章。
30	高二（17）班	期颐百年风雨兼程传一中薪火； 志学数载风华正茂育中华英才。
31	高二（19）班	百花齐放庆顺德一中华诞； 万众一心绘母校千秋蓝图。
32	高二（19）班	闻名凤城内外，追求卓越，顺德辉煌顺德傲； 百载风雨名校，崇尚一流，一中人文一中魂。
33	高二（19）班	立本树人善教导； 修身养性勤学思。
34	高二（19）班	名师云集，呕心沥血栽桃李； 英才荟萃，勤学好问展宏图。
35	高二（20）班	奋斗不止百十史； 继往开来一中人。
36	高二（20）班	百年学堂，立德树人，桃李满天下； 千秋伟业，继往开来，师道化万方。
37	高二（8）班	蘸五千年浓墨，展厚地高天作煌煌画卷，十亿神州悬巨腕，一百余载挥洒，华章凝重彩； 承数代人师心，临古城阔洋为菁菁校园，百岁凤冈树大木，三余尺台耕耘，桃李竞芳菲。
38	高二（8）班	一百一十年，年年创新求是，兢兢业业育才俊； 三百六十天，天天笃行求真，勤勤恳恳献青春。
39	高二（4）班	崇尚一流，骐骥奋足奔远志； 追求卓越，鲲鹏展翅傲长空。

续表

序号	班级	对联
40	高二（4）班	笃行求知，洒无悔热血千万亿； 立德树人，道不负流年百十一。
41	高二（5）班	旧学新知，已就百年盛誉； 今风古韵，又迎天下英才。
42	高二（5）班	珠江作砚池书百年壮史； 岭南舞彩笔绘千代宏图。
43	高二（5）班	德范千秋文承百代凤鸣高冈莘莘学子争比翼； 国运宏昌神州共庆日照中天泱泱华夏浴荣光。
44	高二（5）班	迎百年华诞菁菁校园桃李并荣结硕果； 贺百年校庆莘莘学子鲲鹏振翅展宏图。
45	高二（5）班	诞乱世，为国为民，养万千英才，树百世师表之典范； 延百年，尽心尽德，育无数栋梁，创一代宗师之辉煌。
46	高二（5）班	忆百年历史前辈初心不改文脉不断； 看今朝蓬勃青年使命牢记未来可期。
47	高二（6）班	百十年校史，崇尚一流，挑育人重担； 三千名师生，追求卓越，创一流学校。
48	高二（6）班	育人培德呕心沥血传百年； 立业树志鞠躬尽瘁扬四方。
49	高二（1）班	集团标杆追求卓越； 百年名校再续传奇。
50	高二（15）班	莘莘学子，厚德明礼博学笃行，崇尚一流，不坠青云之志； 济济名师，创新求是乐教善导，追求卓越，永存赤子之心。
51	高一（2）班	梓荫育才绵延百年璀璨； 鲲池腾龙辉耀四海荣光。
52	高一（2）班	栉风沐雨迎百十华诞； 初心弥坚谱盛世新篇。
53	高一（2）班	桃李百年春，育栋梁材，壮顺德魂，敢令杏坛扬典范； 鸿鹄千里志，攀龙虎榜，揽沧海月，好教杉木柱长天。
54	高一（2）班	立德树人百年征程追求卓越； 四会为旨顺德一中知行合一。
55	高一（2）班	百十载永葆初心育华夏英才； 新时代勇立潮头赴星辰大海。

续表

序号	班级	对联
56	高一（2）班	万千桃李传名天下； 百十名校流芳四海。
57	高一（2）班	莘莘学子，齐聚佛山，仿诸子百家，叙卓越篇章； 济济名师，共会一中，效顺德盛世，写凤城华章。
58	高一（2）班	百十一中崇一流求卓越； 千万学子尚博学效祖国。
59	高一（2）班	辛亥建校，战火纷飞崭露头角把国报； 牛年辉煌，盛世正值风华正茂育人高。
60	高一（2）班	回望来时共迎华诞喜今日璀璨； 崇尚一流追求卓越恒百年初心。
61	高一（2）班	百十华诞群英荟萃叙往事； 万千昼夜众马驰骋翻新篇。
62	高一（6）班	披荆斩棘，一中学子创佳绩； 乘风破浪，百年校庆展荣光。
63	高一（6）班	忆往昔研墨厚积行致远； 看今时挥毫砥砺谋新篇。
64	高一（6）班	百年风百年雨百年老校雕璞玉； 一中人一中魂一中精神永留存。
65	高一（6）班	明礼博学担百年使命； 求是敬业育卓越人才。
66	高一（11）班	崇尚一流百十一中乘风破长浪； 追求卓越千百师生携手创新篇。
67	高一（11）班	百十年知行合一初心不二一中名声响当当； 一中人笃行求真创新求是沐浴春风创辉煌。
68	高一（11）班	百年耕耘立德立言广植桃李满天下； 世纪创业兴教兴国喜看英华遍神州。
69	高一（7）班	立德树人，知行合一，踏过百十风华。沧海桑田，辉煌常创，一中教师开遍漫天桃李。革旧迎新，创顺德名片，"四会"为宗，树教育标杆。百十年正青春，为顺德教育进步出力。 崇尚一流，追求卓越，尝尽万千磨难。岁月变迁，佳绩频出，一中学子搏尽洪涛巨浪。革故鼎新，筑龙头学校，"卓越"是则，创品牌学校。百十年正年少，为学生一生发展奠基。

续 表

序号	班级	对联
70	高一（8）班	忆往昔坎坷曲折百年老校历经风雪烈烈； 看今朝卓越一流龙头学府收获硕果筐筐。
71	高一（8）班	习四训，立千万名学子之信念； 创一流，铸百十载校庆之辉煌。
72	高一（8）班	百年史发展追求卓越； 一中人齐心创造辉煌。
73	高一（9）班	昔日百年不忘初衷，润物无声，红烛燃冬夏； 今朝数载牢记使命，育人有方，桃李艳春秋。
74	高一（10）班	庆一中百十年华，启葳蕤盛世，桃李无言； 贺一中卓越人才，扬青春风采，春秋有情。
75	高一（10）班	百年一中庆华诞，忆往昔峥嵘岁月始有顺德风光； 千万学子报师恩，看今日桃李天下终显华夏辉煌。
76	高一（15）班	百年风雨求卓越； 三年奋进尚一流。
77	高一（15）班	一百一十载岁月跋涉，弦歌不辍； 千秋万春程风华永续，桃李成蹊。
78	高一（15）班	百载育英才，笃行求真追卓越； 一朝结硕果，厚德明礼创一流。
79	高一（15）班	百年树人英才众； 万世师表群贤集。
80	高一（15）班	承百年薪火，桃李花盛缀华夏； 迎时代变局，笃行善思崇一流。
81	高一（16）班	忆峥嵘一百一十春秋，悟铮铮思学理行之友； 创多元旖旎学术校园，迈坚定改革创新之步。
82	高一（16）班	立德树人知行合一创办一流学校； 教学相长初心不二培育卓越人才。
83	高一（17）班	桃李盈门，共庆一中百年华诞； 芝兰满室，同绘母校千秋蓝图。
84	高一（17）班	历沧桑创伟业十年树木； 迎辉煌著新章百年树人。
85	高一（17）班	百年沧桑百年奋斗，强中华一流名校旗红道正； 尚真求是尚德求新，育桃李几代俊杰遍布五洲。

续表

序号	班级	对联
86	高一（17）班	百十年风风雨雨筑成佳绩； 千万世灿灿烂烂未来可期。
87	高一（17）班	百年名校桃李芬芳绽南粤； 万千学子硕果璀璨耀神州。
88	高一（19）班	建校百年追求卓越； 不忘初心崇尚一流。
89	高一（19）班	百年老校崇尚一流追求卓越续华章； 莘莘学子厚德明礼博学笃行创辉煌。
90	家长代表：任××	百年树人追求卓越创佳绩； 桃李满庭德才兼修尚一流。
91	家长代表：吴××	百载喜称觥，伴奏弦歌，盛世腾龙凭顺水； 一中同展翅，奋追梦想，高天翥凤仗德风。
92	家长代表：翁××	三尺讲台笃行师表牢记使命； 百年教育立德树人不忘初心。
93	家长代表：王××	沐岭南文化，至善至精百十年，传授一流学业； 扬桂畔精神，唯才唯德万千子，献来几辈丹心。
94	家长代表：王××	琅琅书声，喧岁月韶华，谁与读宋之词，唐时韵； 莘莘学子，焕青春光彩，我深知行必远，梦非空。
95	家长代表：黄××	百年十载，初成凤凰展翅登高处； 万语千言，终育桃李满城誉名都。

参考文献

◎ **1. 专著**

［1］中华人民共和国教育部.普通高中语文课程标准（2017年版2020年修订）［M］.北京：人民教育出版社，2020.

［2］教育部考试中心.中国高考评价体系［M］.北京：人民教育出版社，2019.

［3］库尔特·考夫卡.格式塔心理学原理［M］.李维，译.北京：北京大学出版社，2010.

［4］钟启泉.现代课程论（新版）［M］.上海：上海教育出版社，2006.

［5］黄滨.语文在活动中生长［M］.广州：中山大学出版社，2019.

［6］夏雪梅.项目化学习设计：学习素养视角下的国际与本土实践［M］.北京：教育科学出版社，2018.

［7］巴克教育研究所.项目学习教师指南［M］.任伟，译.北京：教育科学出版社，2008.

［8］王宁，巢宗祺.《普通高中语文课程标准（2017年版2020年修订）》解读［M］.北京：高等教育出版社，2020.

［9］普通高中教科书语文必修下册［M］.北京：人民教育出版社，2021.

［10］倪岗.中学整本书阅读课程实施策略［M］.北京：商务印书馆，2018.

［11］温儒敏.温儒敏论语文教育［M］.北京：北京大学出版社，2010.

［12］中华人民共和国教育部.普通高中语文课程标准（2017年版）［M］.北京：人民教育出版社，2018.

◎ **2. 期刊**

［1］王荣生.语文课程的层级单位、疆界、维度及古今问题［J］.全球教育展

望，2019.

［2］陈娜.单元化架构下"微专题教学"实施建议［J］.中学语文，2021.

［3］李吉林.优化教材结构，进行"四结合"大单元教学［J］.课程·教材·教法，1995.

［4］温儒敏.统编高中语文教材的特色与使用建议——在统编高中语文教材国家级培训班的讲话［J］.课程·教材·教法，2019.

［5］褚树荣.基于教材，对接课标：高中语文微专题开发［J］.天津师范大学学报（基础教育版），2020.

［6］时剑波.创设"微专题"，领略与运用语言［J］.语文教学通讯，2018.

［7］王宁.项目化学习：基于核心素养的语文课堂转型［J］.语文教学通讯，2018.

［8］吴欣歆.基于课标的教学内容选择［J］.语文学习，2020.

［9］杨志宏.基于"学习任务群"的语文项目学习初探［J］.教学月刊（中学版），2018.

［10］郑桂华.普通高中统编语文教材单元教学的价值定位与教学策略［J］.高中语文教与学（人大复印），2022.

［11］姜勇军，陈丽.困境与突破：大单元统筹下的微专题教学设计与实践［J］.语文月刊，2023.

［12］姜勇军.跨界与守界——跨学科教学"二元"共构策略［J］.中学语文教学参考，2023.

［13］姜勇军，彭煜媛.以音韵之石，攻诗词之玉［J］.中学语文教学参考，2022.

［14］姜勇军，彭煜媛.在"言语形式"单元活动中鉴赏现代诗歌之美［J］.中学语文教学参考，2023.

［15］李锦欣，姜勇军.脚本设计彰显文学创意，项目演绎内化审美素养——《鸿门宴》《项羽之死》课本剧项目化活动学习［J］.语文月刊，2022.

［16］姜勇军.智慧课堂中的文言文项目学习［J］.中学语文教学参考，2021.

［17］姜勇军.在新闻单元活动中涵养新闻素养［J］.中学语文教学参考，2020.

［18］姜勇军，徐泽华.犁文为沃土，生命花千树——基于生命意识的文本细读活动实践［J］.语文月刊，2020.

［19］姜勇军.合作探究法让文言文课堂"活"起来［J］.语文月刊，2016.

［20］尧卫国，赵宁宁.青春放歌——统编高中语文必修上册第一单元诗歌专题学习设计［J］.语文教学通讯，2020.

［21］郑国民，李煜晖.高中语文专题教学实践研究探析［J］.教育学报，2017.

［22］吴泓."温暖和百感交集的旅程"——高中语文实施专题研究性学习的两个问题［J］.广西教育（教育时政），2014.

［23］褚树荣.从实验室到田野：学习任务群视域中的专题学习［J］.语文学习，2018.

［24］贾桂强.基于批判性思维品质提升的中华传统文化经典研习——以《论语》微专题教学为例［J］.中学语文，2021.

［25］刘景福，钟志贤.基于项目的学习（PBL）模式研究［J］.外国教育研究，2002.

［26］高志军，陶玉凤.基于项目的学习（PBL）模式在教学中的应用［J］.电化教育研究，2009.

［27］林奇贤."互联网+项目式学习"是现代教育变革的选择［J］.中小学信息技术教育，2018.

［28］胡佳怡.从"问题"到"产品"：项目式学习的再认识［J］.基础教育课程，2019.

［29］余瑶.项目学习的特征及教学价值［J］.教师教育论坛，2017.

［30］王晓波，陈丽竹.重识"项目式学习"——访北京师范大学教育技术学院副院长董艳教授［J］.中小学信息技术教育，2017.

［31］张文兰，苏瑞.境外项目式学习研究领域的热点、趋势与启示——基于CiteSpace的数据可视化分析［J］.远程教育杂志，2018.

［32］郭华.项目学习的教育学意义［J］.教育科学研究，2018.

［33］管文川.试论中小学实施跨学科项目式学习的必要性［J］.上海课程教学研究，2019.

[34] 张学明.高中语文项目化学习设计探究[J].基础教育课程,2020.

[35] 陆志平,张克中."思辨性阅读与表达"任务群的理解与实施[J].语文建设,2019.

[36] 胡斌.单元学习任务前置教学模式中课的教学设计——以高中统编教材文学阅读与写作任务群为例[J].高中语文教与学(人大复印),2022.

[37] 沈国全,杨丽琴,朱婷.阅读教学过程性评价任务设计与实施——以高中语文统编教材单元学习任务的评价为例[J].语文建设,2021.

[38] 马泽汉.高中语文大单元教学策略的实践与思考[J].基础教育论坛,2023.

[39] 郑桂华.略谈基于高中统编语文必修教材的单元教学[J].福建教育,2020.

[40] 胡正良,董康楠,胡可凡.高中语文单元整体教学的历史演进和未来走向[J].江苏教育研究,2022.

[41] 王本华.统编高中语文教材的设计思路[J].人民教育,2019.

[42] 温儒敏.统编高中语文教材的特色与使用建议[J].北京教育(普教版),2019.

[43] 赖颖芝.基于学习任务群的高中语文群文阅读教学策略[J].语文月刊,2021.

[44] 蒲峻,田小禄.单篇群文复合式阅读教学模式的建构[J].语文教学通讯,2021.

[45] 解德渤.西南大学名著选读与永恒主义教育理念[J].复旦教育论坛,2013.

[46] 林崇德.学生发展核心素养:面向未来应该培养怎样的人?[J].中国教育学刊,2016.

[47] 刘丰,徐鹏.高中语文跨学科学习的实施路径探析[J].中学语文教学,2022.

◎ 3. 论文

[1] 纪恬.系统思维视角下的高中语文主题单元教学研究[D].济南:山东师

范大学，2014.

[2] 孙梦强. 语文主题单元教学的问题及对策研究 [D]. 长沙：湖南师范大学，2017.

[3] 吴静. 高中语文古诗词单元整体性教学策略研究 [D]. 武汉：华中师范大学，2017.

后 记

  2023年9月很难忘，国庆八天长假也很特别。9月，我主持的省课题"部编版高中语文单元主题活动教学设计和实践研究"以优秀等级结题；10月，国庆长假哪里都没有去，在家里埋头整理书稿，过了一个特别的"假期"。当积累了十几年的语文主题活动学习素材变成近20万字的新书初稿时，发现自己在创设语文学习真实生活情境，让学生在项目化微专题语文活动中体验语文，舒展生命方面做了不少事情！当然激动之余也发现还有很多学生的学习成果限于篇幅，无法入书，颇为遗憾。充实的9月与10月，真可谓"金九银十"。回望过往，一路走来，离不开默默支持我的亲朋好友，离不开为我提供平台的单位，借此文表达我的敬意和感谢。

  感谢我工作的学校——顺德区第一中学，是一中宽松的育人氛围，先进的教学理念给了我生长的空间。

  感谢我的学生们，是你们的聪慧与机敏激发了我的教学智慧，提升了我的教学品位。

  感谢以黄滨老师、向志国老师为代表的语文科组同仁、课改同仁们，是战友们的鼓励与帮助让我不畏艰辛、奋勇前行。

  感谢我的三个省课题组"部编版高中语文单元主题活动教学设计和实践研究""智慧课堂下高中语文项目化学习模式研究""智慧课堂下高中语文项目化学习情境开发研究"所有成员教师：谢植宣、李海峰、黄滨、林柔莹、李生宝、张娟、程剑、刘飞、何烨、彭千、张凯、文玮、杨柳、钱秀山、蒋莉霞、徐娜、贺艳丽、刘析，是你们给了我潜心研究的定力与动力，因为有你们，我们的省课题才能取得如此丰硕的成果。

  感谢以林柔莹为代表的年轻教师，为我课题的申报、研究、结题做出的无私奉献。感谢我的实习生们：彭煜媛、李相成、徐泽华、陈丽、梁倩等，你们为我的课题研究做了充分的文献研究准备，参与了课堂实录整理与教学设计。

感谢华南师范大学文学院段吉方、李金涛、周晓篷、王萍等教授以及董光柱老师对我的悉心指导和无私关爱。

感谢云浮教研室罗文成主任、韶关教科院陈鹏飞主任、湛江高中语文教研员王晓敏老师、河源东源县语文教研员陈永歧老师、佛山语文教研员谢植宣老师、顺德区语文教研员胡美芬老师给我提供讲座平台与机会。

感谢北京师范大学珠海学校、华南师范大学、香港梁銶琚中学、云浮田家炳中学、江门新会一中等单位的盛情邀请。是你们让我不断完善"单元主题活动设计"的策略与路径。

感谢我的家人，是你们为我解除生活上的后顾之忧，使我全身心地投入工作。

要感谢的人还有很多、很多，在此不再一一列举，但我都铭记于心……

最后，要感谢自己十几年如一日的坚守，不忘初心，始终保持对教学改革的孜孜追求。我今天的点滴进步离不开顺德区第一中学这一广阔的舞台，我要好好地把握平台的影响力，充实自己、成长自己，对得起学生，对得起社会的期待。

当然，作为一个普通一线教师，光凭着对教研的热爱和执着，光依靠那一点点学术的直觉经验，还是远远不够的，经常在提炼成果时感觉力不从心。以后还需要多读学术理论著作，多进行规范学术写作训练。其次，在与课题组各位学术同仁一路走来，总能感觉到方方面面对于教改是否会影响教学成绩的担忧，所幸我们课题组的老师们都以优异考试成绩破除这种担忧，但"不能提升教学成绩的教改都是耍流氓"的棒喝仍时时警醒着我们，不能忘也不敢忘。

在完成这本书的写作后，对照《课标》要求，自知还有很多地方经不起追问，需要进一步研究完善。也发现还有很多的研究角度，可以开展后续深化研究。如：继续探索信息化背景下教与学方式的转变、努力尝试评价主体的多元化。后续将进一步组织团队成员研读《课标》理念，结合姜勇军名师工作室资源，以学术沙龙、讲座、听课、跨区域研讨等形式定期开展教研推广活动。将进一步丰富高中语文单元主题活动学习课堂的情境资源，在学考评情境开发、跨学科学习方面再着力研究。继续整理研究选择性必修单元主题教学设计和高三备考系列专题单元主题活动微专题项目化学习设计与实践材料。借三尺讲台激活学生智慧，以变革魄力引领教改新潮，凭情怀濡染情怀，以人格提升人格，用生命唤醒生命，春风十里，素养赋能，师生共长！